Tran$ferências
de renda no Brasil

Sonia Rocha

Transferências de renda no Brasil

O Fim da pobreza?

ALTA BOOKS
EDITORA
Rio de Janeiro, 2019

Apresentação

No início do século XXI o Brasil ganhou visibilidade internacional atraindo o interesse de observadores da área socioeconômica devido a uma conjunção favorável de fatores. Dentre eles teve papel fundamental a retomada sustentada do crescimento econômico em 2004. A expansão da economia a taxas médias de 4,3% ao ano[1] levou a um ciclo virtuoso de aumento da renda e crescimento do consumo interno que mudou radicalmente a feição do país. Estas melhorias, no entanto, ficaram longe de sanar as questões de pobreza e de desigualdade que distinguem desfavoravelmente o Brasil na comparação com outros países onde o nível de renda per capita é semelhante. No entanto, o progresso realizado é indiscutível.

A situação que se vivia no Brasil na primeira década do século representou uma virada virada radical em relação àquela vigente no início da década de 1990. O crescimento econômico tinha sido baixo nos anos 1980 e a inflação não dava trégua. Diante da situação econômica cronicamente adversa, que resultava em índices elevados de pobreza absoluta e de desigualdade de renda, houve uma grande mobilização nacional. Não se tolerava mais a ideia de esperar pelo crescimento econômico para enfrentar a questão social, que passou a ser vista com uma nova ênfase pela sociedade e pelo governo. A partir da estabilização monetária, em 1994, começaram a ser criados programas de transferência de renda focalizados nos pobres que priorizavam os mais vulneráveis dentre eles: as famílias pobres com crianças.

Para a maioria dos observadores estrangeiros e mesmo do público brasileiro, estes programas pareciam inovadores por atender os pobres via transferência de renda, em bases regulares — pagamentos mensais — e de forma contínua durante um período mínimo de tempo — geralmente dois anos. Neste sentido, os programas de transferência de renda criados em meados dos anos 1990 pelas três esferas de governo (municipal, estadual e federal) pareciam se diferenciar dos mecanismos tradicionais

---

[1] De 2004 a 2011.

de assistência aos pobres, baseados principalmente na doação de bens, sobretudo alimentos básicos, e fortemente caracterizados pela herança filantrópica/paternalista.

No entanto, não era este de fato o aspecto inovador dos *novos* programas. Transferências de renda para os pobres já existiam no Brasil desde os anos 1970, mas estavam focalizados especificamente em idosos e portadores de deficiência pobres. Embora fossem cerca de 1,4 milhão de benefícios pagos mensalmente, eram desconhecidos da maior parte da população.[2]

Como a Constituição de 1988 tinha ampliado de forma significativa os direitos sociais, estes programas tiveram sua base legal alterada, criando condições para sua expansão sustentada a partir dos anos 1990. Assim, quando programas como o Bolsa Escola[3] começam a ser implantados em 1995, tem origem o paralelismo de dois sistemas federais de transferências de renda assistenciais focalizadas nos pobres. Por um lado, o sistema constitucional voltado para os idosos e portadores de deficiência pobres. Por outro lado, os *novos* programas focados em famílias pobres com crianças. De início esta dicotomia foi ignorada, já que havia uma diferença institucional básica entre os dois sistemas: o programa constitucional federal era uma obrigação de Estado, enquanto que os *novos* programas resultavam de iniciativas locais, não havendo qualquer garantia ou obrigatoriedade de sua manutenção ao longo do tempo. Este quadro muda gradualmente quando o governo federal institui o seu próprio programa Bolsa Escola em 1997, que se consolida com a criação do programa Bolsa Família em 2003, no início do Governo Lula.

A expansão dos dois sistemas de transferência de renda paralelos vinha ocorrendo de forma sustentada desde meados da década de 1990, seja pela ampliação da clientela atendida, seja pelo aumento do valor do benefício pago. O *efeito-preço* vem sendo especialmente determinante no caso das transferências do programa constitucional, os chamados Benefícios de Prestação Continuada (BPC), cujo valor é, por lei, igual ao do salário mínimo. Deste modo, a política de valorização, que permitiu aumentar em mais de 120% o salário mínimo real nos últimos 15 anos, teve impacto direto sobre o valor dessas transferências.

Como consequência deste processo de expansão, a participação das transferências assistenciais na renda das famílias brasileiras se eleva continuamente, mais do que dobrando no período de uma década. Apesar do ritmo de crescimento elevado,

---

2 O número das transferências assistenciais pagas se manteve no patamar de 1,4 milhão de benefícios pagos entre 1991 e 1993. Fonte: MPS (1994).

3 Denominação genérica de programas criados inicialmente por governos locais para garantir uma transferência de renda mensal para famílias pobres que mantivessem as crianças de 7 a 14 anos frequentando a escola.

sua participação na renda do conjunto das famílias permanece baixa, não chegando a 2%. No entanto, este percentual médio é ilusório, já que a extrema desigualdade que caracteriza a distribuição de renda no Brasil obscurece a verdadeira importância das transferências de renda. Assim, dentre as famílias pobres, as transferências recebidas são altamente relevantes, correspondendo a 18% da sua renda em 2008.[4] Naturalmente este resultado deve ser entendido também como uma evidência da boa focalização dos programas de transferência de renda em operação no país.

A boa focalização dos programas e os consequentes impactos significativos das transferências sobre a desigualdade de renda constituem a base do seu reconhecimento internacional nos meios especializados. Também é relevante para este reconhecimento a escala de operação. O fato de serem pagos mais de 17 milhões de benefícios mensalmente de forma regular e controlada é, por si só, um mérito.[5] Evidencia que a complexidade e as exigências organizacionais envolvidas no gerenciamento desses programas têm sido enfrentadas com sucesso.

Embora a boa focalização seja um mérito indiscutível do programa, o fato de o Bolsa Família ser uma política focalizada é visto como um passivo por muitos teóricos e analistas. São ainda frequentes debates no meio acadêmico em que políticas focalizadas são colocadas em oposição às universais, como se fossem mutuamente exclusivas.[6]

Apesar das controvérsias que contrapõem também a abordagem tradicional no trato da pobreza ao enfoque frequentemente criticado como tecnicista, a tendência tem sido o aperfeiçoamento e a consolidação crescente de sua institucionalidade dos programas de transferência de renda ao longo do tempo. Há, no entanto, que separar a realidade do mito: é forçoso reconhecer que as transferências de renda são, por definição, assistenciais, e neste sentido, incapazes de resolver o problema da pobreza de maneira geral. Sua função primordial é amenizar os efeitos presentes da pobreza e da desigualdade no que elas dependem da renda. Contribuem assim para tornar menos crítica a condição de vida dos pobres no período em que políticas capazes de levar a mudanças estruturais ainda não surtiram efeito. Reconhecendo o seu caráter assistencial como premissa básica, é irrefutável constatar que os programas de transferência de renda no Brasil constituem hoje uma história de sucesso.

---

4 Rocha (2010). Além das transferências, a renda das famílias pobres era composta de 71% de renda do trabalho, 9% de aposentadorias e pensões, o resíduo referindo-se a doações, aluguéis e outros rendimentos recebidos.

5 Em 2011 foram pagos 17,3 milhões de benefícios pelos dois sistemas, correspondendo 13,4 milhões ao Bolsa Família (não inclui o PETI). Fonte: MDS.

6 O compromisso internacional em torno de pisos sociais (OIT, 2011), definidos por cada país em função de suas necessidades e possibilidades tanto financeiras como operacionais, resolve de certa forma a falsa contradição das duas abordagens de política social.

Este sucesso decorre, por um lado, da criação do Bolsa Escola em 1995 e das sucessivas modificações por que foi passando, inclusive quando o Bolsa Família funde, incorpora e amplia o escopo dos *novos* programas preexistentes. Já são mais de 15 anos de aprendizagem contínua e de modernização radical de métodos e procedimentos. A continuidade sem acomodação é uma das raízes do sucesso do Bolsa Família. Ademais, os *novos* programas de transferência de renda e, particularmente, o Bolsa Família vêm influenciando crescente e positivamente o programa constitucional que teve origem na década de 1970. A mudança do conceito de família adotado pelos BPCs, assim como a incorporação dos seus beneficiários ao Cadastro Único são fatos reveladores desta tendência.

Há, no entanto, que reconhecer que o sistema de *novas* transferências de renda — que se inicia com o Bolsa Escola local e hoje corresponde ao Bolsa Família — encontrou precondições favoráveis ao seu desenvolvimento e bem se ajustou a elas.

A primeira precondição favorável foi o conhecimento da realidade brasileira e o entendimento bem disseminado das causas e do perfil da pobreza no Brasil, assim como de suas especificidades locais, já que se trata de um país de dimensões continentais, marcado por enorme heterogeneidade socioeconômica. Este conhecimento da realidade foi possível em função da existência de base estatística riquíssima, derivada de pesquisas domiciliares anuais por amostragem, com cobertura nacional,[7] cuja série remonta ao início dos anos 1970. Ademais, o fato de os microdados da pesquisa serem de uso público facilitou enormemente a realização de exercícios de simulação do desenho de programas de transferência, assim como de estudos de avaliação a partir de informações independentes daquelas geradas pelos órgãos gestores das transferências de renda. As evidências empíricas confiáveis contribuíram, sem dúvida, para dar respeitabilidade ao programa.

Uma segunda precondição favorável era o nível de renda do país. Com PIB *per capita* acima de doze mil dólares em 2011[8], o Brasil não é certamente um país pobre, nem o era em meados dos anos 1990. A pobreza no Brasil é reconhecidamente uma questão distributiva. Por esta razão, transferências de renda, que fazem a diferença para as famílias mais pobres, pouco pesam para o país, representando apenas 1,0% do PIB em 2011.

A disponibilidade de uma razoável infraestrutura social pode ser vista como uma terceira precondição favorável. O sistema escolar cobre a totalidade das crianças

---

7 A rigor, a cobertura nacional só foi de fato atingida em 2004, com a incorporação da Região Norte rural ao plano amostral, mas sua participação na população brasileira era ínfima, correspondendo a 0,2% naquele ano.

8 IPEADATA

em idade escolar e existe uma ampla rede de saúde. Ainda persistem deficiências importantes, mas o país está longe de apresentar um quadro de carências típicas de países pobres. A existência de serviços sociais aos quais os pobres têm acesso são aspectos facilitadores, operando de forma complementar à transferência para fins de ancoragem, controle e avaliação de impactos.

Quarto, existe no país um sistema bancário moderno e altamente capilarizado, de modo que é possível utilizá-lo como instrumento-chave das transferências de renda. O cartão bancário magnético permite o saque do benefício de forma impessoal, caracterizando o programa de transferência como política de Estado, contribuindo para blindá-lo de práticas clientelistas. Ademais, o acesso ao terminal bancário eletrônico permite utilizá-lo como meio de disseminação de informações e de alertas operacionais aos beneficiários do programa.

Quinto, o Bolsa Família não só se beneficiou do aprendizado dos *novos* programas que o precederam, mas se inseriu em uma estrutura administrativa e técnica moderna, que utiliza os recursos disponíveis para o aperfeiçoamento continuado do programa. A transparência dos métodos de tomada de decisão e de operação — da qual o acesso público à listagem de beneficiários via rede internet constitui um exemplo emblemático — tem aumentado o apoio ao programa entre especialistas, que acabam por contribuir ao identificar problemas e sugerir soluções.

Este conjunto de precondições mostra que o sucesso do Bolsa Família, e, de maneira mais geral, da política de transferências de renda assistenciais no Brasil, não ocorreu por acaso. É o resultado do aperfeiçoamento gradativo da ideia de renda mínima, ajustada à realidade do país através de uma longa sucessão de tentativas e erros, que, aliás, continua em curso. Houve continuidade, mas com busca incessante pelo desenho mais adequado e aproveitando as precondições favoráveis. Neste sentido, a história da evolução do Bolsa Família é instrutiva em muitos aspectos, mas o desenho do programa brasileiro, por ser tão bem adaptado ao país, certamente não pode ser considerado um produto exportável.

Hoje as transferências assistenciais constituem o cerne da política antipobreza no Brasil.

Como é bem sabido, combater a pobreza depende de uma multiplicidade de ações nas áreas de saúde, educação e demais aspectos das condições de vida, que devem operar de forma complementar. A razão de as transferências de renda terem adquirido este caráter de centralidade na política antipobreza foi o seu sucesso.

Este livro tem uma natureza híbrida. Por um lado, ele conta uma história. Trata-se da história da evolução dos programas de transferência de renda no Brasil, começando nos anos setenta até 2012, quando, como ainda hoje, coexistiam dois sistemas assistenciais de transferências focalizados nos pobres. Por outro lado, o livro apresenta uma faceta empírica, cujo objetivo é fornecer medidas do tamanho, do custo e do impacto dos programas de transferência de renda no Brasil. De certa maneira, objetiva-se dar embasamento e concretude à narrativa. Estes dois enfoques, que se entrelaçam, têm como pano de fundo as transformações socioeconômicas por que vem passando o país nos últimos quarenta anos, assim como as mudanças da política social, que atribui uma nova ênfase às questões distributivas a partir da década de noventa. A opção adotada na organização do texto foi aumentar o detalhamento da narrativa na medida em que ela se aproxima do final do período.

O texto, que segue cronologicamente a evolução dos programas de transferência de renda no Brasil, está organizado em oito capítulos.

O Capítulo 1 trata do contexto e das motivações que levaram à criação, na década de 1970, de um programa de transferência de renda no âmbito da Previdência Social. Mostra ainda como este programa, absolutamente inovador para a época, focalizado especificamente nos idosos e portadores de deficiência pobres, é transformado pela Constituição de 1988, ampliando a sua clientela de forma sustentada desde então.

O Capítulo 2 tem como tema a proposta de criação do Bolsa Escola pelo Partido dos Trabalhadores, cujo desenho revelava a preocupação de ajustar a ideia de renda mínima às condições prevalecentes no Brasil no início da década de 1990. São descritas as experiências exitosas de aplicação do Bolsa Escola no Município de Campinas e no Distrito Federal, assim como discutem-se as causas do fracasso muito mais frequente das muitas iniciativas municipais de implantação do programa.

A encampação do Bolsa Escola, que tinha se tornado um importante ativo político, pelo governo Cardoso, é objeto do Capítulo 3. Discutem-se as tentativas e erros da operacionalização do Bolsa Escola federal na primeira e na segunda fase, assim como são apresentados os outros programas de transferências de renda voltados para clientelas específicas de pobres criados no período 1995-2001, tais como o Bolsa Alimentação, o Programa de Erradicação do Trabalho Infantil e o Auxílio Gás.

Os Capítulos 4, 5 e 6 tratam da mudança ocorrida nos programas de transferência de renda criados no Governo Cardoso quando Lula assume a presidência da República em 2003. No Capítulo 4 é descrita a iniciativa desastrada do Cartão Alimentação, que não deslancha, assim como a manobra bem-sucedida de abandoná-lo e lançar o Bolsa Família em novas bases institucionais e com novos princípios operacionais. A primeira fase do Bolsa Família, que se estende da sua criação até 2006, caracterizada pela unificação dos programas preexistentes e pelo recadastramento dos beneficiários, é objeto do Capítulo 5. No Capítulo 6 são apresentadas as mudanças por que passou o Bolsa Família com o objetivo de ampliar seus impactos, assim como discutidas diversas questões ligadas à sua operacionalização neste período que se estende até 2011.

A redução sustentada da pobreza e da desigualdade de renda, que vinha ocorrendo no Brasil desde 2004, é analisada no Capítulo 7 à luz da expansão dos dois sistemas de transferência. Examina-se, ainda, o paralelismo dos dois sistemas, o que leva às considerações sobre ajustes necessários para compatibilizar os sistemas entre si, assim como para tornar as transferências assistenciais coerentes com as regras de funcionamento da Previdência Social.

Finalmente, o Capítulo 8 faz uma síntese dos progressos realizados desde 2004 e dos desafios do novo governo empossado em janeiro de 2011, especificamente no que tange à proposta de eliminar a pobreza extrema até o final do seu mandato de quatro anos. Além de criação de uma linha de pobreza oficial, esse capítulo trata ainda as opções operacionais que se apresentam diante do patamar de resistência a que chegou a pobreza extrema do ponto de vista da renda. A decisão tomada em 2012 de *sobre focalizar* o Bolsa Família nas famílias extremamente pobres com crianças, aumentando o valor dos seus benefícios, representa, sem dúvida, um aperfeiçoamento do desenho do programa na direção desejada. No entanto, no estágio atual de operação das transferências de renda, progressos incrementais no combate à pobreza dependem cada vez mais de ações complementares, principalmente na área de educação. Em face das restrições financeiras e operacionais, o caminho a trilhar é atender prioritariamente os pobres em condições mais críticas, articulando outros atendimentos focalizados e *tailor-made* às bem-sucedidas transferências de renda.

CAPÍTULO 1

O Programa Pioneiro da Década de 1970

1.1 UMA ABORDAGEM INOVADORA

O Bolsa Família e os programas preexistentes que ele incorpora, criados desde 1995, têm sido considerados inovadores porque romperam com a tradição de o governo atender os pobres por meio de medidas emergenciais, na maioria das vezes, pela doação assistemática de alimentos. No entanto, um programa de transferência de renda focalizado nos mais pobres, utilizando a renda como critério de pobreza, já existia no Brasil desde a década de 1970, o que, considerando o contexto internacional nesta matéria, era uma iniciativa excepcional para um país em desenvolvimento.[1] Esse pioneiro programa brasileiro de transferência de renda teve, porém, até os anos 1990, pouca visibilidade em função da cobertura relativamente limitada da sua população-alvo, isto é, idosos e portadores de deficiência com renda monetária insuficiente para garantirem seus meios de sobrevivência. Somente a partir da Constituição de 1988, e, em particular, a partir da regulamentação da Lei Orgânica da Assistência Social (LOAS), de 1993, esse programa de transferência foi objeto de mudanças no seu desenho institucional e, em consequência, ganhou importância crescente. Isso decorreu do aumento paulatino da clientela atendida, assim como do valor do benefício, que passou a corresponder a um salário mínimo. Ainda hoje esse programa se diferencia marcadamente dos *novos* programas criados a partir de meados da década de 1990, que serão tratados nos próximos capítulos. O programa criado nos anos 1970 tem hoje

---

[1] Vale lembrar que os países desenvolvidos — em particular os europeus — tinham estabelecido sistemas de proteção social, que incluíam mecanismos compensatórios de transferência de renda, mas de caráter universal. Os Estados Unidos, que não vinham evoluindo no sentido de criar um *welfare state*, foram exceção, ao estabelecer durante o governo Johnson, na década de 1960, mecanismos de transferência de renda — *Aid to Families with Dependent Children (AFDC)* — focalizados nos pobres. Nessa época, os países subdesenvolvidos enfrentavam enormes obstáculos para estabelecer, pelo menos, um sistema básico de previdência social. A respeito das dificuldades em estabelecer sistemas previdenciários na América Latina, ver Gill, Packard e Yermo (2005).

embasamento constitucional e, em consequência, regras bem definidas para a fixação e reajuste do valor do benefício.

Este capítulo vai tratar inicialmente da Renda Mensal Vitalícia (RMV), o mecanismo assistencial de transferência de renda focalizado nos pobres, criado na década de 1970 no âmbito da Previdência Social.[2] Abordará também a sua transformação em um benefício assistencial universal para idosos e portadores de deficiência de baixa renda, o Benefício de Prestação Continuada (BPC), em função das mudanças legais introduzidas pela Constituição de 1988.

1.2 TRANSFERÊNCIAS E DESIGUALDADE DE RENDA NO BRASIL

A chamada RMV foi criada em 1974 visando garantir uma transferência de renda de meio salário mínimo a idosos e portadores de deficiência em famílias de baixa renda. Tratava-se, no entanto, de uma clientela-alvo bem específica: indivíduos idosos e portadores de deficiência que, anteriormente como trabalhadores, tivessem contribuído para o sistema de previdência, mas por um período insuficiente para se qualificarem para receber o benefício previdenciário *stricto sensu*. Nesse sentido, a RMV era um mecanismo assistencial definido num quadro geral da Previdência Social contributiva (ver Anexo 1).

A lei que criou a RMV foi sancionada por Ernesto Geisel, o quarto dos cinco generais que ocuparam a presidência da República durante a ditadura militar de 1964-1985. Quando da criação da lei, o país vivia o que é frequentemente denominado *milagre brasileiro*, período caracterizado por taxas excepcionalmente elevadas de crescimento econômico. Entre os anos de 1968 e 1974, a taxa média anual de crescimento do PIB foi de espantosos 10,73%. No ano de 1974, foi atingida a taxa de 13,97%, máxima histórica jamais superada.

Apesar do crescimento econômico vertiginoso, que se revertia em ganhos para os indivíduos situados em todas as faixas de renda, os resultados do Censo Demográfico de 1970 mostraram, concomitantemente, um forte aumento da desigualdade de renda a partir de níveis historicamente elevados. O coeficiente de Gini, que já era alto em 1960 — 0,504 —, tinha aumentado acentuadamente ao longo da década de

---

[2] Lei 6.179, de 11 de dezembro de 1974. A *Renda Mensal Vitalícia* se enquadrava como *Amparo Previdenciário* no escopo da Previdência Social, em oposição aos benefícios de origem contributiva do Regime Geral de Previdência Social (RGPS). Além da transferência de renda, o Amparo Previdenciário incluía a componente de assistência à saúde, nos moldes garantidos pela Previdência Social contributiva.

1960, chegando a 0,561 em 1970.³ A divulgação desses números, que evidenciavam de forma inequívoca a apropriação muito desigual dos frutos do crescimento econômico extraordinário que o país vivia, municiou os críticos do regime, causando estragos na imagem de progresso e prosperidade que o governo divulgava no país, e no exterior.

O brilho das altas taxas de crescimento do produto obtidas pelo Brasil no período do *milagre econômico* estava, portanto, sendo ofuscado pelas evidências relativas ao aumento da desigualdade de renda. De início se tratava de questões técnicas, que circulavam no âmbito acadêmico restrito. Mas o assunto ganhou visibilidade com as declarações do então presidente do Banco Mundial, Robert McNamara, que chamou a atenção sobre a questão da crescente desigualdade de renda que ocorria paralelamente ao fantástico crescimento econômico do Brasil, o que causou comoção e mal-estar político junto ao governo brasileiro.⁴

A ELEVADA DESIGUALDADE DE RENDA: CONTROVÉRSIA E FATOS

A controvérsia em torno de crescimento versus desigualdade, e, de forma mais geral, em torno das causas do aumento da desigualdade de renda no período 1960-70, foi desencadeada pelos estudos realizados por Hoffmann (1971) e Langoni (1972). A partir dos microdados do Censo Demográfico e trabalhando de forma independente um do outro, demonstraram de forma competente e inatacável o agravamento da distribuição de renda do país.⁵ Langoni argumentava que o aumento da desigualdade se devia à escassez de mão de obra qualificada para atender às necessidades de crescimento do PIB que ocorreu na segunda metade dos anos 1960. Hoffmann imputava ao controle exercido pelo governo militar sobre movimento sindical o fato de os ganhos associados ao crescimento excepcional do produto, embora tenham beneficiado todos os trabalhadores, terem beneficiado preponderantemente aqueles situados na extremidade superior da distribuição de rendimento, que tendem a ser os mais escolarizados.

A famosa controvérsia sobre as suas causas não levou a soluções para a desigualdade de renda brasileira. Até hoje o Brasil é bem conhecido pelo caráter persistente da desigualdade de renda que é alta e, até recentemente, tendia a se elevar em quaisquer contextos macroeconômicos. Assim, o coeficiente de Gini se elevou acentuadamente no período de crescimento econômico acelerado, que se iniciou no final da década de 1960 e perdurou até 1980: passa a 0,561 em 1970, a 0,592 em 1980. Durante o período caracterizado por um cenário macroeconômico turbulen-

---

3 Hoffmann, Rodolfo (1995).

4 McNamara baseou suas declarações em estudo de Albert Fishlow, que utilizava os microdados do Censo Demográfico. O artigo apresentando as evidências do estudo foi publicado como "Brazilian Size Distribution of Income", *American Economic Review*, maio, 1972, p 391-408.

5 Carlos Geraldo Langoni, *Distribuição de renda e Desenvolvimento Econômico no Brasil*, USP, mimeo, data provável 1972, publicado em 1973. Rodolfo Hoffmann, *Contribuição à análise da distribuição de renda e da posse de terra no Brasil*, tese de livre-docência, ESALQ/USP, 1971.

to, inflação alta e baixo crescimento econômico, ao longo da década de 1980 até o Plano Real de 1994, a desigualdade atinge o pico em 1989 — 0,647 —, e se mantinha muito elevada às vésperas do plano de estabilização monetária, em 1993 — 0,603.[6] Desse modo, tanto durante o período de crescimento econômico vigoroso, como naquele de estagflação, a questão crítica da desigualdade de renda não só não foi enfrentada, como se agravou.

Em 1997 se inicia um processo sustentado de queda da desigualdade de renda, para o qual contribuem diversos fatores, inclusive o aumento da abrangência e valor das transferências de renda aos pobres. Embora a melhoria distributiva que vem ocorrendo seja frequentemente associada às transferências assistenciais, isso não é correto. Como se verá no Capítulo 8, foi o funcionamento do mercado de trabalho o determinante principal da queda da desigualdade de renda no Brasil desde 1997.

Como as estatísticas oficiais colocavam em xeque a propaganda ufanista da ditadura, podia-se pensar que a criação da RMV no Governo Geisel tivesse sido uma resposta às evidências empíricas irrefutáveis sobre a gravidade da questão distributiva, que se tornaram disponíveis no início da década de 1970. Quando o desafio do crescimento econômico parecia resolvido, a implantação de um mecanismo de transferência de renda — tal como foi a RMV — poderia ter sido concebida como uma forma de enfrentar de forma imediata e direta a síndrome perversa da desigualdade. A gravidade da desigualdade tanto era consensual entre os especialistas, como evidente para qualquer pessoa leiga, mas permaneceria como objeto de polêmicas por muitos anos.[7] No entanto, pode-se afirmar sem medo de errar que a criação da RMV não estava associada a uma política de Estado, nem a uma estratégia planejada do governo militar. A criação da RMV decorreu simplesmente da iniciativa individual de um atuário do Ministério do Trabalho, preocupado com o funcionamento iníquo do sistema de previdência social brasileiro.[8]

Na verdade, a RMV foi concebida como a forma de *corrigir uma injustiça*, mas de maneira restrita e específica: visava amparar uma parcela das pessoas mais vulneráveis utilizando como fonte de financiamento os recursos das contribuições previdenciárias, em parte feitas por eles mesmos, mas que normalmente não gerariam benefícios para

---

6 Hoffmann, Rodolfo (2001) para os coeficientes de Gini estimados a partir dos Censos Demográficos de 1960, 1970 e 1980. Para os demais anos, os coeficientes foram calculados a partir dos dados da PNAD, que não são rigorosamente comparáveis aos do Censo. Em todos os casos trata-se do Gini, que tem como base a renda das pessoas de 10 anos ou mais com rendimentos.

7 Sobre a origem e a controvérsia relativas à questão distributiva do início dos anos 1970, ver Mantega (1997).

8 Em conversa com a autora, assim se referiu Celso Barbosa Leite à motivação que levou Silvio Pinto Lopes, então atuário do Ministério do Trabalho, a conceber o mecanismo criado pela lei de 1974. A este respeito, ver MPAS (1987).

esses contribuintes. Isso porque, além de o mercado informal no Brasil ser enorme,[9] os trabalhadores, principalmente os de mais baixa qualificação, ingressavam por alguns períodos no mercado formal e logo voltavam ao setor informal. Portanto, faziam algumas contribuições ao sistema previdenciário, que, no entanto, não tinham continuidade ao longo do tempo. Na prática, do ponto de vista do trabalhador, essas contribuições eram perdidas: apenas uma minoria desses contribuintes chegava ao final de vida produtiva tendo preenchido os requisitos para se beneficiar da aposentadoria e deixar pensão para seus dependentes.

Alguns aspectos básicos da lei que criou a RMV permitem entender seu alcance e restrições.

a. Quanto à População-Alvo

A RMV tinha como objetivo proteger "os maiores de setenta anos e os inválidos que (...) não fossem mantidos por pessoa de quem dependiam brigatóriamente e não tivessem outro meio de prover ao próprio sustento". Embora a lei não tivesse estabelecido parâmetros a esse respeito, o critério que passou a vigorar para fins de elegibilidade foi o da renda familiar *per capita* igual ou abaixo de ¼ do aslário mínimo vigente. Para fins de cálculo da renda familiar *per capita*, o conceito de família adotado era o que levava em conta as regras legais de dependência entre os membros (cônjuge, filhos menores, genitores sem renda etc.). Ademais, para serem elegíveis ao benefício, os indivíduos deveriam ter contribuído para o sistema de previdência social por pelo menos 12 meses, além de terem tido atividade remunerada por pelo menos cinco anos. Essas condições caracterizam claramente o benefício no âmbito da Previdência Social. Assim, além do critério de renda, havia ainda a exigência ligada ao vínculo previdenciário. O benefício não tinha, portanto, a pretensão de proteger o universo dos idosos e portadores de deficiência pobres.

b. Quanto ao Benefício

Aos idosos que se qualificassem, era garantida a RMV, cujo valor correspondia a meio salário mínimo. Ademais, era garantido o acesso à assistência médica nos mesmos moldes daquele garantido aos demais beneficiários da Previdência Social. A esse respeito vale lembrar que, nos anos 1970, o acesso à saúde não era um direito universal dos cidadãos brasileiros, o que só passa a ocorrer após a Constituição de 1988. Nesse sentido, o acesso ao sistema de saúde privativo dos trabalhadores do setor formal e

---

9 Em 1977, dentre os 25,8 milhões de empregados, 14,8 milhões (58%) tinham carteira assinada, segundo a PNAD (em 2009 este percentual era 66%). Na área rural, no entanto, poucos eram empregados e apenas 12% deles tinham carteira assinada em 1977. Fonte: IBGE/PNAD, cujo levantamento em 1977 não incluía a Região Norte rural.

de seus dependentes era uma vantagem importantíssima do Amparo Previdenciário, paralela à transferência de renda.

c. Quanto à Fonte de Financiamento

A RMV era um benefício previdenciário, financiado totalmente com os recursos do Instituto Nacional de Previdência Social (INPS). No entanto, a lei trazia uma salvaguarda visando manter a RMV como despesa marginal, de modo a garantir a proteção atuarial do sistema. Assim, os gastos com a RMV tinham como limite máximo o valor equivalente a 0,4% da folha de contribuição do INPS, para benefícios em área urbana, e 0,4% do FUNRURAL, para benefícios em área rural.

Apesar de a base de dados administrativos sobre o período de implantação da RMV ser muito precária, as poucas informações disponíveis revelam que o sistema de transferência de renda avançou celeremente. Os pagamentos começaram a ser realizados em 1975, mas o número de cadastrados já atingia um milhão no ano seguinte, ultrapassando 1,2 milhão na virada da década (Tabela 1.1). As transferências de renda realizadas eram preponderantemente urbanas, enquanto a participação majoritária inicial dos benefícios aos idosos em relação à dos portadores de deficiência declina paulatinamente no período 1975-1983. Cabe ainda comentar que a repartição dos benefícios entre áreas urbanas e rurais — respectivamente 68% e 32% em 1983 — se afastava pouco da repartição da população brasileira entre elas naquele ano — 74% e 26%. O pequeno desequilíbrio do número de benefícios em favor do rural parece mais do que razoável, tendo em vista que a incidência de pobreza rural era, na época, bem mais elevada que a pobreza na área urbana — a proporção de pobres tendo sido estimada em 48% na área rural e 37% na área urbana em 1983.[10]

É interessante observar que, embora a estimativa do dispêndio total seja necessariamente indireta e imprecisa, seu valor parece ter ultrapassado, desde o início da implantação das transferências, em 1975, o limite de 0,4% em relação à receita previdenciária como estabelecido na lei. A situação se agravou paulatinamente, conforme se expandia o número de benefícios nos primeiros anos, criando um ônus imprevisto sobre as finanças da Previdência. Pode-se estimar que, em 1980, os dispêndios com o pagamento das RMV já representassem pouco mais de 5% da receita previdenciária.[11]

---

10 Fontes de dados de população: IBGE-PNAD 1983. Estimativas de proporção de pobres feitas pela autora com base nos microdados da PNAD 1983.

11 As informações disponíveis se referem a benefícios mantidos, que englobam emitidos, isto é, efetivamente pagos, assim como aqueles cujo pagamento estava temporariamente suspenso. Desse modo, as inferências sobre dispêndios são necessariamente aproximadas. Utilizando a informação de benefícios mantidos em dezembro de 1975 como se fossem benefícios emitidos, o dispêndio com esses benefícios teria passado de 2,3% da receita previdenciária naquele mês, atingindo 5,15% em dezembro 1980.

Essa questão relativa ao financiamento só será resolvida quando o custeio dos benefícios de caráter assistencial passa a ser responsabilidade direta do Tesouro Nacional, a partir da Constituição de 1988 e da aplicação da Lei Orgânica da Assistência Social (LOAS) de 1993[12].

TABELA 1.1:
Número de benefícios em manutenção — 1975-1983 (mil benefícios)

	1975	1976	1977	1978	1979	1980	1981	1982	1983
Total	380	957	1.120	1.204	1.235	1.245	1.304	1.306	1.364
Urbano	266	746	880	926	920	921	934	916	939
Invalidez	100	332	400	427	439	452	468	473	498
Velhice	166	414	480	499	481	469	466	443	442
Rural	114	211	239	277	314	324	370	390	425
Invalidez	*	*	*	*	99	114	146	162	187
Velhice	*	*	*	*	215	210	224	227	237

*A informação é desconhecida.
Fonte: Oliveira, Beltrão, Henriques, 1985, citando dados do INPS.

Os dados relativos à evolução anual da concessão das RMVs (Gráfico 1.1) mostram que, partindo do patamar de cerca de 90 mil benefícios em 1980, que se repartem quase meio a meio entre áreas urbanas e rurais, esse número atinge um pico no ano de 1984, durante o qual foram concedidas 126 mil novas transferências de renda. A partir daí, o número de benefícios concedidos declina de forma quase contínua até 1995 (55 mil benefícios concedidos).[13] Como em 1993 é sancionada a LOAS, que regulamenta o dispositivo constitucional que trata dos benefícios assistenciais aos idosos e portadores de deficiência pobres, a concessão da RMV se reduz drasticamente a partir de 1995, uma vez que se inicia no ano seguinte a concessão dos Amparos Assistenciais, no âmbito da nova lei. Esses benefícios se conformam a novas regras do ponto de vista

---

12 Lei 8742, de 7 de dezembro de 1993, tratada mais adiante na seção 1.4, página 12.

13 Estes números, assim como aqueles apresentados no Gráfico 1.1, incluem os benefícios da Pensão Mensal Vitalícia (PMV), mecanismo especial voltado para situações pontuais e valores definidos por regras específicas. Entre estes se incluem, por exemplo, as indenizações mensais às vítimas da Talidomida (Lei 7.070/82), de hepatite tóxica (Lei 9.422/96), do acidente radioativo de Goiânia (Lei 9.425/96). Essas pensões começaram a ser concedidas em 1984 e totalizavam menos de uma centena até 1992. Em função da própria natureza do fato gerador da transferência, o número de beneficiários é relativamente baixo (14.284, em dezembro de 2009, o que correspondia a 0,4% dos benefícios assistenciais emitidos naquele mês). Fonte: AEPS, 2010.

8 TRANSFERÊNCIAS DE RENDA NO BRASIL

legal e institucional. Assim, em 1996, são concedidos apenas 19 mil RMVs, enquanto o número dos novos Amparos Assistenciais chega a 385 mil naquele primeiro ano de concessão. Como as RMVs são paulatinamente substituídas pelos Amparos Assistenciais, as primeiras perdem progressivamente participação no total de benefícios assistenciais. Assim, em 2000, já representavam menos da metade (43,6%) dos benefícios assistenciais pagos aos idosos e portadores de deficiência pobres.

GRÁFICO 1.1:
Número de benefícios assistenciais concedidos 1980-2000

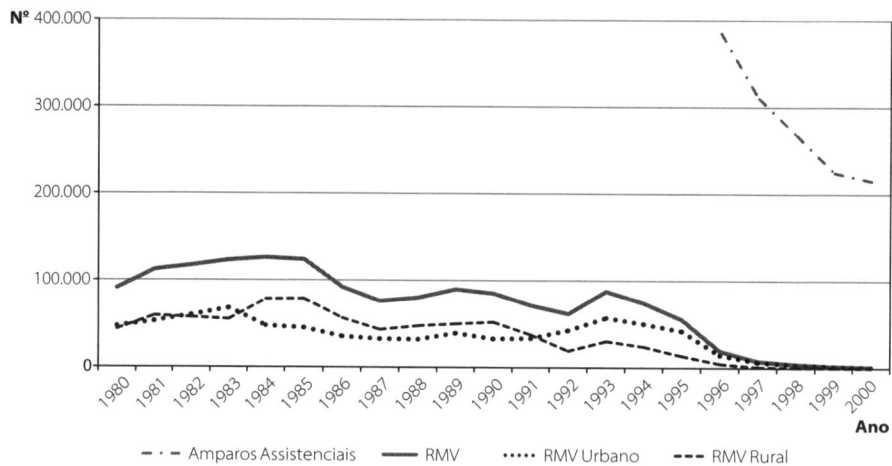

Fonte: Anuário Estatístico da Previdência Social (diversos anos).

ESCLARECENDO A NOMENCLATURA: BENEFÍCIOS ASSISTENCIAIS E BPC

A iniciativa pioneira da década de 1970 (Lei 6.179 de 11/12/1974) tinha criado os amparos previdenciários para idosos e portadores de deficiência, sendo que a componente de transferência de renda era denominada Renda Mensal Vitalícia (RMV). Os hoje chamados Benefícios Assistenciais englobam: as Rendas Mensais Vitalícias, que correspondem aos benefícios criados pela lei de 1974; as Pensões Mensais Vitalícias (PMV), que correspondem a direitos legais resultantes de acidentalidades específicas; e os Amparos Assistenciais, transferências constitucionais no formato definido pela Lei Orgânica de Assistência Social (LOAS), de 1993. Benefícios Assistenciais é a denominação adotada no escopo da Previdência Social, em oposição aos Benefícios do Regime Geral de Previdência Social (RGPS), que incluem tanto os urbanos contributivos, como os rurais, contributivos ou não. É importante destacar que, a rigor, a denominação Benefício de Prestação Continuada (BPC) se refere a todos os benefícios pagos mensalmente de forma contínua ao longo do tempo, por exemplo, tanto aposentadorias como os Amparos Assistenciais. Tornou-se comum, no entanto, o uso da expressão BPC quando se trata dos benefícios assistenciais que englobam as RMVs remanescentes, as PMVs e os Amparos Assistenciais no âmbito da LOAS. É esse uso consensual da sigla BPC que será adotado daqui em diante neste texto, portanto como sinônimo do correto, mas pouco comum, "benefícios assistenciais".

A respeito da evolução da RMV apresentada no Gráfico 1.1, é importante ainda observar dois fatos. O primeiro diz respeito à tendência de queda na concessão de novos benefícios assistenciais pela Previdência Social a partir de meados dos anos 1980. Embora, provavelmente, a cobertura total da população-alvo não tivesse sido atingida, havia restrições financeiras importantes por parte do sistema previdenciário e, em consequência, pouco empenho por parte do INSS em fazer conhecida a política de concessão da RMV junto à população em geral e, em particular, junto aos potenciais beneficiários. No entanto, os benefícios concedidos o foram de forma vitalícia, sem monitoramento da evolução da renda familiar com o passar do tempo, nem tampouco recadastramento dos beneficiários, exceto, periodicamente, para verificar a sua sobrevivência, nos moldes do que é feito no sistema previdenciário.

O segundo fato que pode ser observado em relação à evolução da RMV até meados dos anos 1990, quando passa a ser substituída pelo Amparo Assistencial, da LOAS, é a participação crescente dos benefícios em área urbana. Naturalmente, esse fato está em parte vinculado ao processo de urbanização do país. No entanto, houve também uma razão institucional fundamental para a participação declinante dos residentes em área rural dentre a clientela do RMV: a existência de um mecanismo híbrido de previdência e assistência social, responsável pela garantia universal da renda nas situações de velhice em área rural.

1.3 A APOSENTADORIA RURAL. PREVIDÊNCIA OU ASSISTÊNCIA SOCIAL?

No início dos anos 1960 foi criado, no âmbito do Estatuto do Trabalhador Rural,[14] um mecanismo para financiamento da proteção ao trabalhador rural, que pelo seu formato pode ser caracterizado como um híbrido de Previdência e Assistência Social. O denominado Fundo de Assistência e Previdência do Trabalhador Rural (FUNRURAL) visava criar uma fonte de recursos para prover benefícios de aposentadoria aos trabalhadores rurais de mais de 60 anos (se homem) e 55 anos (se mulher), que, na sua esmagadora maioria, permaneciam fora do sistema de Previdência Social brasileiro.

---

14 Lei 4.214, de 2 de março de 1963, durante o Governo João Goulart.

Para ter direito ao benefício, que originalmente correspondia a meio salário mínimo mensal, o chefe de família deveria comprovar o exercício de atividade rural, mesmo que descontínua. Portanto, o recebimento do benefício não se vinculava a qualquer tipo de contribuição previdenciária prévia. O Fundo foi constituído inicialmente por um aporte do Tesouro Nacional,[15] e deveria ser financiado em bases permanentes por recursos provenientes da aplicação de uma alíquota de 1% sobre o valor da primeira comercialização de toda a produção rural do país.

A desvinculação entre contribuição e benefício fez com que ao longo dos anos este benefício previdenciário aos idosos em área rural se generalizasse e, na prática, ocupasse o lugar das transferências de renda de caráter estritamente assistencial, isto é, tanto a RMV, inicialmente, como, mais tarde, o Amparo Assistencial/LOAS. No entanto a transferência do FUNRURAL não é um benefício assistencial *stricto sensu*, pois, para fins de elegibilidade, não aplica qualquer critério de renda. Ao prescindir de contribuições prévias, tendo fonte de financiamento própria e obrigatória fora do sistema previdenciário,[16] o mecanismo levou paulatinamente a uma cobertura excepcional dos idosos em área rural.

A esse respeito vale destacar que, embora exista uma previdência rural contributiva, ela é extremamente restrita. Assim, a receita de contribuições previdenciárias da área rural em 2010 foi de apenas R$4,9 bilhões frente às despesas com benefícios de R$57,0 bilhões. Como independem de contribuição prévia, o número de benefícios pagos de aposentadoria rural se expandiu celeremente após a promulgação da Constituição de 1988, que não só deu novas garantias de direito ao trabalhador rural, como estabeleceu um piso universal para os benefícios previdenciários e assistenciais, que passou a equiparar-se ao salário mínimo. Então, não só melhorou o acesso ao direito ao benefício, como aumentou a sua atratividade em função de ter dobrado o seu valor em relação àquele praticado antes da Constituição. Como resultado, o número de benefícios pagos relativos à aposentadoria rural aumentou celeremente entre 1988 e 1994, quando atingiu 3,9 milhões, para, a partir de então, reduzir o ritmo de expansão.

Hoje, mais de vinte anos depois das mudanças constitucionais de 1988, o número de novas aposentadorias rurais vem crescendo de forma mais moderada — cerca de um milhão por ano desde 2003[17] — e, como esperado, evoluindo menos intensamente

---

15 O aporte inicial do Tesouro Nacional previsto na lei foi de Cr$100 milhões.

16 O imposto sobre a primeira comercialização, objeto de questionamentos judiciais intermináveis, se mostrou insuficiente para cobrir o valor do dispêndio com benefícios. O déficit crônico da Previdência Social, devido essencialmente aos benefícios rurais, é coberto pelo Tesouro Nacional.

17 As aposentadorias rurais concedidas evoluíram de 978,4 mil em 2003, a 1.074,4 mil em 2010. Fonte: AEPS, diversos anos.

do que as urbanas. Isso se explica por duas razões. Primeiro, porque houve elevação gradativa do tempo exigido de atividade rural a comprovar, que de 60 meses, em 1991, passou para 180 meses, em 2011. Segundo, porque existiu de início relativa estabilidade e depois declínio da mão de obra ocupada em atividades rurais, que era 14,2 milhões, em 1990, e 11,0 milhões, em 2011.[18] E, finalmente, porque, ao longo dos anos, o sistema expandiu a sua cobertura de tal maneira que hoje não existe nenhum passivo em termos de pessoas elegíveis, mas não beneficiárias, a incorporar.

GRÁFICO 1.2:
Número de aposentadorias rurais emitidas — 1993-2011
Milhões de benefícios (posição em dezembro)

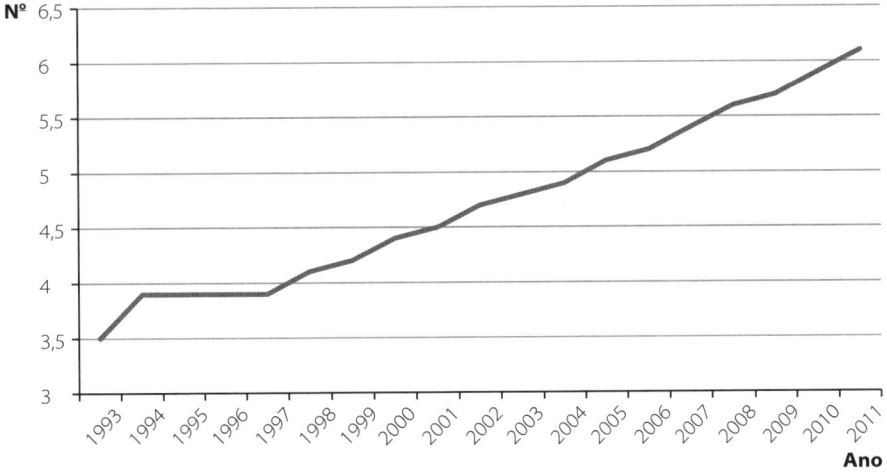

Fonte: AEPS

As condições de concessão e a consequente expansão sustentada da previdência rural de caráter não contributivo explicam, portanto, por que os benefícios assistenciais *stricto sensu* em área rural têm participação declinante ao longo do tempo. Assim, os benefícios assistenciais pagos na área rural passam de cerca de um terço do total dos benefícios assistenciais no Brasil em 1996, ano em que os Amparos Assistenciais, da LOAS, começaram a ser pagos em superposição às RMVs preexistentes, para 3% dos benefícios assistenciais em 2011.[19] De fato, a maioria das pessoas que seriam normalmente elegíveis para o benefício assistencial em área rural refere-se a trabalhadores

---

18 Vale destacar que a população rural vem declinando de forma sustentada, passando de 35,9 milhões em 1991 a 29,8 milhões em 2010. Fonte: IBGE, Censos Demográficos.

19 Em 1996 eram 479.780 benefícios assistenciais (RMVs mais Amparos Assistenciais) pagos em área rural, no total de 1.489.002 benefícios em todo o país. Em 2011 os números eram de, respectivamente, 116.959 e 3.863.503. Fonte: AEPS, posições no mês de dezembro.

da agricultura familiar, também elegíveis para o benefício do FUNRURAL, cuja elegibilidade prescinde do critério de renda. Deste modo, o amparo assistencial rural acaba por atender apenas a situações a descoberto pela previdência rural, como a dos trabalhadores volantes. Como se verá a seguir, a concessão dos Amparos Assistenciais, que substitui a RMV em função das disposições da Constituição de 1988, se limita praticamente às áreas urbanas.

Finalmente, alguns valores são úteis para dar uma medida do impacto potencial das aposentadorias rurais sobre a renda da população e, em particular, dessas transferências de característica quasi-assistencial em comparação às transferências assistenciais *stricto sensu*. Em 2011, o dispêndio anual do FUNRURAL foi de R$38,6 bilhões, o que corresponde a 2,3 vezes o dispêndio do Bolsa Família e a 1,6 vezes o dispêndio do BPC. A reforma do sistema de transferências assistenciais, no sentido de integrar o Bolsa Família e o sistema constitucional, como será discutido no Capítulo 7, terá de levar necessariamente em conta o papel assistencial do FUNRURAL.[20]

1.4 AS TRANSFERÊNCIAS ASSISTENCIAIS DEPOIS DA CONSTITUIÇÃO DE 1988

A situação dos programas de transferência de renda assistenciais criados na década de 1970 no âmbito da Previdência Social se altera radicalmente a partir de 1996, quando começa a ser aplicada a Lei Orgânica da Assistência Social (LOAS).[21]

A Constituição de 1988 tinha trazido mudanças importantes na ampliação do acesso a direitos sociais, das quais a mais emblemática é a questão do acesso aos serviços de saúde, que se torna universal, independentemente de contribuições específicas, previdenciárias ou outras. No que concerne às transferências de renda assistenciais, a Constituição de 1988 as universaliza para todos os idosos e portadores de deficiência definidos como pobres, desvinculando-as da componente previdenciária/contributiva original da legislação que lhes deu origem na década de 1970.[22] Ademais, o valor do benefício dobra, equiparando-se ao salário mínimo, que passa a ser o piso para quais-

---

20 Uma excelente análise do sistema previdenciário brasileiro, que inclui o sistema assistencial constitucional, gerido pelo INSS, e os desafios que ele enfrenta, encontra-se em Tafner e Giambiagi (2011).

21 A Lei 8.742, de 7 de dezembro de 1993, comumente denominada LOAS — regulamenta o art. 203 da Constituição de 1988 que trata da Assistência Social. Art. 203: "A assistência social será prestada a quem dela necessitar, independentemente de contribuição à seguridade social, e tem por objetivo:" (...) "V. A garantia de um salário mínimo mensal à pessoa portadora de deficiência e ao idoso que comprovem não possuir meios de prover à própria manutenção ou de tê-la provida por sua família, conforme dispuser a lei".

22 Ver na Seção 1.2 os critérios de elegibilidade da RMV condicionados a contribuições previdenciárias e tempo de serviço prévios.

quer benefícios previdenciários ou assistenciais. Em contrapartida, as transferências assistenciais aos idosos deixam de ser um direito vitalício, já que a condição de renda que serviu de base para a elegibilidade ao benefício deveria, pelo menos em tese, ser reavaliada a cada dois anos. Na prática, o reexame periódico das condições de rendimento familiar dos beneficiários não ocorreu, e isso, de certa maneira, possibilitou que o Amparo Assistencial, da LOAS, tenha mantido a vitaliciedade nos moldes da antiga RMV.[23]

Em relação especificamente à operacionalização das transferências de renda, a LOAS marcou uma mudança institucional facilitadora do acesso ao direito, o que, paralelamente ao aumento do valor real do benefício, resultou em expansão significativa da clientela atendida e do dispêndio total. Como resultado, o número de benefícios concedidos em 1996, primeiro ano de aplicação da nova lei, deu um salto significativo em relação ao número de RMVs concedidas no ano anterior. Na verdade, a concessão de transferência de renda assistencial no âmbito da Previdência Social tinha apresentado tendência declinante desde meados da década de 1980, mas se reduz mais drasticamente a partir de 1993 (Gráfico 1.1).

A partir de 1996, o número dos benefícios assistenciais aos idosos e portadores de deficiência tem se expandido de forma sustentada, apresentando uma participação crescente no total da renda das famílias brasileiras. Isso se deve tanto à expansão da clientela atendida, como também ao aumento real do valor do benefício, desde 1996 atrelado ao salário mínimo, que se valoriza de forma sustentada como política de Estado a partir de meados dos anos 1990.

---

23 O processo de integração do cadastro do RMV/BPC ao Cadastro Único, do Ministério de Desenvolvimento Social e Combate à Fome, ainda em curso em 2012, pode vir a alterar este aspecto, introduzindo em relação ao BPC o reexame cadastral dos beneficiários a cada dois anos, nos moldes realizados de forma sistemática pelo Bolsa Família. A respeito das condições atuais de operação dos dois sistemas federais de transferências assistenciais em vigor, ver o Capítulo 7.

EXPANSÃO DA COBERTURA DOS BPCS E CLIENTELA POTENCIAL. COMO ENTENDER?

É interessante ter uma medida concreta de como a expansão da cobertura dos BPCs — RMV e Amparos Assistenciais tomados em conjunto — ocorreu, utilizando como base de comparação o aumento da população relevante. No caso dos idosos, comparou-se o número de benefícios concedidos ao tamanho da população que entra na faixa etária de elegibilidade a cada ano. Aliás, esta faixa etária variou ao longo do tempo: o limite etário mínimo adotado, que era inicialmente de 70 anos, declinou paulatinamente para o nível atual de 65 anos.[24] Não foi considerada a condição de rendimento dos idosos. No caso dos portadores de deficiência, o número de benefícios concedidos foi comparado ao aumento da população total, já que são elegíveis portadores de deficiência em todas as faixas etárias.

GRÁFICOS 1A E B:
Comparação entre concessão de benefícios assistenciais e crescimento do contingente demográfico relevante — 1981-2011 (%)

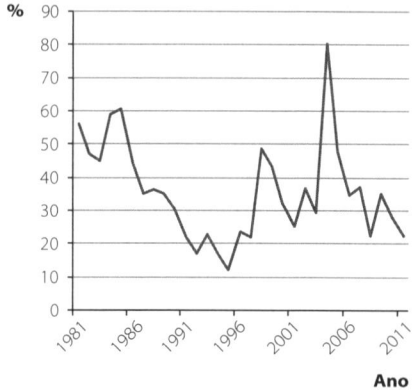
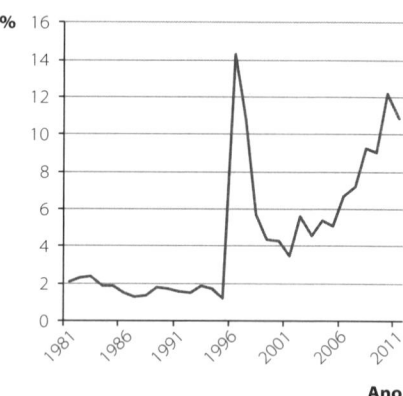

Gráfico da esquerda: relação percentual entre o número de novos benefícios concedidos aos idosos e o número total de pessoas que entram na faixa etária de elegibilidade (Pessoas com 70 anos ou mais até 1997; 67 anos ou mais em 1998 e 1999; e mais de 65 anos a partir de 2006). Gráfico da direita: relação percentual entre o número de novos benefícios concedidos a portadores de deficiência e aumento da população brasileira.
Fonte: Anuário Estatístico da Previdência Social e IBGE.

Para explicar o significado das curvas nos Gráficos 1A e B, é importante lembrar que, em 2009, por exemplo, os novos benefícios concedidos aos idosos somaram 195 mil, enquanto a população de idosos com 65 anos ou mais aumentou em 555 mil, atingindo 15.088 mil. Isso significa que o equivalente a 35% dos que ingressaram na faixa etária de elegibilidade (resultado ilustrado

---

24 Os limites etários mínimos adotados pela RMV e posteriormente pelo BPC foram os seguintes: 70 anos ou mais até 1997; 67 anos ou mais em 1998 e 1999; 70 anos de 1999 a 2006; 65 anos ou mais a partir de 2006. Observe-se que a idade de elegibilidade se reduz, enquanto aumenta esperança de vida no Brasil. Quando a RMV foi criada na década de 1970, a esperança (de vida ao nascer no Brasil se situava em 58,6 anos, tendo se elevado para 73,2 anos em 2009. Fonte: IBGE (Censo Demográfico, 2010).

no gráfico) tiveram acesso ao benefício assistencial, que utiliza como critério de renda valores de renda familiar *per capita* inferiores a ¼ do salário mínimo vigente. As oscilações nas relações apresentadas nos Gráficos 1A e B ao longo do tempo certamente indicam que a concessão de benefícios assistenciais respondeu a determinantes outros que os demográficos, cujo comportamento altera-se apenas lentamente no longo prazo. Nesse sentido, fatores administrativos, restrições orçamentárias e prioridade política certamente desempenham um papel fundamental na evolução dessas transferências de renda no que concerne à concessão de novos benefícios, já que os benefícios em manutenção são rigorosamente pagos pela Previdência Social, utilizando recursos repassados pelo Tesouro Nacional.

Essa ampla cobertura dos idosos remete naturalmente à questão da focalização do benefício, ou seja, em que medida os beneficiários do BPC atendem de fato às condições de elegibilidade do programa. Estimativas realizadas mostraram que cerca de 40% dos beneficiários dessas transferências assistenciais por idade tinham renda familiar *per capita* superior ao limite de ¼ do salário mínimo antes do recebimento da transferência (Soares, 2006). Como se verá mais adiante, este erro percentual de focalização por inclusão é semelhante ao verificado para o Bolsa Família, mas as implicações distributivas são bem diversas, devido aos critérios de elegibilidade e ao valor do benefício nos dois programas.

Quanto aos benefícios aos portadores de deficiência, embora se verifiquem picos na curva que descreve a relação anual entre o número de benefícios concedidos e o aumento da população, como em 1996, o comportamento no período recente tem sido de crescimento sustentado. Cabe lembrar que a relação entre o número de beneficiários e a população total — respectivamente 1,6 milhão e 191,8 milhões — é de apenas 0,8%, em 2009, enquanto a OMS estima em 5% o número médio de portadores de deficiência na população total. Mesmo considerando que a elegibilidade ao benefício está condicionada a um critério de renda, é provável a expansão do número desses benefícios antes que seja atingido um percentual estável em relação ao tamanho da população brasileira.

O ritmo de expansão mais forte dos benefícios aos idosos na última década alterou a composição da clientela das transferências assistenciais de forma drástica. Assim, em 2001, os benefícios aos idosos representavam 35% do total, mas em 2011 já alcançavam 45%. Portanto, a expansão dos benefícios vem ocorrendo em favor da clientela que, em princípio, já apresenta cobertura adequada. Naturalmente, a repartição do dispêndio entre as duas categorias de beneficiários das transferências assistenciais apresenta o mesmo comportamento, já que todas as transferências têm o mesmo valor, igual ao do salário mínimo. Há que notar, no entanto, o aumento do valor do dispêndio total, tanto devido à ampliação do número de transferências pagas, como devido ao aumento real do seu valor unitário, na esteira da política de valorização do salário mínimo. É importante destacar que, de 2001 a 2011, o salário mínimo teve um aumento real de 58,4%.

Finalmente, vale destacar a importância crescente dos BPCs em relação às aposentadorias pagas no âmbito do Regime Geral de Previdência Social (RGPS). O número de benefícios assistenciais aumentou mais rapidamente que as aposentadorias do RGPS, passando do 15,7% em 1996 — ano quando se inicia a concessão dos novos benefícios assistenciais regulados pela LOAS — para 19,2% em 2003 e 23,9% em 2011. Em termos de valor, os benefícios assistenciais correspondiam a 16,5% do valor das aposentadorias pagas pelo RGPS em 2011.[25]

Cabe observar, no entanto, o impacto provável das mudanças macroeconômicas que vêm ocorrendo desde 2004, associado a taxas mais elevadas de crescimento econômico, expansão na criação de postos de trabalho e avanço da formalização do mercado de trabalho. A maioria dos postos de trabalho criados desde então são para empregados com carteira assinada, portanto contribuintes da Previdência Social. A se manter esta tendência, será possível no futuro diminuir a importância relativa das transferências assistenciais, contrariamente ao que se observava desde os anos de 1990.

GRÁFICO 1.3:
Evolução dos BPCs emitidos — 2001-2011
Número de benefícios, idade e invalidez (posição em dezembro)

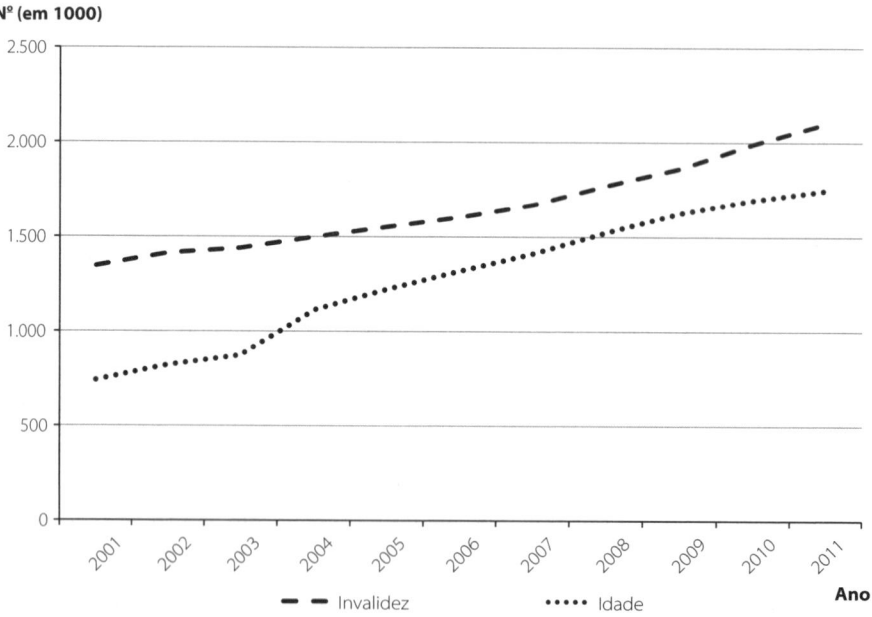

Obs.: Os números são apresentados no Anexo 1.2.
Fonte: MPS/INSS/DATAPREV

---

[25] O valor das aposentadorias do RGPS foi de R$12,7 bilhões e o dos BPCs, R$2,1 bilhões (valores referentes ao mês de dezembro de 2011). Fonte: MPS, 2011.

1.5 AS TRANSFERÊNCIAS DE RENDA COMO INSTRUMENTO DA POLÍTICA ANTIPOBREZA

É forçoso reconhecer que hoje as transferências de renda focalizadas nos pobres já se tornaram um mecanismo disseminado de política social, mesmo nos países pobres. De fato, programas semelhantes ao Bolsa Família brasileiro, que será analisado nos Capítulos 5 e 6, já vêm sendo objeto de experimentos em países da América Latina e na África.[26] No entanto, nos anos 1970, a criação do mecanismo de transferência de renda aos pobres no Brasil se apresentava como absolutamente original, estando em contracorrente das práticas assistencialistas e paternalistas que pautavam a ação do Estado em relação aos pobres e desamparados. Na verdade, era inovadora a transferência de renda em bases continuadas para um beneficiário reconhecido institucionalmente, por oposição a ajudas pontuais e esporádicas, geralmente *in natura*, para clientelas definidas de forma *ad hoc* e, frequentemente, oportunista.

O mecanismo de transferência de renda focalizada nos pobres, situado no âmbito da Previdência Social, passou por diversas fases. Inicialmente a RMV era, na verdade, um ente estranho no âmbito da assistência social que então existia no Brasil. O eixo central da ação governamental de proteção social aos pobres se situava de fato na Legião Brasileira de Assistência (LBA),[27] uma das heranças da era Vargas. A segunda fase ocorre em decorrência das mudanças introduzidas pela Constituição de 1988, que alteraram radicalmente a feição do mecanismo de transferência de renda, desvinculando-o financeiramente da Previdência Social e universalizando o seu direito a idosos e portadores de deficiência pobres. Neste período as transferências de renda se tornam o mecanismo central da assistência social no Brasil, sendo que as outras ações têm caráter claramente marginal. Um terceiro passo foi a criação do que podemos chamar de *novos* programas de transferência na década de 1990 — *novos* por oposição ao BPC. Tudo começa com o projeto de um programa que combinava a componente educacional com a transferência de renda. A proposta do programa, o Bolsa Escola, objeto do próximo capítulo, rompe radicalmente com a tradição de transferências de renda assistenciais existente ao ter como motivação principal a proteção das crianças pobres.

---

26 Em 2012, a Índia iniciou um projeto piloto de transferências de renda visando substituir o seu tradicional programa de distribuição de alimentos aos pobres, o maior do mundo. O programa piloto visa atender apenas 200 mil pessoas, do contingente de pobres estimado em 440 milhões. A baixa taxa de bancarização no país será um dos obstáculos principais para a implantação do programa em larga escala.

27 Com ênfase filantrópica, tradicionalmente dirigida como um cargo mais ou menos honorífico pela esposa do presidente da República, a LBA foi sempre uma estrutura artesanal, que ficou longe da modernização dos processos administrativos, aprofundando gradativamente ineficiências e anacronismos na sua forma de operar. Marcada também por escândalos de corrupção, foi extinta em 1995, no primeiro dia do governo Cardoso.

A criação do Bolsa Escola e dos diversos *novos* programas, que se consolidaram mais tarde sob o Bolsa Família, melhoraram o grau de equilíbrio no tratamento dos diferentes subconjuntos de pobres — por um lado, idosos e portadores de deficiência; por outro, os demais pobres — dando mais coerência ao sistema brasileiro de transferências de renda focalizadas, que, no entanto, permanece claramente dicotômico. Pequenos ajustes têm sido realizados no sentido de garantir maior organicidade ao sistema, o qual envolve de fato dois tipos de transferências de renda, que seguem lógicas diversas. Os desafios no caminho da integração dos dois tipos de transferência de renda focalizados nos pobres serão discutidos no Capítulo 7.

ANEXO 1.1
Criação da Renda Mensal Vitalícia

(Extrato da Lei 6.179, de 11 de dezembro do 1974)[28]

Institui amparo previdenciário para maiores de setenta anos de idade e para inválidos, e dá outras providências.

Art. 1º Os maiores de 70 (setenta) anos de idade e os inválidos, definitivamente incapacitados para o trabalho, que, num ou noutro caso, não exerçam atividade remunerada, não aufiram rendimento, sob qualquer forma, superior ao valor da renda mensal fixada no artigo 2o, não sejam mantidos por pessoa de quem dependam obrigatoriamente e não tenham outro meio de prover ao próprio sustento, passam a ser amparados pela Previdência Social, urbana ou rural, conforme o caso, desde que:

I. tenham sido filiados ao regime do INPS, em qualquer época, no mínimo por 12 (doze) meses, consecutivos ou não, vindo a perder a qualidade de segurado; ou

II. tenham exercido atividade remunerada atualmente incluída no regime do INPS ou do FUNRURAL, mesmo sem filiação à Previdência Social, no mínimo por 5 (cinco) anos, consecutivos ou não, ou ainda:

III. tenham ingressado no regime do INPS, após completar 60 (sessenta) anos de idade sem direito aos benefícios regulamentares.

Art. 2º As pessoas que se enquadrem em qualquer das situações previstas nos itens I a III, do artigo 1o, terão direito a:

I. Renda mensal vitalícia, a cargo do INPS ou do FUNRURAL, conforme o caso, devida a partir da data de apresentação do requerimento e igual à metade do maior salário mínimo vigente no País, arredondada para a unidade de cruzeiro imediatamente superior, não podendo ultrapassar 60% (sessenta por cento) do valor do salário mínimo do local do pagamento.

II. Assistência médica nos mesmos moldes da prestada aos demais beneficiários da Previdência Social urbana ou rural, conforme o caso.

---

28 Artigo 1o e Artigo 2o, este último sem seus parágrafos.

ANEXO 1.2

Evolução dos Benefícios Assistenciais Emitidos

Número de benefícios para idosos e portadores de deficiência
2001-2011 (posição em dezembro, em mil)

	2001	2002	2003	2004	2005	2006	2007	2008	2009	2010	2011
Invalidez	1.346	1.413	1.440	1.498	1.552	1.604	1.669	1.772	1.863	1.994	2.103
Idade	741	822	873	1.114	1.223	1.319	1.412	1.525	1.626	1.695	1.747

Fonte: Anuário Estatístico da Previdência Social (diversos números)

CAPÍTULO 2

O Programa Bolsa Escola

2.1 DO CONCEITO IDEAL À PRÁTICA POSSÍVEL

Propostas de implantação de uma renda mínima de cidadania foram feitas no Brasil desde a década de 1970[1]. No entanto, a discussão sobre a matéria passava ao largo do mecanismo de transferência de renda criado no âmbito da Previdência Social, objeto do Capítulo 1. A RMV tinha um âmbito de aplicação reconhecidamente restrito, voltado para a proteção de um subconjunto de pobres. No entanto, a motivação de um e de outro mecanismo de transferência de renda era a mesma: os resultados adversos que vinham se verificando quanto à evolução do nível e do grau de desigualdade de renda. Com as crises macroeconômicas sucessivas e a estagnação da renda nos anos 1980, a temática da renda mínima ganhou novo impulso no início dos anos 1990. O Projeto de lei 80, submetido ao Senado Federal em 1991, criando um programa de renda mínima nacional, foi aprovado e encaminhado à Câmara dos Deputados em 1992.[2]

O PROJETO SUPLICY

O Projeto de lei 2.561, de 1992, de autoria do Senador Eduardo Suplicy, tinha como objetivo geral promover melhorias distributivas da renda como uma questão de justiça social. Propostas nesta linha são tradicionais na literatura econômica e entre pensadores preocupados com a questão social. Com as contribuições de filósofos desde o século XVI e de economistas nos séculos XIX e XX, as propostas ganharam gradativamente foco e precisão. Mecanismos diversos de transferência de renda como direito universal se disseminaram no século passado em países que evoluíram no sentido de implantar estados de bem-estar social. O programa proposto para o Brasil, denominado Programa de Garantia de Renda Mínima, tinha a feição de um imposto de renda negativo: todos os adultos de mais de 25 anos com renda abaixo de determinado valor de referência — que no projeto era estabelecido em Cr$45.000 (quarenta e cinco mil cruzeiros)

---

1 Silveira, 1978. Bacha e Unger, 1978.

2 A respeito dos programas de renda mínima e a proposta Suplicy, ver Suplicy (2002).

mensais[3] — teriam direito a um benefício igual a 30% da diferença entre sua renda e o valor de referência. Tendo em vista as restrições de financiamento para o novo programa, o projeto previa a sua implantação gradativa, começando por atender os adultos nas faixas etárias mais elevadas. O projeto apontava ainda a possibilidade de aumentar o percentual usado no cálculo do benefício de 30% para 50%, de modo a ajustar o desenho do programa às possibilidades financeiras do governo federal.[4]

Enquanto o projeto de lei de autoria do Senador Suplicy, aprovado no Senado, tramitava na Câmara dos Deputados, a questão distributiva relacionada ao programa veio à tona com uma nova ênfase de combate à pobreza. Nesse contexto, uma proposta de política pública que ganhou grande visibilidade foi a de transferência de renda para famílias pobres com crianças na idade de escolaridade obrigatória — de 7 a 14 anos.[5] Esta proposta de Camargo se diferenciava de forma fundamental da proposta de Suplicy: enquanto esta estabelecia a transferência de uma renda mínima aos adultos como um direito individual, a nova proposta tomava como referência a renda familiar, da mesma forma como já fazia o RMV da Previdência Social e como viriam a fazer os *novos* programas de transferências, criados a partir de meados dos anos 1990.

A nova proposta de transferência de renda focalizada era especialmente atrativa. Por um lado, atenuava a insuficiência de renda presente para as famílias assistidas, melhorando de imediato seu nível de consumo privado e de bem-estar. Por outro lado, atacava as raízes da pobreza e da desigualdade, ao promover a frequência à escola dentre as crianças oriundas de famílias pobres. A esse respeito vale lembrar que no início da década de 1990, quando o programa Bolsa Escola foi proposto, o acesso à escola na idade de escolaridade obrigatória, que era então de 7 a 14 anos, estava longe de estar universalizado: dos 27,6 milhões de crianças nesta faixa etária apenas 88% frequentavam a escola. Na zona rural, a situação era naturalmente mais crítica, com apenas 78% das crianças em idade escolar frequentando a escola.

---

3 O valor de referência mencionado no projeto equivalia aproximadamente a meio salário mínimo vigente no primeiro quadrimestre de 1992 — Cr$ 96.037,33.

4 O Projeto de lei 2.561, de 1992, de autoria do Senador Eduardo Suplicy, nunca foi a votação na Câmara dos Deputados, sendo arquivado em 2007. Entrementes, o Senador Suplicy apresentou em 2001 um novo Projeto de lei, o 266, que "institui a renda básica incondicional ou a renda de cidadania e dá outras providências". aprovado por unanimidade pelo Senado. Com a sanção do Presidente Lula, tornou-se a Lei 10.835, de 8 de janeiro de 2004.

5 Proposta de José Márcio Camargo, na época economista ligado ao Partido dos Trabalhadores. A este respeito é interessante lembrar que uma proposta anterior de José Márcio Camargo era mais próxima da universalidade da proposta Suplicy: propunha a transferência de renda com valor igual a um salário mínimo mensal a todas as famílias com crianças de 5 a 16 anos frequentando a escola pública, independentemente do nível de renda da família (Camargo, 1993).

BOLSA ESCOLA E OS PROGRAMAS DE GOVERNO DO PT

Apesar do caráter inovador do Bolsa Escola e do momento em que a proposta foi discutida no âmbito do PT, o programa de governo do partido para as eleições presidenciais de 1994 referiu-se apenas ao programa de renda mínima, nos moldes concebidos pelo Senador Suplicy: "Com o objetivo de promover a cidadania, melhorar a distribuição de renda, combater a fome e erradicar a miséria, será instituído um programa de renda mínima, definido em lei, compatível com o grau de desenvolvimento do país. Procurar-se-á garantir a todos os cidadãos adultos um nível mínimo de rendimentos, seja quando a remuneração por seu trabalho for insuficiente para livrá-los da miséria, seja quando estiverem desempregados ou incapacitados, parcial ou totalmente, para o trabalho"(Partido dos Trabalhadores, 1994, capítulo VII, seção 40). Somente no programa de governo do PT para as presidenciais de 1998, quando o Bolsa Escola já tinha sido criado pelo governo federal, como se verá mais adiante, ocorreu referência explícita ao Bolsa Escola como um dos mecanismos para atingir o segundo grande compromisso programático de "melhor distribuição de renda". As diretrizes estabelecem que, uma vez no poder, o PT "criará 4 milhões de Bolsas Escola assegurando às famílias de baixa renda enviar ou manter seus filhos na escola; implantará progressivamente o Programa de Renda Mínima para os brasileiros de baixa renda não contemplados em outros programas" (Partido dos Trabalhadores, 1998).

A respeito das propostas eleitorais do PT, cabem três comentários. Primeiro, o PT tardou a perceber o potencial do Bolsa Escola e suas vantagens operacionais em relação ao programa mais abrangente de Renda Mínima, e só o "oficializou" na sua plataforma tardiamente, quando o programa já tinha sido encampado pelo governo do PSDB, como se verá mais adiante. Segundo, em 1998, a questão da frequência à escola não era mais uma questão central: 95% das crianças de 7 a 14 anos estavam na escola naquele ano, sendo que a não frequência tinha determinantes específicos, não vinculadas exclusivamente à baixa renda. Nesse sentido, o PT deixou de reconhecer o interesse em priorizar o atendimento às famílias pobres com crianças como objetivo estratégico da política social, independentemente da componente educacional. Terceiro, programaticamente, o PT se manteve fiel à proposta Suplicy, que finalmente se tornaria lei em 2004.

Considerando que pobreza não se limita à insuficiência de renda e que a eficácia de um instrumento deste tipo estaria ligada não apenas a garantir uma renda mínima no presente, mas em romper o ciclo vicioso da pobreza, o Bolsa Escola foi concebido de modo a proporcionar um *big push* em termos de promoção do desenvolvimento social de famílias de baixa renda com crianças em idade de escolaridade obrigatória. Nesse sentido, a focalização do programa a partir da renda e da presença de crianças de 7 a 14 anos se justificava de duas maneiras.

Por um lado, a educação é, reconhecidamente, a variável que tem maior poder explicativo do nível de renda das pessoas. Desse modo, a obrigatoriedade de frequência à escola como condição para a família receber a transferência de renda do programa visava alterar a demanda por educação dentre a população pobre. Naturalmente a eficácia do mecanismo dependia também de medidas voltadas para a melhoria do ensino centradas no aperfeiçoamento dos professores e no funcionamento da escola de modo geral. O sucesso do componente educacional do programa de transferência dependia de promover, pelo lado da oferta, a recuperação da educação pública básica como mecanismo de mobilidade social e redução da pobreza absoluta e das desigualdades.

Por outro lado, focalizar o conjunto de famílias com crianças de 7 a 14 anos significava reduzir o número de famílias pobres na população-alvo.[6] A adoção da presença de crianças nessa faixa etária como critério auxiliar, além de diminuir drasticamente as necessidades de recursos financeiros para o pagamento dos benefícios, implicava também uma importante homogeneização da população-alvo, facilitando a definição de mecanismos de ação e de avaliação do programa. Em particular, a possibilidade de ancoragem do programa na rede escolar era, sem dúvida, um elemento que facilitava a operação do programa nos seus diferentes aspectos.

Ademais, a redução de tamanho e homogeneização da população-alvo facilitariam o acompanhamento das famílias no sentido de orientá-las e apoiá-las para que pudessem superar a condição de pobreza e de exclusão social, através de melhorias no acesso a serviços públicos e na inserção no mercado de trabalho.

A proposta do programa visava então não apenas elevar a renda de imediato, mas, por meio da educação, atuar também sobre as causas estruturais da pobreza, de forma a reduzi-la no futuro.

Como o Partido dos Trabalhadores foi derrotado nas eleições presidenciais de 1994,[7] o Bolsa Escola não foi implantado em nível nacional como propunha o Partido. Houve, porém, iniciativas de implantação do programa em que o executivo local vislumbrou a transferência de renda focalizada nas famílias pobres com crianças como um mecanismo adequado para enfrentar a faceta crítica da questão social brasileira: a pobreza associada à desigualdade de renda.

---

6 Como se verá mais adiante, quando o programa foi implantado no Distrito Federal, o critério de presença de crianças em idade de escolaridade obrigatória reduziu em 47% o número de famílias pobres elegíveis, quando estabelecido apenas segundo o critério da renda.

7 Luis Inácio Lula da Silva, candidato do PT, foi derrotado. A vitória do pleito presidencial de 1994 coube a Fernando Henrique Cardoso, do Partido da Social Democracia Brasileira (PSDB).

2.2 AS INICIATIVAS PIONEIRAS: CAMPINAS E DISTRITO FEDERAL

As primeiras iniciativas de implantação efetiva do programa Bolsa Escola ocorreram em áreas em que a incidência de pobreza não atingia níveis críticos, a abrangência de serviços públicos básicos se situava bem acima da média nacional, e a situação financeira do governo local era relativamente confortável. Os programas de Campinas e do Distrito Federal foram criados em 1995 e tiveram a sua implantação iniciada no mesmo ano.

O primeiro Bolsa Escola foi implementado no município de Campinas, onde o programa de transferência de renda vinha a ser um mecanismo a mais no âmbito de um sistema de assistência social atuante e bem estruturado. Nesse sentido, o programa de transferência de renda de Campinas se articulava a um sistema preexistente abrangente de assistência social, vindo apenas complementá-lo no que concerne às possibilidades de melhorar a renda e o consumo no âmbito privado das famílias assistidas.

O segundo Bolsa Escola foi criado no Distrito Federal. Contrariamente ao que tinha acontecido em Campinas, o programa em Brasília foi concebido de forma a se constituir no próprio centro de articulação de políticas voltadas para o segmento mais pobre da população. O programa se ancorou na Secretaria de Educação, de modo que a componente educacional foi privilegiada também do ponto de vista gerencial e administrativo.

O programa originalmente proposto pelo PT tinha sido definido em linhas gerais, de modo que coube às experiências pioneiras estabelecer parâmetros e normas para a sua operação diante de condições socioeconômicas e fiscais concretas. Ao se tornar um programa de âmbito local, foi adotado em ambos os casos um critério de tempo de residência, de modo a evitar que o programa motivasse a migração de famílias pobres de áreas vizinhas. Nos outros aspectos, os programas do Distrito Federal e de Campinas adotaram caminhos próprios a partir do arcabouço geral delineado pelo programa do PT.

A Experiência de Campinas

O programa proposto no programa de governo do PT para as eleições de 1994 se encaixava como uma luva às condições e necessidades do município de Campinas (SP), então governado pelo Prefeito José Roberto Magalhães Teixeira, do PSDB. O município, com 864 mil habitantes, segundo o Censo Demográfico de 1991, era um polo regional importante: em função da expansão da indústria local, iniciada na década de 1970, Campinas tinha atraído importantes contingentes de migrantes oriundos dos estados vizinhos de Paraná e Minas Gerais, mas também do Nordeste.

A crise econômico-financeira dos anos 1980 e início dos 1990 levou ao fechamento de estabelecimentos industriais, agravando o desemprego e a favelização, assim como aumentando a incidência de população de rua e da subnutrição infantil. Apesar de Campinas ser já naquela época um município indiscutivelmente rico, onde 37% das famílias tinham renda superior a dez salários mínimos mensais, a riqueza coexistia com graves problemas de desigualdade de renda e de pobreza. Em 1994, a renda *per capita* dos 5% das famílias no topo da distribuição de renda do município tinham renda 36 vezes maior do que a das mais pobres. Naquele ano, 7,4% da população do município eram considerados como indigentes, isto é, com renda familiar *per capita* insuficiente para atender às necessidades básicas de alimentação, enquanto a proporção de pobres foi estimada em 37,9%.[8]

A prefeitura vinha enfrentando esses problemas mediante um sistema de assistência social abrangente, que atendia especialmente a população em condições de risco, articulando seu acesso aos serviços de saúde e de educação. Havia ainda programas de cunho tradicional focalizados nos pobres, como distribuição de cestas básicas e de *sopão*. Nesse contexto de um ambiente urbano com renda média elevada, o programa de transferência de renda para os pobres nos moldes do Bolsa Escola aparecia como uma política mais eficiente que o de distribuição de bens, complementando a ação dos serviços públicos básicos a que os pobres já tinham acesso.

Assim, em fevereiro de 1995 foi criado o Programa de Garantia de Renda Familiar Mínima. Sua prioridade inicial era atender as crianças de até 14 anos em situação de risco[9] através da transferência de renda às suas famílias, desde que tivessem renda familiar *per capita* inferior a meio salário mínimo — o que correspondia na época a R$ 35 *per capita* mensais. As famílias deveriam ser residentes do município por pelo menos dois anos, o que evitaria, por conta do programa, criar atrativo da migração para Campinas de famílias residentes em outros municípios. As famílias beneficiárias receberiam uma transferência de valor variável, calculado para que a sua renda atingisse o valor de R$35 *per capita* mensais, o que correspondia a meio salário mínimo. O dispêndio do governo de Campinas com o pagamento dos benefícios do programa não poderia exceder 1% do orçamento municipal.

Em contrapartida, as famílias se comprometiam a manter as crianças na escola e fazer o acompanhamento regular no posto de saúde. Ademais, deveriam participar da reunião dos chamados Grupos Socioeducativos, cada um deles formado por representantes de 15 famílias assistidas pelo programa sob coordenação de um assistente

---

8 Estimativas do SEADE, 1995.

9 Crianças em situação de risco, conforme definição do Estatuto da Criança e do Adolescente.

social e um psicólogo. Esse mecanismo se constituiu no meio privilegiado de acompanhamento das famílias, tendo como objetivo orientá-las sobre as formas possíveis de melhoria de sua condição de vida e de inserção social.

O programa é iniciado imediatamente após a sua criação com o cadastramento das famílias. A expansão da cobertura se faz rapidamente, começando por atender famílias com crianças em situação de risco, em seguida aquelas em condições de pobreza extrema. Em junho de 1995, já atendia 1.106 famílias, atingindo 1.982 famílias em dezembro do mesmo ano. O valor do benefício médio no primeiro ano foi em torno de R$100 por família, um reforço orçamentário significativo em face da renda familiar média de R$65 das famílias beneficiárias.[10]

Exceto pelos Grupos Socioeducativos, que foram extintos em 2000, o programa de Campinas mantém suas características básicas até hoje quanto aos parâmetros e forma de operação. A média mensal de famílias atendidas se situou estável, em torno de 3.100, desde 2003 até hoje, enquanto o dispêndio com o pagamento das transferências foi mantido sempre abaixo de 1% do orçamento, o que não representa ônus importante para o município.

Como continua operando atualmente, o programa de Campinas é o programa Bolsa Escola mais antigo no país. Manteve o seu desenho sem modificações e não se integrou a outros programas de transferência de renda que passaram a operar na sua área de cobertura — fossem eles os programas federais desde a segunda metade dos anos 1990, que serão objeto do Capítulo 3, seja o programa Renda-Cidadã do Estado de São Paulo, criado em 2001, que tem regras próprias de expansão da sua cobertura nos municípios do estado. Atualmente estão sendo estudadas propostas de mudança do programa, dentre elas a de universalização do benefício a todas as famílias pobres, inclusive as que não tenham crianças. Está sendo considerada também a integração do programa municipal aos programas de transferência de renda estadual e federal, tendo como objetivo garantir que a renda *per capita* das famílias pobres do município atinjam o patamar de um salário mínimo mensal. Como se vê, embora tardias, as mudanças em estudo tenderão a aproximar o programa de Campinas do Bolsa Família federal no que concerne à universalização e ao atendimento integrado aos pobres.

A Experiência do Distrito Federal

No início da década de 1990, o Distrito Federal se configurava como uma área ideal para a implantação do programa Bolsa Escola. Cristóvão Buarque, do Partido dos Trabalhadores, eleito governador para o período 1994-1998, entendia a educação

---
10 O salário mínimo, que era de R$70, passou a R$100 em maio de 1995.

como determinante básico do desenvolvimento econômico e social e havia definido as ações educacionais como sua prioridade no governo.

Ademais, tal como ocorria em Campinas, devido às especificidades do Distrito Federal, havia outras condições propícias a um programa de transferência de renda focalizada nos pobres.

AS PRECONDIÇÕES IDEAIS

Do ponto de vista da renda das famílias, a proporção de pobres era relativamente baixa para padrões brasileiros — 16,7% contra 20,6% para o país como um todo, em 1995 —, sendo a intensidade da pobreza, medida pelo hiato da renda, próximo à média brasileira (respectivamente 42% e 43%). Em contrapartida, a renda média era das mais altas do país.[11] Como resultado dessa conjunção de fatores, estabelecer um esquema de transferências diretas de modo a eliminar a pobreza enquanto insuficiência de renda demandaria, em 1995, apenas 1,2% da renda dos não pobres residentes no Distrito Federal.[12] Cabe salientar que esse valor se referia ao atendimento de todas as pessoas que se situavam abaixo da linha de pobreza, independentemente de critérios outros que o da renda. Ademais, considerando o tamanho da população envolvida — estimava-se em 278 mil o número de pobres no Distrito Federal em setembro de 1995[13] — e o fato de que é essencialmente urbana e espacialmente concentrada, a implantação de um programa de transferência de renda era operacionalmente viável para enfrentar a questão da pobreza no Distrito Federal.

Do ponto de vista dos serviços básicos, no início da década de 1990, o acesso a educação, saúde, saneamento e eletricidade estava praticamente universalizado no Distrito Federal, mesmo dentre os pobres, ficando a descoberto apenas um percentual marginal da população, que correspondia, grosso modo, aos migrantes mais recentes. Vale lembrar que, em função das condições socioeconômicas privilegiadas de Brasília em relação ao seu entorno, a imigração de populações de áreas vizinhas sempre foi forte, reforçando o fluxo migratório oriundo do Nordeste.

Essa boa cobertura de serviços públicos tinha duas implicações. Por um lado, a carência maior ressentida pelos pobres era essencialmente a ligada à renda e ao consumo no âmbito privado, que podia ser amenizada com a transferência de renda. Por outro lado, a cobertura da rede escolar, que já atendia ao universo da população em idade escolar, permitia usá-la de forma eficaz para a ancoragem operacional do programa.

Do ponto de vista das finanças públicas, o Distrito Federal, devido ao seu estatuto político-institucional particular, recebia transferências do governo federal que o colocavam em situação

---

11 Dentre as Unidades da Federação, o Distrito Federal apresentava a renda média mais elevada do país em 1995.

12 À guisa de comparação, garantir a complementação de renda para os pobres na área rural do Nordeste demandaria um montante equivalente a 6,2% da renda dos não pobres residentes na área rural daquela região, o que evidencia as importantes diferenças regionais no que concerne à incidência de pobreza e ao grau de dificuldade de mobilizar recursos para remediá-la.

13 Trata-se do número de pessoas que, com base nas informações de rendimentos da PNAD, teriam tido, em setembro de 1995, renda familiar *per capita* inferior a R$62,92 (Rocha, 1997).

confortável do ponto de vista financeiro. Desse modo, a requisitos relativamente modestos de gasto com o programa associado à situação de renda das famílias se juntavam condições financeiras confortáveis de parte do poder público.

Beneficiando-se de precondições ideais, o Programa Bolsa Familiar para a Educação foi criado como uma das primeiras medidas do Governo Cristovam Buarque,[14] cabendo sua gestão à Secretaria de Educação do Distrito Federal. Embora, para fins de divulgação do programa, fosse dada ênfase à sua componente educacional, até mesmo pelo nome escolhido, tratava-se na realidade de um programa de transferência de renda centrado em famílias pobres com crianças em idade escolar.

Os critérios de elegibilidade ao benefício, que tinha um valor único, fixado em um salário mínimo mensal por família, eram três: todos os filhos entre 7 e 14 anos deveriam estar matriculados em escola pública; a família deveria ser residente do Distrito Federal por cinco anos consecutivos; sua renda familiar *per capita* deveria ter valor inferior a meio salário mínimo.[15] Caso houvesse desempregados ou autônomos na família, havia ainda de comprovar a inscrição nos programas de emprego e renda da Secretaria de Trabalho do Distrito Federal.[16]

Para as famílias que se enquadrassem dentro dos critérios estabelecidos, era concedido o benefício monetário por um prazo de 12 meses, podendo ser renovado por igual período.[17] O programa adotava preferencialmente a mãe como a interlocutora do programa. O fato de ela receber o dinheiro da transferência era tido como garantia de que a renda adicional seria mais bem utilizada em benefício da família e, em particular, das crianças. Esse princípio de privilegiar a mãe como interlocutora e recipiente do benefício foi mantido em todos os programas Bolsa Escola que se seguiram, assim como nos demais programas de transferência criados desde meados da década de 1990, como se verá no Capítulo 3. O Bolsa Família atual mantém esse princípio, que muda as relações de poder nas famílias beneficiadas em favor da mãe.

A importância dada à frequência à escola era comprovada pelo fato de a bolsa ser suspensa sempre que houvesse mais de duas faltas mensais sem justificativa. Mas

---

14 Decreto 16.270, de 11 de janeiro de 1995.

15 Na prática, o limite de renda foi aumentado para 0,7 SM, ou seja, R$70,00, quando houve reajuste do salário mínimo para R$ 100 em maio de 1995.

16 Este último item nunca foi efetivamente implantado.

17 Não se tinha ideia de que proporção de famílias sairia do programa ao final de cada ano. Estudo de avaliação com base na área de Paranoá, onde o programa se iniciou, mostrou que, após um ano, a taxa de permanência no programa daqueles que tinham sido inscritos em 1995 foi de 74%.

a ênfase educacional era aparente e formal. Tanto a realização das inscrições nas próprias escolas onde as crianças já estudavam, quanto a centralização do programa na Secretaria de Educação estão mais ligados a questões operacionais práticas do que à prioridade educacional do programa. Na verdade, do ponto de vista estritamente educacional, não houve a implantação de qualquer medida dentre as que são sabidamente eficazes para compensar as desvantagens educacionais de crianças oriundas de família de baixa renda, tais como reforço escolar e aumento de tempo/duração das atividades pedagógicas.

A implantação da Bolsa Familiar para a Educação ocorreu a partir de maio de 1995 na região do Paranoá. Seguiram-se as áreas de Varjão e Brazlândia em setembro do mesmo ano; São Sebastião, Recanto das Emas e Projetos Especiais[18] em novembro; e Ceilândia e Samambaia em março de 1996. Nesse período, o programa cresceu substancialmente, beneficiando 14.786 famílias, o que corresponde a 28.672 alunos bolsistas entre 7 e 14 anos. Em dezembro de 1997, o número de famílias atendidas chegou a 22 mil.

Apesar da rápida expansão, o programa ficou aquém da meta estabelecida, que era o atendimento de 26 mil famílias já em 1996, assim como aquém da sua clientela-alvo estimada com base na PNAD 1995, que era de 35,6 mil famílias. A Tabela 2.1 mostra o resultado da utilização dos critérios do programa para definir a sua população-alvo a partir de filtros sucessivos aplicados à população total residente no Distrito Federal, que, em 1995, correspondia a 477,8 mil famílias englobando 1,7 milhões de pessoas.[19]

Essa dificuldade em atingir a meta se deu, em parte, devido ao frequente abandono e à exclusão de beneficiários, em função de mobilidade residencial e mudança de situação da família quanto à renda. Como é comum entre os pobres, a renda varia muito ao longo do tempo e, no caso de Brasília, uma proporção elevada dos pobres cadastrados era *conjunturalmente* pobre. Com a cobertura atingida, o custo total das bolsas concedidas manteve-se sempre abaixo de 1% do orçamento do Distrito Federal.[20]

---

18 Os Projetos Especiais cobriam 36 famílias de Ensino Especial, Escola do Parque e Casa Aberta de Taguatinga.

19 A Tabela 2.1 apresenta resultados de uma simulação com base na PNAD, que permite estimar os efeitos dos critérios adotados sobre o tamanho da população elegível. Sobre o uso da PNAD para simulações, ver o Anexo Metodológico.

20 Adicionalmente, foi criado através da Lei 890, de 24 de julho de 1995, o Programa PoupançaEscola, garantindo aos alunos participantes do programa de transferência de renda um depósito anual no valor de um salário mínimo em caderneta de poupança. Parte do saldo existente poderia ser sacado sob determinadas condições, e o saldo restante, ao final do segundo grau.

TABELA 2.1:
Critérios cumulativos de seleção do programa aplicados à população do Distrito Federal — 1995

	Mil pessoas	(%)	Mil famílias	(%)
População Total	1.716,1	100	477,8	100
Com Renda p.c. inferior a 0,7 SM	342,5	17,1	81,9	17,1
a) e residente no D.F. há mais de 5 anos	221,0	12,9	52,8	11,1
b) (a) e c/ criança entre 7 e 14 anos	148,8	8,6	35,6	7,4

Fonte: IBGE/PNAD, 1995 (Tabulações especiais).

O programa do Distrito Federal é um bom exemplo de transferências de renda focalizadas em um contexto relativamente privilegiado em termos de renda e acesso a serviços básicos. No entanto, foi notável a competência com que o programa foi montado a partir de uma nova estrutura, baseada no sistema escolar, e em particular como foram tratadas as questões de focalização e monitoramento do programa, rompendo de maneira explícita com a tradição clientelista, predominante na operação de programas sociais.[21]

ASPECTOS DA OPERACIONALIZAÇÃO DO BOLSA ESCOLA NO DISTRITO FEDERAL

Precedendo o lançamento do programa, o governo divulgou amplamente o programa e as condições de participação, e convidou as famílias que se enquadrassem nos critérios de elegibilidade a se cadastrarem na escola de seu filho para o processo de seleção.

A Seleção das Famílias. Pontuação ou Renda?

A seleção das famílias dentre o conjunto de requerentes foi realizada mediante um detalhado sistema de pontuação: a partir do somatório de pontos obtidos para 13 variáveis,[22] as famílias recebiam uma pontuação total que variava de valores negativos a positivos. O sistema de pontuação foi definido de modo a privilegiar famílias com dependentes em situação de

---

21 A coordenadora do programa lidou de forma inflexível com as inúmeras demandas de políticos, que solicitavam o benefício do programa para seus apadrinhados. Sem sucesso, ao longo do tempo essas demandas deixaram de ocorrer.

22 Os 13 itens são: prioridade de atendimento pela existência de dependentes especiais; número de dependentes até 14 anos; situação conjugal; grau de instrução do requerente; grau de instrução do cônjuge, inserção no mercado de trabalho do requerente; inserção no mercado de trabalho do cônjuge; condição de ocupação da moradia; qualidade da moradia; renda familiar *per capita*; quantidade de bens de consumo duráveis; quantidade de bens patrimoniais; quantidade de animais de criação.

risco,[23] com maior número de dependentes até 14 anos, requerentes sem cônjuge, requerentes e cônjuges com baixo grau de escolaridade, com pior inserção no mercado de trabalho, famílias com piores condições de moradia, com poucos bens duráveis e patrimoniais, e com menor nível de rendimento. Inicialmente as famílias com 140 pontos ou mais foram selecionadas, mas tanto o sistema de pontuação como o critério associado ao valor da renda sofreram ajustamentos ao longo do período de operação do programa. As famílias selecionadas pelo sistema de pontuação receberam visitas domiciliares para a checagem das informações fornecidas antes de serem incorporadas ao programa.

Cabe observar que a variável renda e, especificamente, o ponto de corte de meio salário mínimo *per capita* foram utilizados essencialmente para convocação das famílias. Para o processo de seleção, a variável renda teve importância secundária, tendo-se frequentemente flexibilizado esse critério — atendendo famílias com renda per capita até 0,7 salário mínimo. O objetivo era garantir a proteção dada pelo programa às famílias com desvantagens estruturais significativas, o que é mais bem evidenciado pelo sistema de pontuação que pela informação de renda, a qual pode refletir apenas uma situação conjuntural.

Expansão do Programa e Cobertura da População-Alvo

O programa foi implantado por áreas, começando por Paranoá, a mais pobre do Distrito Federal, tendo sido escolhidas sucessivamente áreas onde se sabia que a incidência de pobreza era elevada. Quando a área em questão estava adequadamente coberta, avançava-se para aquela com condições mais adversas que ainda não tivesse sido atendida. Essa abordagem evitou a realização de um cadastramento geral das famílias pobres, que seria um procedimento operacionalmente menos eficiente, já que no Distrito Federal a pobreza estava concentrada nas áreas periféricas, portanto fora do Plano-Piloto.

Vale notar que esse procedimento de expansão do programa por áreas selecionadas foi viável no Distrito Federal porque não havia uma restrição financeira importante. O procedimento de atendimento por áreas sem que se tenha uma estimativa da população-alvo total do programa leva a um risco importante: esgotar os recursos nas áreas selecionadas, deixando a descoberto famílias em situação crítica em áreas onde o programa não chegaria a ser implantado.

O programa atendeu 25 mil famílias no início de 1999, ou seja, uma cobertura de 70% da população-alvo, tendo como pressuposto que as condições de renda não se alteraram significativamente entre 1995 e 1999, o que é uma hipótese razoável. É provável que parte das famílias elegíveis não cobertas apontadas pela PNAD com base nos três critérios do programa fossem principalmente residentes do Plano-Piloto — empregados domésticos e agregados — tendo, portanto, a não se qualificar para o programa com base na pontuação, já que suas condições de vida seriam, em princípio, adequadas. O programa foi extinto em novembro de 1999 pelo novo governo do Distrito Federal, empossado naquele ano.

---

23 Segundo a Portaria 16, de 9 de fevereiro de 1995, são as famílias com crianças e adolescentes sob medidas de proteção especial, com crianças desnutridas, com idosos, com pessoas portadoras de deficiências etc.

Focalização

A comparação entre as características das famílias atendidas, segundo dados do cadastro do programa, e as características das elegíveis, utilizando dados da PNAD, mostrou que a focalização inicial do programa foi adequada. Os dados do quadro a seguir mostram que as famílias atendidas eram mais pobres do que a média das famílias no Distrito Federal em todos os aspectos: renda total e *per capita* mais baixa, tamanho da família maior e maior intensidade da pobreza medida pela razão do hiato, isto é, maior distância relativa para atingir a linha de pobreza.

Comparação entre População Atendida e População-Alvo		
	Atendida	População-Alvo
Renda familiar média (R$)	175,4	180,4
Renda *per capita* média (R$)	36,3	43,2
Tamanho médio das famílias	4,8	4,2
Razão de hiato	0,45	0,35

Fonte: IBGE/PNAD, 1999; Cadastro do Programa, 1995.

2.3 O FRACASSO DA EXPANSÃO SOB O PATROCÍNIO DOS GOVERNOS LOCAIS

Em função da forma criteriosa como foram realizadas as duas implantações pioneiras em Campinas e no Distrito Federal, o programa Bolsa Escola teve excelente aceitação nos meios especializados, o que o levou a ser considerado frequentemente como uma panaceia para o problema da pobreza, ignorando dois fatos básicos. Primeiro, a enorme gama de diferenciações que assume o fenômeno da pobreza no Brasil. Segundo, as características especialmente favoráveis das duas unidades — o Município de Campinas e o Distrito Federal — no que tange à incidência de pobreza, ao grau de cobertura dos serviços públicos, e à capacidade financeira e operacional desses governos subnacionais. Assim, por volta de 1996/1997, quando ficou evidente que os efeitos redistributivos do plano de estabilização tinham se esgotado, e as condições de emprego e renda se mostravam inquietantes,[24] houve um grande número de iniciativas municipais no sentido de criar as bases legais para a implantação de programas de renda mínima segundo o modelo Bolsa Escola financiados com recursos locais.

---

24 Rocha (2001).

Parte dessas iniciativas resultou de promessas feitas no âmbito da campanha eleitoral para as prefeituras no final de 1996. Na maioria dos casos, foram ignoradas as condições necessárias — e óbvias — para a implantação bem-sucedida de um programa de transferência de renda, mesmo nessa modalidade de cobertura restrita às famílias com crianças em idade escolar. Assim, levando em conta apenas a restrição financeira, poucos municípios no país dispunham de recursos necessários para implantar o programa em escala compatível com o da incidência de pobreza local. Tendo por base o critério de elegibilidade e valor do benefício pago adotados pelo programa do Distrito Federal, apenas 12 dentre 4.364 municípios brasileiros teriam condições de pagar um salário mínimo por família da clientela-alvo do programa comprometendo menos de 5% da sua receita corrente em 1996.[25] Inadvertidamente, ou apenas atentando para possíveis ganhos políticos imediatos, a maioria dos governos municipais optou por replicar o desenho do bem-sucedido programa do Distrito Federal, inclusive no que tange ao valor do benefício mensal a ser concedido, equivalente a um salário mínimo. Esse valor do benefício era, na maioria dos municípios, incompatível tanto com o nível médio de renda das famílias, como com a capacidade financeira do governo local. No entanto, mesmo com mudanças nos parâmetros do programa de modo a reduzir o seu custo, ele ainda era muito dispendioso para a grande maioria dos municípios. Se, por exemplo, o valor da transferência de renda fosse reduzido a meio salário mínimo por família, em apenas 78 municípios o dispêndio com transferências ficaria abaixo de 5% da despesa corrente.[26]

Havia, sem dúvida, obstáculos financeiros à implantação do Bolsa Escola, embora o desenho do programa pudesse ser ajustado para se adequar às condições locais. Assim, o valor utilizado como critério de renda para fins de elegibilidade ao programa podia ter sido reduzido, de modo a diminuir o número de famílias elegíveis, mas focalizando o programa nas mais pobres. Isso significaria, por exemplo, reduzir o critério de renda para valores mais baixos que meio salário mínimo *per capita*, que foi unanimemente utilizado pelos municípios seguindo o modelo do Distrito Federal.[27] Ou ainda, alternativa ou cumulativamente, reduzir o valor da transferência a ser pago às famílias. No entanto, em ambos os casos, a clientela atendida não deveria ser tão restrita e o benefício de valor tão baixo a ponto de o programa se tornar irrelevante como política de redução da pobreza local. Ademais, havia a questão do custo de

---

25 Lavinas, Rocha e Varsano (1998). Não se dispunha de informação relevante para a totalidade dos municípios brasileiros.

26 Lavinas, Rocha, Varsano (1998).

27 Vale destacar que o programa pioneiro de Campinas, um município rico, usou ¼ de salário mínimo como critério de renda para fins de elegibilidade.

operação e das economias de escala: criar um programa para atender um número muito reduzido de famílias aumentaria proporcionalmente a parcela do custo com as despesas fixas de gestão, que correm o risco de ultrapassar um patamar aceitável.[28]

Além disso, havia dificuldades ligadas ao contexto mais geral da política social e da política antipobreza. A transferência de renda melhora apenas as condições de vida das famílias pobres no que concerne ao consumo que se dá no âmbito privado. Elas continuam a depender da provisão de serviços públicos básicos, como saneamento, saúde e educação. A maioria dos municípios que se propôs a implantar o Bolsa Escola não tinha cobertura adequada de serviços básicos, nem mesmo os de educação, com os quais o Bolsa Escola deveria, por definição, se articular. Havia também a questão da gestão: como pretender que um município mal aparelhado na sua administração e na provisão de serviços aos seus cidadãos fosse capaz de implantar de forma eficiente um programa de transferência de renda, que requer, além de um diagnóstico detalhado, um acompanhamento permanente da sua clientela?

Apesar dessas dificuldades, o programa era frequentemente percebido como uma panaceia para a questão da pobreza crítica e no biênio 1996-1997 foi objeto de numerosas iniciativas locais. Ao final de 1997 já haviam sido aprovados mais de vinte projetos em estados e municípios, enquanto uma centena de outros tramitavam como projeto de lei municipal ou aguardando sanção dos prefeitos.[29] Em diversos municípios e estados os programas chegaram a entrar em operação, embora o percentual de programas que podem ser considerados como relativamente bem-sucedidos tenha sido muito reduzido.

2.4 O ANTES E O DEPOIS: O PROGRAMA NOS MUNICÍPIOS DE BELÉM E BELO HORIZONTE

Pelas razões vistas na seção anterior, a implantação do programa Bolsa Escola no nível local, no mais das vezes sem que tivesse sido examinada a sua viabilidade diante de condições específicas diferenciadas, levou preponderantemente ao fracasso e ao abandono do programa na maioria dos locais onde ele chegou a ter a operação iniciada. Fica mais fácil entender a razão desse desastre quase generalizado quando se consideram as condições prevalecentes nos municípios núcleos das regiões metropolitanas, que, pelo menos no que concerne aos requisitos para a implantação de um programa

---

28 Embora não haja um percentual estrito para as despesas administrativas, é geralmente aceito 10% a 12% como limite superior.

29 FINEP/Fundação Ford/FriedrichEbert Stifung (1998). Houve neste período também a implantação de três programas por estados: Amapá, Amazonas e Tocantins.

como o Bolsa Escola, apresentavam certamente condições mais favoráveis do que as que se verificavam na maioria dos municípios brasileiros.[30] No entanto, mesmo entre os municípios-núcleo das regiões metropolitanas, as condições socioeconômicas eram muito diversas entre si, além de diferentes das do Distrito Federal, no que concerne não somente à capacidade de financiamento e de gestão pública, como às especificidades locais quanto ao nível de renda, incidência de pobreza e acesso a serviços públicos básicos (Tabela 2.2). Nesse sentido, não fazia sentido replicar de forma automática em outros municípios — nem mesmo nos municípios núcleos metropolitanos — o modelo do Bolsa Escola nos moldes adotados no Distrito Federal.

TABELA 2.2:
Indicadores selecionados
Municípios-núcleos de metrópoles e Distrito Federal — 1996

Município-Núcleo e Distrito Federal	Renda familiar (R$)		Famílias abaixo 1/2 SM		Acesso a serviços públicos adequados* (%)		
	Total	Per capita	Número	(%)	Lixo	Água	Esgoto
Norte/Nordeste							
Belém	965	308	44.762	19,66	87,84	81,16	8,31
Fortaleza	814	254	114.726	21,77	91,40	73,80	12,78
Recife	809	285	76.308	19,84	90,03	85,96	29,05
Salvador	898	318	148.323	23,11	89,53	89,44	42,64
Centro-Sul							
Belo Horizonte	1307	452	51.730	8,95	93,50	96,62	87,86
Rio de Janeiro	1410	558	113.874	6,28	97,50	97,13	69,95
São Paulo	1547	538	168.298	6,11	99,16	98,93	86,42
Curitiba	1589	567	13.791	3,26	98,62	97,86	47,93
Porto Alegre	1563	633	30.099	6,88	98,64	95,58	33,89
Distrito Federal	1435	480	59.926	12,01	94,99	86,96	72,67

*Dados relativos a 1995. Os conceitos se referem a pessoas que têm acesso a coleta de lixo direta ou indiretamente; água com canalização pública e interna no domicílio; rede pública de escoamento de esgoto.
Fonte: IBGE / PNAD 1996.

---

30 Cada uma das nove metrópoles brasileiras, estabelecidas pelo IBGE, é formada por um conjunto de municípios em torno de uma capital estadual importante. A metrópole, isto é, o municípionúcleo e sua coroa de municípios, foi definida em função do seu papel polarizador nacional ou regional. O Distrito Federal não é uma das metrópoles, mas a presente análise pode ser estendida a ele devido ao seu tamanho, efeito polarizador e representatividade na amostra da PNAD.

Assim, ao aplicar às cegas o modelo Bolsa Escola do Distrito Federal nos municípios de Belém e de Belo Horizonte, desprezou-se uma vantagem importante dos municípios núcleo das regiões metropolitanas: neles a amostra da pesquisa nacional domiciliar, realizada anualmente por amostragem, é representativa, permitindo a estimação da população-alvo com base na renda e em outras características que se quisessem adotar como critério de seleção das famílias a serem assistidas. A realização de simulação de diferentes opções de parâmetros com base na PNAD teria possibilitado definir um programa adequado às condições locais do ponto de vista das carências da população e das restrições gerenciais e financeiras de cada governo municipal especificamente.[31]

No entanto, como a experiência do Bolsa Escola do Distrito Federal era unanimemente considerada como um sucesso, os prefeitos de Belém e de Belo Horizonte definiram legalmente programas que praticamente replicaram o de Brasília, inclusive no que concerne aos parâmetros de operação, a saber:

- o critério de renda para elegibilidade permaneceu como meio salário mínimo como no Distrito Federal,[32] o que, naturalmente, correspondia a um tamanho de população percentualmente muito diferente em Belém (19,6%, ou 44,7 mil famílias) e em Belo Horizonte (8,9%, ou 51,7 mil famílias). Assim, em face de condições socioeconômicas diversas, o uso do mesmo parâmetro de renda teve, naturalmente, impacto muito diferente em termos de atratividade e custo do programa no Distrito Federal, em Belém e em Belo Horizonte.
- o critério de presença de crianças na família se manteve, mas em Belém a faixa etária foi expandida, de 7 a 14 anos para de 4 a 14 anos. Naturalmente essa mudança teve o efeito de ampliar a população-alvo e consequentemente agravar os problemas de custeio e de garantia de vagas nas escolas para as crianças das famílias beneficiárias, situações que, mesmo sem a ampliação, teriam sido claramente problemáticas em Belém.[33]
- o critério de tempo de residência no local foi mantido em Belo Horizonte como estabelecido para o Distrito Federal, mas em Belém foi reduzido para três anos, o que também operou no sentido de ampliar a clientela potencial do programa na metrópole paraense.

---

31 A respeito do uso da PNAD para simular desenhos alternativos do programa de transferências, ver o Anexo Metodológico.

32 Em Belo Horizonte, o corte de renda foi definido em termos de UFIRs, mas o valor resultante correspondia bem de perto a meio salário mínimo.

33 O programa de Belém ainda ampliou a cobertura, incluindo na população a ser atendida as famílias com crianças em condição de risco social (Rocha, 2000).

Nos Anexos 2.1 e 2.2 é contada com mais detalhes a história de implantação do Bolsa Escola sob a égide dos governos municipais de Belém e de Belo Horizonte. Apesar dos resultados desfavoráveis devido a um misto de urgência e improvisação, a descrição tem como objetivo mostrar como teria sido possível, e mesmo relativamente simples, ajustar o modelo *geral* do programa às condições específicas de cada município.

A análise dessas duas experiências locais dão uma ideia das dificuldades logísticas e financeiras envolvidas na implantação do Bolsa Escola por iniciativa de estados e municípios, na esteira do sucesso muito divulgado da experiência do Distrito Federal. Dar dinheiro aos pobres ainda era uma novidade, vista com desconfiança por muitos. A política assistencial ainda estava marcada pela falta de planejamento e por soluções improvisadas fortemente determinadas por objetivos políticos clientelistas e imediatos.

A *importação* acrítica do programa no modelo concebido para o Distrito Federal para contextos diversos foi uma fonte inesgotável de dificuldades. As simulações feitas com os dados da época, oriundos da pesquisa domiciliar nacional, mostram que a incidência de pobreza do ponto de vista da renda era alta e espacialmente difundida, mesmo nos nove municípios que eram núcleos metropolitanos e onde as condições de vida se apresentavam mais adequadas do que no resto do país. O gasto total associado às transferências para todas as famílias com renda familiar *per capita* abaixo do patamar de meio salário mínimo demandaria quase R$1 bilhão a preços de 1996, correspondendo a 6,8% da receita corrente do conjunto de nove núcleos metropolitanos e o Distrito Federal. A incompatibilidade entre população elegível e capacidade de pagamento por si só tornava inviável a iniciativa em praticamente todos os municípios que, na esteira da popularidade do programa, tomaram a iniciativa legal de criar programas nesse molde em meados dos anos 1990.

Ademais, a maioria dos municípios enfrentava dificuldades ligadas à precariedade de infraestrutura básica de serviços sociais, em particular do sistema escolar, o qual deveria acolher uma nova clientela com características adversas ligadas à pobreza e ao atraso escolar. Em muitos casos, não havia escolas suficientes para atendê-las, como bem ilustra o caso de Belém, o que permite imaginar o que ocorreu em municípios menores e mais pobres que decidiram implantar o programa.

Havia ainda um problema gerencial. O programa de transferência de renda demanda um nível de controle e de organização administrativa que era incompatível com as características da maioria das máquinas municipais e estaduais de governo. Se o objetivo do programa fosse fazer uma intervenção significativa junto à população pobre, o cadastramento, a seleção e o acompanhamento das famílias beneficiárias eram tarefas que dificilmente poderiam ser levadas a cabo de forma competente e continuada na maioria esmagadora dos casos.

Finalmente, as transferências de renda envolviam outra lógica para a política de assistência social, rompendo com os procedimentos tradicionais, predominantemente de cunho paternalista, em que os mecanismos de monitoramento e controle desempenhavam um papel residual ou, mais frequentemente, nenhum. *Distribuir dinheiro para os pobres* era visto — e ainda é — como um desperdício e uma abordagem inadequada, já que, segundo a visão hegemônica, os recursos transferidos tenderiam a ser desperdiçados, e não utilizados, como desejável, para o consumo meritório com alimentos básicos.

ANEXO 2.1

O Bolsa Escola em Belém

A incidência de pobreza em Belém em 1996 era relativamente alta — 35% da população ou 282 mil pessoas — quando confrontada à média dos nove núcleos metropolitanos brasileiros — 28% naquele ano. Localizada no Norte do Brasil, Belém acompanha o padrão bem conhecido do Norte/Nordeste em termos de condições sociais e econômicas adversas comparativamente às vigentes no Sul/ Sudeste do país. Diante da onda de popularidade do Bolsa Escola do Distrito Federal, o candidato do Partido dos Trabalhadores à prefeitura nas eleições de 1996 incluiu a criação de um programa desse tipo como carro-chefe de suas promessas de campanha.

Em 1º de janeiro de 1997, como primeiro ato do novo prefeito, o Decreto 29.674 criava o Programa Bolsa Escola para a Educação. Como no Distrito Federal, foi usado o valor de meio salário mínimo como linha de pobreza, o que, utilizando a PNAD, delimitava como pobres cerca de 45 mil famílias em 1996 (Tabela A.2.1).[34] Quanto aos demais critérios, o programa foi definido de forma mais abrangente — e mais generosa — do que no Distrito Federal: ampliando o tamanho da população-alvo mediante o alargamento da faixa etária das crianças para de 4 a 14 anos, e reduzindo o tempo de residência das famílias no município para três anos.[35] A aplicação dos três critérios conjuntamente resultaria em uma população elegível de pouco mais de 27 mil famílias.

Fazer transferências mensais no valor de um salário mínimo por família como se propunha o programa de Belém teria representado uma despesa de R$35,2 milhões em 1996, correspondendo aproximadamente a 15,5% das receitas correntes do município naquele ano (R$228,94 milhões).

Tendo em vista que esse gasto com transferências era obviamente inviável do ponto de vista das finanças do município, caberia ter buscado uma combinação de regras adequadas às condições socioeconômicas e à capacidade de pagamento. A Tabela A.2.2 mostra como as diferentes combinações de critérios podiam afetar o tamanho da população a ser atendida. Enquanto alguns critérios tinham um efeito

---

34 Rocha (2000) derivou os indicadores de pobreza distinguindo núcleo e periferia das nove regiões metropolitanas brasileiras, utilizando linhas de pobreza metodologicamente comparáveis, mas localmente específicas. Em 1996, Belém tinha uma proporção de pobres de 34,4%, bem abaixo da proporção máxima observada em Recife (51,6%), mas bem acima dos 12,4% verificados em Curitiba.

35 Como se viu, no Distrito Federal os critérios eram mais restritivos: famílias com crianças de 7 a 14 anos, e 5 anos como tempo mínimo de residência da família no Distrito Federal.

muito marginal sobre o tamanho da população-alvo — como é o caso do critério de residência de cinco ou de três anos —, outros mostravam um impacto relevante, como é o caso do critério de renda: reduzir a linha de pobreza de 50% para 25% do salário mínimo permitiria melhor adequar o programa às condições de renda das famílias e à incidência de pobreza local.[36] Ademais, a redução do valor da transferência — por exemplo, para meio salário mínimo em vez de um salário mínimo — tornaria o programa mais adequado e viável para as condições de Belém.

TABELA A.2.1:
Número de famílias elegíveis segundo os critérios do programa —1996
(Linha de pobreza igual a meio salário mínimo)

	Excluindo critério de residência		Mínimo 3 anos residindo em Belém	
	Número	%	Número	%
Total de famílias	44.762	100	42.433	94,8
Com crianças (4-14)	28.358	63,35	27.175	60,7

Fonte: IBGE / PNAD 1996 (Tabulações da autora).

TABELA A.2.2:
Simulando o efeito de diferentes critérios de focalização
Número de famílias elegíveis em Belém, 1996

	Número	Redução	%
População-alvo do programa (critérios adotados)	27.175		
Restringindo a faixa etária (7 a 14 anos)	21.213	5.962	78,06
Aumentando o tempo de residência para 5 anos	21.068	6.107	77,53
Reduzindo o corte de renda para 25% do SM	8.136	19.039	29,94
Incluindo famílias com crianças de 4 a 6 anos	12.901	14.274	47,47
Incluindo famílias residindo em Belém 4 e 5 anos	13.188	13.987	48,53

Fonte: IBGE / PNAD 1996 (Tabulações da autora).

O programa foi posto em funcionamento em regime de urgência, sem que houvesse um processo de adequação dos parâmetros operacionais — critérios de seleção e valor da transferência — às condições locais. Dada a evidente incompatibilidade de objetivos e meios, a opção do governo municipal foi implantar o programa por áreas.

---

36 Vale lembrar que a renda *per capita* de Belém correspondia a 2/3 da do Distrito Federal, e que a incidência de pobreza era 40% mais elevada em Belém (Tabela 2.2).

O bairro de Terra Firme foi escolhido, declaradamente, em função dos seus péssimos indicadores educacionais: informações da Secretaria de Educação davam conta de altas taxas de abandono escolar e de repetência. A área também tinha péssimos indicadores de acesso a serviços públicos. O nível de renda, para o qual não se tinha informação, não foi utilizado como variável para a seleção da área.

O objetivo da administração local era selecionar 2.500 famílias em Terra Firme nessa etapa que se configurava quase como um teste de campo, e esse foi praticamente o número de candidatos inscritos.[37] As famílias começaram a receber a transferência de renda em março, isto é, apenas dois meses depois de o programa ter sido legalmente criado.

No entanto, garantir vagas escolares para todas as crianças de 4 a 14 anos das famílias participantes foi, como era de se esperar, um problema operacional muito mais difícil de equacionar do que a transferência de renda propriamente dita: como a cobertura escolar era baixa e não havia vagas no sistema público — e nem possibilidades de criá-las de um dia para o outro —, serviços educacionais para crianças de todas as idades, inclusive do pré-escolar, tiveram de ser contratados junto à rede privada. Cerca de 60 escolas no bairro ou em áreas próximas ao lugar de trabalho da mãe da criança — já que não havia possibilidade de gerar todas as vagas em Terra Firme, mesmo através do setor privado — foram responsáveis pelas oito mil vagas adicionais necessárias para o atendimento das crianças nas famílias beneficiárias.

No ano seguinte o programa expandiu-se para incluir três outros bairros de Belém: Paracuri, Pantanal e Vila da Barra. Estes se situavam em distritos administrativos diferentes, o que contribuía para pulverizar os impactos do programa. Diferentemente de Terra Firme em 1997, onde o critério de escolha da área foi educacional, essas novas áreas foram selecionadas e fisicamente delimitadas por apresentarem condições de vida muito adversas, que se refletiam em altas taxas de subnutrição e mortalidade infantil. Também mudou o processo de seleção de famílias. Com o interesse despertado dentre as famílias pobres pelo pagamento das transferências em Terra Firme, não era mais possível fazer uma chamada geral para cadastramento, pois era evidente que o número de famílias elegíveis ultrapassaria em muito a capacidade de atendimento pelo programa. O governo optou então por divulgar que faria um Censo Escolar de rotina e, com base nas informações coletadas, selecionou as famílias em condições mais adversas.

Em meados de 1998 o programa atendia a 4,4 mil famílias, as quais correspondiam a um enorme contingente de 16,5 mil crianças. Dois dos três critérios de

---

37 A rigor não houve um processo de seleção. Inscreveram-se 2.484 famílias e os assistentes sociais escolheram mais 16 famílias para atingir a meta de 2.500 inscritas.

seleção definidos formalmente para o programa, isto é, renda e tempo de residência — reconhecidamente inadequados, como já se viu — foram na prática abandonados, seja pela seleção de áreas, seja pela seleção das famílias em condições mais críticas em cada área. No entanto, o valor da transferência se manteve em um salário mínimo, portanto em claro descompasso com a realidade local.

ANEXO 2.2
O Bolsa Escola em Belo Horizonte

Belo Horizonte, capital do Estado de Minas Gerais, município núcleo da terceira maior metrópole brasileira,[38] com uma população de 1,9 milhão de pessoas em 1996, se localiza no Centro-Sul do país. Nesse sentido, todas as condições de renda, pobreza e acesso a serviços se mostravam menos precárias do que as de Belém, mas, ainda assim, bem menos favoráveis do que as do Distrito Federal. Apesar disso, o governo do município decidiu aplicar o programa Bolsa Escola adotando os mesmos parâmetros originalmente definidos para Brasília. Criado em 1996,[39] o programa de Belo Horizonte começou a ser implantado em agosto de 1997.

Utilizando os dados da PNAD relativos ao município e adotando o critério básico de elegibilidade para o programa que se baseia na renda familiar *per capita*, havia 51.730 famílias em Belo Horizonte com renda inferior a meio salário mínimo, correspondendo a quase 9% do número de famílias residindo no município (Tabela A.2.3). Ao adicionar os outros dois critérios de seleção, a população-alvo do programa se reduz sensivelmente. A exigência da presença de crianças de 7 a 14 anos por si só reduz a clientela em 40%. O critério relativo ao tempo de residência mínimo de cinco anos em Belo Horizonte tem, no entanto, um efeito marginal sobre o número de famílias elegíveis. Assim, com base na PNAD, havia 26.370 famílias em Belo Horizonte que satisfaziam os critérios do programa Bolsa Escola municipal.

TABELA A.2.3:
Simulando o efeito de diferentes critérios de focalização
Número de famílias elegíveis em Belo Horizonte, 1995

	Número	Redução	%
Famílias com renda abaixo de meio salário mínimo	51.730	100,00	
a) e com crianças de 7 a 14 anos	29.921	21.809	57,84
b) (a) e vivendo em Belo Horizonte por pelo menos 5 anos	26.370	3.551	50,97

Fonte: IBGE/PNAD 1996 (Tabulações da autora).

A opção — seguramente acertada em função do tamanho da cidade e da complexidade operacional do novo programa — foi selecionar subáreas para a introdução

---

38 A população da Região Metropolitana de Belo Horizonte era de 3,6 milhões no mesmo ano.

39 Lei Municipal 7.135, de 5 de julho de 1996, regulamentada pelo Decreto 9.140, de 12 de março de 1997.

progressiva do programa.[40] O programa foi iniciado em Barreiros e em Leste, identificadas como as regiões administrativas mais pobres a partir de informações do Censo Demográfico de 1991 e de dados municipais.

O anúncio do programa e a convocação das famílias para cadastramento levou à formação de enormes filas, que resultaram em protestos e pancadaria. Cadastraram-se 7.503 famílias, das quais 5.900 atendiam aos requisitos do programa. Destas, apenas 606 estavam de fato recebendo a transferência de renda no final do ano de 1997 (Lavinas, 1998), mostrando, pelo menos no que concerne ao pagamento dos benefícios, que o programa de Belo horizonte caminhou bem mais devagar do que o de Belém. A focalização, no entanto, foi excelente: a renda média *per capita* das famílias beneficiárias era de R$23 — equivalente a 19% do salário mínimo então em vigor —, portanto bem abaixo do parâmetro de renda de meio salário mínimo que o programa usava como critério de elegibilidade.

Em 1998, a operação do programa expandiu-se para cinco outras áreas, aumentando o número de famílias beneficiárias para 2.900 em novembro de 1998. Vale registrar que 27.600 famílias se candidataram ao programa, número bem próximo da população-alvo estimada a partir dos dados da PNAD, o que, naturalmente, não garantia que os candidatos preenchessem as condições de elegibilidade.

Considerando o tamanho de população-alvo do programa e, mesmo, o contingente daqueles que se candidataram durante o procedimento de cadastramento por áreas, é evidente que o programa foi obrigado a sobrefocalizar no processo de seleção das famílias a serem atendidas. No final de 1998 o número de famílias beneficiadas era de pouco mais de 10% da população-alvo do programa, quando estimada a partir da PNAD com base nos critérios de seleção oficiais. Em contrapartida, a meta do programa, estabelecida para o final de 1999, era atender 6.600 famílias, que correspondia a apenas 25% das 26.370 famílias elegíveis.

É evidente que a administração municipal subestimou a população-alvo e, definitivamente, tomou uma decisão equivocada ao não utilizar as informações da PNAD para fazer estimativas globais para o município. Houve, sem dúvida, dificuldades de avançar com o programa, já que ficou evidente a incompatibilidade entre o desenho do programa e a capacidade financeira local, pois apenas o pagamento das transferências à totalidade da população-alvo já implicaria um gasto equivalente a 3,6% da receita corrente do município.

Pode-se verificar como o uso de um valor mais baixo como critério de renda teria afetado o tamanho da população-alvo do programa e, consequentemente, o montante

---

40 Para fins de governança local, Belo Horizonte estava dividida em nove regiões administrativas.

de recursos necessários para o atendimento das famílias que se qualificavam. A Tabela A.2.4 apresenta os resultados associados a dois cortes de renda *per capita*, mostrando como a adoção de 25% do salário mínimo como ponto de corte reduzia significativamente a população-alvo. Quando a população-alvo é definida de forma mais restrita — isto é, 7.861 famílias — o montante de recursos correspondendo ao pagamento das transferências teria sido de 10,2 milhões, ou 1,1% da receita corrente do município em 1996. O programa de Brasília tinha estabelecido o teto de comprometimento dos recursos com o programa em 1% das receitas correntes. No entanto, dado o estatuto especial do Distrito Federal, suas restrições financeiras são menores, tanto em termos absolutos como relativos. Um dado concreto ajuda a qualificar esse ponto: em 1996, o Distrito Federal tinha uma receita corrente que totalizava R$ 3,4 bilhões, enquanto em Belo Horizonte ela era de R$ 946,4 milhões no mesmo ano. Em termos relativos, essas receitas representam receitas correntes *per capita* de, respectivamente, R$1.866 e R$452.[41] Assim, dado o descompasso financeiro e socioeconômico entre as duas cidades, teria sido recomendável estabelecer um valor mais baixo para a transferência de renda em Belo Horizonte. Por exemplo, meio salário mínimo por família/mês, o que seria perfeitamente adequado se o critério de renda também tivesse sido rebaixado. Essas mudanças resultariam em um dispêndio viável com transferências, correspondente a 0,54% da receita corrente do município.

TABELA A.2.4:
População-alvo e custo estimado do programa
Belo Horizonte — 1996

	Número de Famílias[a]	Dispêndio (R$ 1.000)	% da Receita Corrente
Renda abaixo de 50% do SM	26.370	34.175,52	3,61
Renda abaixo de 25% do SM	7.861	10.187,86	1,08

[a] Famílias com crianças de 7 a 14 anos, residentes em Belo Horizonte por pelo menos cinco anos.
Fonte: IBGE / PNAD 1996 (Tabulações da autora).

Embora a adoção do programa em Belo Horizonte com os mesmos parâmetros do Distrito Federal tenha criado uma demanda por recursos além das possibilidades operacionais e financeiras locais, a opção por implantar o programa por áreas permitiu contornar o problema, embora rompendo com o objetivo desejável de garantir a isonomia de tratamento das famílias pobres em todo o município.

---

41 População em 1996 de acordo com a Contagem Populacional: Distrito Federal, 1.821.946; Belo Horizonte, 2.091.448.

CAPÍTULO 3

A Federalização do Bolsa Escola

3.1 O PROGRAMA FEDERAL (1ª FASE)

Na esteira da popularidade do programa Bolsa Escola junto à sua clientela potencial, interessada no recebimento do benefício em dinheiro, houve proliferação de iniciativas locais, sem reais condições de operar com sucesso. Nesse contexto, o governo federal fez aprovar um projeto de lei que previa o apoio financeiro aos governos municipais para a implantação de um programa inspirado no modelo do Bolsa Escola. Na letra da lei, tratava-se de um programa de garantia de renda mínima associado a ações socioeducativas (Lei 9.533, de 10 de dezembro de 1997).

Não só a votação, mas também a aprovação do projeto de lei na Câmara Federal pegaram de surpresa a oposição, mesmo os parlamentares particularmente interessados na questão, já que era aguardada a votação do Projeto de lei 2.561, de 1992.[1] A componente política era evidente: às vésperas do ano eleitoral, o Governo FHC tomava do PT a sua principal bandeira na área social. Embora as iniciativas municipais de implantação do Bolsa Escola tenham resultado preponderantemente em fracasso, tratava-se, ainda assim, de uma fonte possível de dividendos eleitorais. Como se verá adiante, em função da evolução titubeante do programa federal, seu efeito eleitoral, se algum houve, não foi determinante para a reeleição de FHC nas eleições presidenciais de 1998.

A lei federal de dezembro de 1997 autorizou o Poder Executivo a conceder apoio financeiro aos municípios mais pobres em cada Unidade da Federação que decidissem instituir programas de garantia de renda mínima na modalidade conhecida como Bolsa Escola. A lei previa a implantação progressiva do programa: a cada ano seriam

---

1 O projeto de lei do Senador Suplicy, como direito individual de cidadania e na feição de imposto de renda negativo, que tinha sido aprovado no Senado e encaminhado à Câmara em 1992, continuava na Câmara aguardando apreciação.

atendidos conjuntos de 20% dos municípios brasileiros, de modo a cobrir a totalidade dos municípios no quinto ano, isto é, em 2002.[2]

O apoio financeiro se limitaria inicialmente aos municípios mais pobres em cada unidade da Federação, isto é, aqueles em que a renda familiar *per capita* e a receita corrente por habitante se situassem abaixo das respectivas médias estaduais. Portanto, privilegiava-se a Federação, atendendo por princípio todos os estados, independente da situação dos seus municípios em termos de renda e pobreza no nível nacional. A concessão do apoio financeiro estava, porém, condicionada à iniciativa local no sentido de implantar institucionalmente o Bolsa Escola e celebrar um convênio com o Ministério da Educação (MEC), órgão gestor do programa federal.[3] O programa estabelecia ainda que o apoio financeiro federal aos municípios fosse custeado com dotação orçamentária específica, a ser consignada a partir do exercício de 1998. Portanto, o ano de 1998 se destinaria necessariamente às providências institucionais, já que repasses federais para as transferências de renda só poderiam ocorrer em 1999.

Cabe destacar um aspecto que se revelou de importância fundamental para a implantação do programa. Era prevista a gestão descentralizada, em que o governo municipal se responsabilizaria pela seleção das famílias a serem beneficiadas e pela operação do programa na sua componente educacional. O governo local comprometia-se ainda com a contrapartida de 50%, equivalente aos recursos repassados pelo governo federal para o pagamento das transferências de renda às famílias, além de conduzir as tarefas de controle da operação e de prestação de contas ao governo federal.

Tal como o Bolsa Escola na sua concepção inicial, o programa federal era de transferência condicionada, isto é, exigia-se, pelo menos formalmente, a frequência mínima escolar de 85% por parte das crianças nas famílias beneficiárias. A população-alvo era definida como famílias com crianças na faixa etária de 7 a 14 anos com renda *per capita* abaixo de meio salário mínimo, utilizando-se assim, de novo, isto é, como na maioria das experiências municipais e estaduais anteriores, parâmetro idêntico ao do programa pioneiro do Distrito Federal, que acabou se difundindo sem qualquer embasamento. No entanto, diferentemente das experiências anteriores, esse corte de renda era apenas um critério inicial de seleção, já que só se qualificavam como beneficiárias do programa as famílias para as quais o cálculo do benefício do programa definido segundo fórmula explicitada na lei resultasse em valores positivos. O valor do benefício B era dado por:

---

2 O modelo de cobertura nacional progressiva em cinco anos, começando pelos municípios mais pobres, é o mesmo que havia sido proposto pelo Senador Suplicy no projeto de lei de 1992.

3 O Decreto 2.609, de 2 de junho de 1998, instituiu no âmbito do Ministério da Educação e do Desporto o comitê assessor encarregado de detalhar a forma de funcionamento do programa federal.

B = (R$15 × número de crianças de 0 a 14 anos) — (0,5 renda familiar *per capita*)

Quando da criação do programa, o salário mínimo era de R$120[4], de modo que, nas famílias em que a renda *per capita* era de exatamente meio salário mínimo e dois o número de crianças, o valor calculado para o benefício era igual a zero, desqualificando, portanto, essas famílias como beneficiárias do programa. Para famílias com a mesma renda *per capita* e três crianças entre 0 e 14 anos, o valor calculado correspondia a R$ 15, benefício mínimo estabelecido na lei. Na prática, o benefício monetário recebido poderia vir a ser tão baixo quanto 50% desse valor ou R$7,50, caso o município optasse pela realização da sua contrapartida em serviços ou ações socioeducativas, como se verá adiante. Vale observar que a vinculação do corte de renda ao salário mínimo foi um equívoco conceitual óbvio: com a valorização gradativa do salário mínimo, que ocorreu de forma sustentada desde 1997, frente a um valor constante para o multiplicador do número de crianças, tenderia a ocorrer um declínio também gradativo do número de famílias que se qualificariam como beneficiárias do programa.

A Tabela 3.1 fornece estimativas do tamanho da população-alvo e do montante de recursos necessários para atendê-la integralmente por ocasião da criação da lei, em 1997. A simulação considera os critérios de seleção das famílias quanto à renda e à presença de crianças, assim como a fórmula para o estabelecimento do valor do benefício, tais como definidos na Lei 9.533, de 10 de dezembro de 1997. Ao utilizar os dados da PNAD 1997, leva em conta o crescimento da renda após o plano de estabilização e considera como população de referência as famílias residentes em todos os municípios, com a exceção daquelas residentes na área rural de municípios da Região Norte.[5] O exercício de simulação permite, assim, o cotejo com o que foi de fato realizado na primeira fase do programa (1998-2000). Os resultados da Tabela 3.1 são apresentados para o país como um todo, assim como para dois tipos de desagregação espacial: por região e por área de residência (rural, urbana não metropolitana e metropolitana).

---

4 Salário mínimo em vigor em dezembro de 1997 ou US$ 107,38 ao câmbio da época.

5 A Região Norte rural não era coberta pela PNAD até 2004. Sua população correspondia a apenas 2,71% da população brasileira, segundo a Contagem Populacional de 1996. Fonte: IBGE.

TABELA 3.1:
Simulação relativa ao tamanho da população-alvo e necessidade de dispêndio anual correspondente às transferências — 1997

	Famílias (*)		Valor (R$1.000,00)	
Regiões e áreas	Número	%	Benefício previsto pelo programa	Benefício igual a R$30 por família
Norte	280.686	5,6	74.027	101.047
Nordeste	2.719.658	54,7	725.700	979.077
Sudeste	1.181.824	23,8	281.095	425.457
Sul	532.202	10,7	118.512	191.593
Centro-Oeste	261.260	5,3	64.562	94.054
Metropolitano	789.879	15,9	183.915	284.356
Urbano	2.252.977	45,3	550.261	811.072
Rural	1.932.774	38,8	529.719	695.799
Brasil	4.975.630	100,0	1.263.895	1.791.227

*Famílias com renda familiar *per capita* inferior a meio salário mínimo com crianças de 7 a 14 anos para as quais o valor do benefício B é positivo. B = (R$15× número de crianças) — (0,5 RFPC), em que RFPC é a renda familiar *per capita*.
Fonte: IBGE / PNAD 1997 (Tabulações Especiais)

Em todo o país, a população-alvo do programa era de quase cinco milhões de famílias e o atendimento a todas elas, segundo os critérios do programa, teria representado um dispêndio global de R$1,264 bilhões/ano a preços de setembro de 1997. À guisa de comparação, cabe observar que esse dispêndio equivaleria a 1,3% do PIB daquele ano, o que é bem mais do que os 0,4% que as transferências do Bolsa Família representaram em relação ao PIB até hoje. O dispêndio calculado corresponde apenas ao valor total dos benefícios a serem pagos,[6] cuja média mensal por família seria de apenas R$21,17 tendo por base as regras do programa. A parcela federal, correspondendo a 50% do montante total, seria, portanto, de R$632 milhões no ano.

Vale observar ainda que, do valor total dos benefícios, 42% se destinariam a famílias residentes na área rural, o que era compatível com a elevada incidência de pobreza e o nível nominal mais baixo da renda dos pobres nessas áreas em relação às urbanas. Mais da metade das famílias (55%) que compunham a população-alvo do programa era nordestina, e o fato de que a Região Nordeste absorveria 57% do dispêndio simulado fazia todo sentido.

---

6 Não inclui, portanto, estimativa de quaisquer custos administrativos do programa.

Alguns dados relativos à execução do programa em 1999 — segundo ano após a sua criação, mas primeiro ano em que se realizam transferências de recursos aos municípios para pagamento das famílias — dão uma imagem concreta do ritmo de implementação do Bolsa Escola federal. Dos 932 municípios selecionados pelo MEC para o primeiro dos cinco anos de implantação do programa, 836 (90%) tinham celebrado convênio com o MEC, enquanto 803 (86%) chegaram a receber pelo menos um repasse em 1999 (Tabela 3.2). O desembolso pelo MEC naquele ano correspondeu a cerca de 60% do valor inicialmente programado, o que teria correspondido a uma transferência média de R$48 por dependente/ano, caso todos os potenciais beneficiários tivessem sido atendidos[7] (Tabela 3.3). Portanto, ao final do primeiro ano de operação do programa, sua execução ficou bem aquém da meta prevista.

TABELA 3.2:
Programa de Bolsa Escola Federal: Municípios conveniados — 1999-2000

	Número de municípios		
Exercício	Selecionados pelo MEC	Celebraram convênio com o MEC	Receberam pelo menos um repasse da União
1999	932	836	803
2000	684	557	526

Execução orçamentária de 1999 e de 2000 até o mês de setembro.
Fonte: Ministério da Educação, FNDE. Programa de Garantia de Renda Mínima.

TABELA 3.3:
Beneficiários potenciais do Bolsa Escola Federal e desembolsos planejados e executados — 2000

	1999	2000
No de famílias (mil)	578	451
No de dependentes 7 a 14 anos (mil)	1.159	930
Valor necessário para atendimento*	253	223
Valor aprovado por União e Municípios*	185	31
Parcela da União *	92	16
Valor repassado pela União*	56	15

* R$ milhões (Execução orçamentária até o mês de setembro)
Fonte: Ministério da Educação, FNDE. Programa de Garantia de Renda Mínima.

---

7 Considerando o número de crianças de 7 a 14 anos beneficiadas nas famílias selecionadas. O benefício médio pode ter chegado a cerca de R$55 no ano, já que houve municípios que, apesar de selecionados ou mesmo conveniados, não receberam nenhum repasse do MEC em 1999.

Em 2000, a execução do programa se afasta ainda mais da meta preestabelecida de atender 40% dos municípios brasileiros naquele ano.[8] Apenas 557 novos municípios celebraram o convênio com o MEC, dentre os quais 526 de fato receberam pelo menos um repasse. Apesar disso, o valor agregado dos repasses declinou marcadamente nesse ano: o valor aprovado global de R$31 milhões correspondeu a apenas 14% do previsto, e cerca de apenas R$15 milhões foram efetivamente repassados pela União aos municípios recém-conveniados. Considerando a clientela que o MEC pretendia atender nesses municípios, esse valor correspondeu a um dispêndio anual médio de R$33 por família ou R$16 por dependente, o que dá uma medida de como, além de tudo, foram irregulares os repasses ao longo do ano.

Essas informações relativas ao ritmo de celebração de convênios entre o MEC e os municípios e, principalmente, os valores dos dispêndios efetivos realizados pela União revelam claramente que três anos depois da promulgação da lei o programa não tinha *decolado*.

3.2 RAZÕES DO FRACASSO DO BOLSA ESCOLA FEDERAL

As razões de fracasso evidente do Bolsa Escola federal na sua primeira fase (1998-2000) estiveram associadas a aspectos diversos da concepção e da operacionalização do programa. O programa tinha reconhecidas fragilidades estruturais quanto ao seu desenho, aos procedimentos de cadastramento e seleção de beneficiários, e à relação entre municípios e o governo federal, representado pelo MEC.

Como ponto de partida, a exigência de contrapartida municipal de 50% no pagamento do benefício monetário às famílias representou um desestímulo importante à adesão ao programa pelos municípios selecionados nos primeiros anos, por definição os mais pobres. Ademais, o baixo valor do repasse potencial do governo federal foi razão adicional para o relativo desinteresse por parte de muitos deles.

A fraca adesão dos municípios ao programa contribuiu para que o MEC acabasse por flexibilizar os critérios de participação e funcionamento do Bolsa Escola, ao arrepio das normas estabelecidas nos diplomas legais. Essa flexibilização informal levou à participação no programa de municípios que não estavam incluídos na seleção

---

8 A meta estabelecida originalmente era a de incorporar anualmente ao programa 20% dos municípios brasileiros — que totalizam 5.561 em 2001—, de modo a atender a todos em 2002.

inicial.⁹ Houve também flexibilização das normas em relação ao próprio desenho do programa.¹⁰

No que concerne à operacionalização, houve dificuldades para a definição do número de famílias a serem beneficiadas em cada município. Como as informações detalhadas de renda familiar no nível municipal só estão disponíveis no Censo Demográfico, o MEC foi obrigado a definir o número de famílias a serem assistidas em cada município com base na informação do Censo de 1991, atualizada na medida do possível pelas informações sobre a evolução da renda em cada Unidade da Federação derivadas da PNAD. Já que os municípios tiveram trajetórias diversas ao longo da década de 1990, foi inevitável o descompasso entre o número máximo de famílias a serem atendidas em cada município, estabelecido pelo MEC com base no Censo e na PNAD, e o número de fato de famílias que se enquadravam nos critérios do programa. Esse descompasso foi um elemento de frustração para as famílias e para os administradores locais do programa, particularmente nos municípios onde o número de famílias a serem atendidas ficou aquém do número das que eram na realidade de fato elegíveis para o recebimento da transferência segundo os critérios adotados pelo programa quanto à renda e à presença de crianças no domicílio.

Independentemente das reconhecidas fragilidades do seu desenho, o fato de o programa não ter evoluído como desejado se deveu em grande parte às dificuldades de articulação entre MEC e municípios quanto aos trâmites operacionais e administrativos.

O processo de seleção das famílias, a cargo dos municípios, se deu de forma apressada. Os municípios que tinham interesse em participar do programa procederam ao cadastramento e à seleção das famílias geralmente com recursos limitados e de forma atabalhoada, de modo a não perder o direito de receber as transferências federais. A solução mais comumente adotada foi utilizar a rede escolar e realizar o cadastramento das famílias de alunos que, segundo a percepção de professores e diretores, correspondiam às características da população-alvo do programa. Esse modelo foi prático e adequado para municípios onde 100% das crianças estavam na escola, desde que as famílias tivessem a possibilidade de se inscreverem mesmo como não identificadas inicialmente como beneficiárias potenciais. Ademais, a corresponsabilidade da escola na seleção das famílias contribuiu para que o pessoal docente viesse

---

9 Foi o caso, por exemplo, de Duque de Caxias (RJ) e mais 13 municípios do Estado do Rio de Janeiro.

10 O município de São João de Meriti (RJ) recebeu contrapartida financeira do MEC para um programa próprio, com características diversas daquelas estabelecidas pelo programa federal: o programa local, criado em 1998, atendia 200 famílias que recebiam como benefício único meio salário mínimo por mês. Assim, o repasse federal era utilizado para financiamento do programa, embora o procedimento de seleção de famílias e o valor do benefício pago fossem estritamente os do programa municipal.

a ter um comprometimento maior com o controle de frequência e com os objetivos educacionais do programa. No entanto, o processo teria sido certamente mais eficiente se os profissionais de educação envolvidos no processo de cadastramento e seleção estivessem devidamente informados sobre os objetivos e as normas do programa. O fato de o programa ter sido implantado intempestivamente fez com que geralmente o pessoal de educação não estivesse preparado de forma adequada, nem necessariamente receptivo em relação às funções adicionais que foi chamado a desempenhar.

O formulário de cadastramento, instrumento padrão básico fornecido pelo MEC para servir como mecanismo para a seleção das famílias pelo município, continha informações socioeconômicas das famílias, em particular aquelas relativas à renda e composição familiar, ambas cruciais para o enquadramento das famílias como beneficiárias em função das normas do programa. A renda *per capita* para fins de seleção era calculada com base na declaração de rendas do requerente, já que não existia qualquer exigência do MEC quanto à verificação de sua veracidade, nem da sua compatibilidade com outras informações cadastrais do requerente. Na verdade, a seleção das famílias e a focalização do programa ficaram a cargo exclusivamente das autoridades locais, o MEC não tendo implantado qualquer procedimento de controle relativo à focalização do programa.

Como poderia ter sido antecipado, os formulários preenchidos estavam crivados de defeitos — lacunas de informações e erros de preenchimento. Houve dificuldades diversas, em particular para calcular o valor da renda familiar *per capita*, já que a fórmula definida para esse fim era incompreensível para grande parte dos operadores do programa (ver Seção 3.1). Foi frequente a não resposta para o quesito renda, apesar de sua importância crucial para o cálculo do valor do benefício variável a que teria direito a família em função da renda e de número de crianças.

Especificamente, a renda familiar, que servia de base para a qualificação da família e para o cálculo do valor do benefício, foi frequentemente imputada pelo entrevistador ou pelo administrador local do programa. Apesar das dificuldades com a variável renda, o recurso a ela como variável de seleção era, na prática, inevitável, pelo menos quando inexistia um sistema organizado de assistência social no município, como ocorria na grande maioria dos casos. Como consequência, foi comum a seleção de famílias baseada em informações deficientes quanto à renda e aos indicadores de condições de vida. Na impossibilidade de adoção de mecanismos rigorosos de seleção de beneficiários, teria sido fundamental garantir a transparência dos procedimentos de forma a permitir e incentivar o controle social do processo. Como será visto nos próximos capítulos, tanto o processo de seleção como o controle social do conjunto de beneficiários foram radicalmente aprimorados ao longo do tempo, especialmente depois da criação do Bolsa Família.

É certo, ainda, que as famílias selecionadas não foram necessariamente as mais pobres dentre as que se qualificavam em cada município, o que, aliás, não constituía uma exigência do MEC. Apesar desse fato, as disputas entre famílias pela seleção como beneficiárias foram minimizadas pela própria ineficiência do programa: feita a seleção das famílias, não houve necessariamente repasse dos recursos federais ao município, e quando isso ocorreu foi de forma irregular, o que levou ao desinteresse dos beneficiários.

Para o desinteresse das famílias, também contribuiu o baixo valor do benefício. A esse respeito, vale lembrar que foi frequente a ausência de contrapartida monetária por parte dos municípios. Isso resultou de uma solução *ad hoc* para ampliar a adesão dos municípios ao programa: o MEC tinha passado a aceitar que a contrapartida municipal pudesse ser feita em serviços — em vez do pagamento em dinheiro. Nesses casos, geralmente não houve contrapartida municipal alguma, na medida em que as despesas educacionais declaradas como tal não estavam focalizadas na população atendida pelo programa, mas no sistema escolar municipal em geral. Na prática, os beneficiários acabaram por receber 50% do valor originalmente previsto, correspondendo ao repasse do governo federal ao município, o que na melhor das hipóteses equivalia a R$7,50 por criança. Esse valor era evidentemente insuficiente como incentivo às crianças e às famílias mesmo nas áreas mais pobres, além de incompatível com os custos de administração do programa. Dito de outra maneira, com valor tão baixo do benefício, os custos de gestão do programa acabavam sendo relativamente elevados.

A flexibilização da contrapartida municipal pelo MEC não ajudou a expandir a implantação o programa. O valor repassado pelo governo federal no âmbito do programa era considerado insuficiente pelos municípios, tanto tendo em vista o valor dos benefícios individuais a ele associados, como a clientela potencial não atendida. No entanto, foi a falta de regularidade do cronograma de repasse do governo federal o principal problema ressentido pelos municípios conveniados no que concerne à operação do programa.

Os municípios se ressentiram em particular da falta de informações e da imprevisibilidade quanto à frequência do repasse, o que, obviamente, desestruturava a operação local do programa. Mesmo quando todas as exigências administrativas do MEC tinham sido cumpridas, o repasse ao município não se realizava necessariamente. Para o município, a irregularidade dos repasses gerava imprevisibilidade da execução orçamentária, na medida em que o município pretendesse realizar a contrapartida correspondente ao repasse do MEC. Nesse sentido, os municípios mais prejudicados foram justamente os que tinham a intenção de realizar a contrapartida financeira, como previsto pelo programa antes da flexibilização.

Para as famílias, a interrupção ou irregularidade do pagamento frustrava suas expectativas quanto ao uso da renda adicional proveniente do programa, e eliminava a vantagem do programa de criar condições de maior segurança financeira e dar as bases para algum planejamento orçamentário por parte dos beneficiários para o seu futuro próximo. Na verdade, a irregularidade do pagamento do benefício trouxe um problema adicional: o pagamento acumulado do benefício mensal. Em muitos casos, o pagamento acumulado chegou a corresponder ao benefício que deveria ter sido pago ao longo de seis meses. Nessas condições, embora o montante relativamente elevado recebido por algumas famílias tenha criado um clima de euforia entre beneficiários no momento de pagamento, os objetivos sociais e educacionais foram certamente frustrados.

Finalmente, cabe destacar que no meio de uma flexibilização generalizada das regras de funcionamento do programa, a presença de crianças nas famílias parece ter sido estritamente observada, embora a componente educacional — isto é, a propalada contrapartida da família em termos de frequência escolar de suas crianças — não tenha tido qualquer relevância prática, contrariamente ao que era divulgado como objetivo central do programa.

Em consequência desse longo rol de dificuldades, os impactos do programa sobre a pobreza foram necessariamente desprezíveis, já que os pobres eram muito mais numerosos que a população-alvo do programa e que, ademais, as transferências de renda ficaram muito aquém do planejado. O valor transferido em 1999, por exemplo, correspondeu a apenas 4% do hiato de renda dos pobres estimado para aquele ano.[11] Mesmo no estado da Bahia, que recebeu um repasse consolidado relativamente maior do que o das demais unidades da Federação, o valor total das transferências correspondeu a apenas 8% do hiato de renda dos pobres estimado para o estado.[12] Naturalmente o impacto sobre a redução da pobreza dentre a população-alvo do programa, as famílias pobres com crianças, é mais acentuado, já que elas correspondem, *grosso modo*, a 50% dos pobres.

A incapacidade de garantir a regularidade do pagamento e a vinculação com a frequência escolar impediu que fosse atingida uma das metas básicas do programa:

---

11 Rocha, 2000. O hiato de renda consolidado corresponde ao valor necessário para elevar a renda familiar *per capita* de todos os pobres ao nível da linha de pobreza.

12 No caso da Bahia, o governo estadual foi ativo em dar assistência aos municípios para a celebração dos convênios com o MEC e em auxiliar na solução das diferentes pendências administrativas e políticas.

sinalizar para a sociedade a educação tanto como prioridade de política pública, como requisito essencial para a mobilidade socioeconômica e redução da pobreza no futuro, via melhoria da renda dos filhos das famílias assistidas. Ademais, a não regularidade do pagamento desestimulou os municípios na busca de recursos próprios ou de terceiros tanto para viabilizar a contrapartida monetária, como para implantar outras ações de apoio à população--alvo do programa.

A falta de informação da clientela sobre o que estava ocorrendo, em particular quanto aos problemas com o pagamento dos benefícios, levou à insatisfação com o programa e a críticas às autoridades municipais, que passaram a ver a participação no Bolsa Escola federal como um ônus político. Responsáveis municipais, constatando que a implantação do programa era fonte de problemas administrativos, sobrecarga operacional e cobranças da população, que os culpava pela falta de pagamento, desinteressaram-se ou opuseram-se abertamente a dar continuidade à participação municipal no programa federal.[13]

Ao final de 2001 era evidente que o funcionamento do programa deixava muito a desejar, havendo inclusive dificuldades críticas de interação entre as duas esferas de governo formalmente envolvidas — a federal e a municipal. O fato que melhor evidencia as fragilidades do programa nessa primeira fase foi a falta de continuidade nos repasses federais para pagamento dos benefícios em dinheiro às famílias.

3.3 O RELANÇAMENTO DO BOLSA ESCOLA FEDERAL (2ª FASE)

Diante deste quadro de dificuldades de implantação do Bolsa Escola federal, que resultou, em parte, de inadequações quanto ao desenho do programa original, e em parte da falta de estrutura operacional no MEC e nos municípios, o governo federal tomou a iniciativa de relançá-lo em novas bases.[14] Em ofício aos prefeitos datado de março de 2001, o governo federal anunciava, através do MEC, as características do programa nesta nova fase, alterando alguns pontos frágeis do programa original, a saber: o valor do benefício, a exigência de contrapartida municipal, a cobertura do programa e a mudança na sistemática de pagamento. O programa na sua nova fase tem a implantação iniciada no primeiro semestre de 2001.

---

13 Como o repasse federal era feito nas contas correntes bancárias de responsáveis locais pela gestão do programa, quando não ocorria o repasse pelo governo federal, havia a desconfiança por parte dos beneficiários de que o valor dos benefícios estivesse sendo apropriado indevidamente. Informações errôneas quanto à realização de repasses, veiculadas pela rede de rádio da Agência Nacional, durante a *Hora do Brasil*, contribuíram para criar confusão e gerar ressentimentos por parte dos gestores locais.

14 Medida Provisória 2.140, de 13 de fevereiro de 2001.

No que concerne ao valor do benefício, é abandonada a fórmula de cálculo que tinha sido proposta pelo programa, que era de difícil compreensão e operacionalização, tanto pelo pessoal das prefeituras, como pelas famílias beneficiárias. Como alternativa altamente simplificadora e pragmática, foi adotado o valor básico único de R$15 por criança/mês, ficando o benefício máximo limitado a R$45. O valor máximo deveria ser pago a famílias com três crianças ou mais com idades de 6 a 15 anos frequentando a escola, o que implica simultaneamente um alargamento da faixa etária, já que na primeira fase do programa a faixa etária era de 7 a 14 anos.

Paralelamente à simplificação quanto ao estabelecimento do valor do benefício, foi eliminada a exigência de contrapartida — monetária ou em serviços — pelo município. Como tinha ficado evidente que a grande maioria dos municípios não pagava a contrapartida monetária, aumentou o valor médio a ser de fato recebido em dinheiro pelas famílias, o que tornava o programa mais atrativo para a sua clientela potencial, sem criar um comprometimento inviável dos recursos dos municípios mais pobres.

Houve consequências relevantes dessa mudança. A primeira foi a melhoria da relação valor do benefício *versus* custo de administração do programa, que parecia inadequada nas condições anteriores. Embora a administração local do programa viesse sendo realizada, em todas as fases, por pessoal das prefeituras desviado de outras funções, e, nesse sentido, não representando aumento de despesas, existia um custo de administração específico não contabilizado. Muitos municípios perceberam que, diante do fato de o programa não ter resultado num fluxo regular de pagamentos às famílias beneficiárias, tinha havido prejuízo para a comunidade como um todo devido ao esforço e tempo despendidos no cadastramento, seleção, pagamento e procedimentos burocráticos associados ao programa. Na verdade, tinha havido frequentemente sobrecarga administrativa e ônus político que, do ponto de vista dos governos municipais, não eram compensados pelo valor total do repasse federal, que tinha ocorrido na prática em bases muito aquém daquelas originalmente antecipadas.

Ademais, sem o encargo financeiro da contrapartida, os municípios poderiam, eles mesmos, em função de suas prioridades de política social e de disponibilidade de recursos, estabelecer alguma forma de complementação à transferência de renda federal. Naturalmente, recursos para esse fim só existiam nos municípios mais ricos, o que remete a outra inovação introduzida na nova fase do programa, a sua universalização.

O programa passou a pretender a cobertura universal da sua população-alvo, isto é, famílias de baixa renda com crianças em idade entre 6 e 15 anos. Como consequência, qualquer município brasileiro estava qualificado a ter as famílias pobres com crianças assistidas pelo programa, já que não havia mais critérios de seleção de acordo com o nível de desenvolvimento do município ou obrigatoriedade de contrapartida de recursos locais. Essa opção parece ter estado associada a uma menor restrição de recursos e à vontade política do governo federal de atuar na área social afetando diretamente o nível de renda das famílias mais pobres.

A meta do Bolsa Escola estabelecida para 2001 foi a de atender 5,8 milhões de famílias a um custo total de R$1,7 bilhão, o que implica um benefício médio mensal de pouco mais de R$24 por família. Esses recursos seriam oriundos em parte do Fundo de Combate à Pobreza (R$1,2 bilhão)[15] acrescidos de R$500 milhões do Orçamento da União para 2001.

É interessante examinar em que medida essa nova meta de atendimento se coadunava com a incidência de pobreza no Brasil, levando em conta explicitamente o tamanho da população-alvo e o novo desenho do programa no que concerne ao valor e à regra de concessão do benefício monetário. As informações estatísticas disponíveis permitiram quantificar o tamanho do desafio a enfrentar pelo programa em termos de incidência de pobreza considerando especificamente famílias, indivíduos em geral e crianças segundo faixas etárias de interesse para o programa (Tabela 3.4). Tomando como linha de pobreza a renda familiar *per capita* igual a meio salário mínimo,[16] adotada pelo programa, fica evidente que a incidência de pobreza era muito mais elevada dentre as crianças até 15 anos do que entre os indivíduos como um todo. Essa característica da distribuição de renda por idade no Brasil é, ainda hoje, um dos embasamentos importantes para transferências de renda focalizadas em crianças. Embora a proporção de pobres dentre as crianças de 6 a 15 anos fosse inferior ao que se verificava para as crianças de 0 a 5 anos, a ancoragem do programa no sistema escolar era uma justificativa relevante para atribuir a prioridade social à faixa etária de 6 a 15 anos.

Na medida em que o novo desenho do programa mantém o critério de seleção baseado na renda familiar *per capita* igual a meio salário mínimo e atrelado à presença de crianças na família, a população-alvo era constituída por 6,4 milhões de famílias com renda familiar *per capita* inferior a meio salário mínimo, o que excluía a área rural da Região Norte (Tabela 3.5).[17] Assim, a meta de atendimento anunciada pelo MEC ficou cerca de 10% aquém da população-alvo estimada com base nas informações da pesquisa domiciliar nacional e utilizando as próprias regras do programa. Vale observar, no entanto, que atingir a meta proposta era pouco provável, dadas as dificuldades já verificadas na primeira fase, fossem elas de natureza institucional — a

---

15 O programa Bolsa Escola absorve, assim, mais da metade dos recursos de R$2,3 bilhões do Fundo de Combate à Pobreza no ano de 2001.

16 Valor equivalente a R$68 em setembro de 1999, ano para os quais estavam disponíveis os dados estatísticos mais recentes quando do relançamento do programa em 2001.

17 Até 2004 a amostra da PNAD não incluía a área rural da Região Norte, exceto a do estado do Tocantins.

celebração do convênio com os cerca de seis mil municípios brasileiros —, fossem de natureza operacional — cadastramento e seleção das famílias.

TABELA 3.4:
Número e proporção de pobres, segundo diferentes agregados

	Pobres (1.000)	Proporção (%)
Famílias	10.880	24,03
Indivíduos	45.088	28,94
Crianças de 0 a 15 anos	21.021	42,45
Crianças de 0 a 5 anos	8.151	46,29
Crianças de 6 a 15 anos	12.870	40,32

Fonte: PNAD 1999

TABELA 3.5:
Número de famílias e de crianças por tipo de família e necessidade de recursos para o pagamento dos benefícios

Tipos de Família	Número de famílias	Número de crianças	Dispêndio anual*
	(1.000)	(1.000)	(R$ 1.000,00)
Com 1 criança	2.708	2.708	487.401
Com 2 crianças	1.971	3.942	709.614
Com 3 ou + crianças	1.765	6.220	952.869
Total	6.444	12.870	2.149.883

* Valores a preços de setembro de 1999.
Fonte: PNAD 1999

No que se refere à provisão orçamentária, a disponibilidade de R$1,7 bilhão ficava 20% abaixo dos R$2,15 bilhões anuais necessários para atender à população-alvo, apesar do estabelecimento do teto de R$45 por família, quando houvesse a presença de mais de três crianças na faixa etária relevante. Nesse sentido houve uma clara subestimação do dispêndio necessário para universalizar o programa, o que talvez significasse implicitamente que o governo percebia como inviável a sua universalização imediata, como de fato ocorreu.

Finalmente, uma inovação importantíssima do programa nessa segunda fase consistiu na forma de pagamento do benefício às famílias, diretamente através de crédito bancário a ser sacado pelo beneficiário por meio de cartão magnético individual. O pagamento via cartão, tendo como agente pagador a Caixa Econômica Federal, permitiu tirar das prefeituras o ônus da operação de pagamento em dinheiro a cada família, cuja logística era reconhecidamente complexa, extrapolando em muito as funções normais das secretarias de Educação municipais. O cartão bancário magnético teve também um impacto extremamente relevante ao tornar evidente que o benefício era um direito do cidadão e o programa de transferência uma ação do Estado, contribuindo assim para reduzir drasticamente as possibilidades de uso da transferência de renda como ferramenta clientelista ou como moeda de troca política no nível local.

3.4 OS PROBLEMAS REMANESCENTES

O novo formato do programa equacionou, assim, alguns dos problemas de desenho do Bolsa Escola federal na sua primeira fase, facilitando, sem dúvida, a operacionalização. Persistiram outros, alguns inevitáveis, que certamente inviabilizaram o consecução das metas propostas para 2001.

Em primeiro lugar, persistiram as dificuldades de interação entre o MEC e os municípios em todas as fases do programa, desde a celebração inicial do convênio. Como se viu na primeira fase, não existia estrutura gerencial que permitisse resolver de forma eficiente os problemas específicos que surgiam em cada município, e que, naturalmente, eram mais críticos no momento de implantação do programa. Utilizar instâncias intermediárias — governo estadual e coordenadorias supramunicipais das secretarias estaduais de educação — como facilitadoras poderia ter ajudado. De qualquer modo, com base na experiência pregressa, era improvável a implantação do programa de forma rápida em 2001, com garantia de focalização adequada da clientela e, além do mais, com alcance de objetivos educacionais.

Uma segunda dificuldade que persistia estava associada ao uso da renda como critério para seleção das famílias a serem beneficiadas, já que dentre as famílias pobres predomina a renda de origem informal, que por definição não é passível de comprovação.

Uma solução possível para esse problema consistia no uso de um sistema de pontuação das famílias com base em indicadores de condições de vida, o que é, no entanto, um procedimento muito complexo para a maioria dos municípios. Na verdade, o sistema de pontuação pressupunha a existência de um serviço público de assistência social com acompanhamento dos diversos programas, governamentais ou não, voltados para a subpopulação pobre, cujo objetivo seria identificar e monitorar as clientelas específicas de cada programa a partir de um cadastro único, assim como acompanhar a eventual superposição de programas atendendo a mesma clientela. Naturalmente um subproduto altamente positivo do programa de Bolsa Escola seria que, nos municípios mais ricos e de melhor capacidade administrativa, o programa levasse a instituir um sistema abrangente de assistência às famílias pobres e acompanhamento dessas ações. Na ausência de um sistema de pontuação, a focalização adequada do programa dependia essencialmente da responsabilidade dos administradores e de controle social, o que requeria a ampla divulgação das listas de candidatos e de selecionados nas suas comunidades.

A introdução do pagamento por meio do cartão bancário magnético resolveu um problema sério de logística para as prefeituras. Na verdade, o pagamento em dinheiro às famílias, como era feito até então, era uma operação complicada, que requeria frequentemente a mobilização de algum aparato policial. O cartão magnético teve também a vantagem de permitir a continuidade do benefício, mesmo com mudança de local de residência da família: tinha-se constatado que, em algumas áreas, devido à forte mobilidade residencial da população pobre, perdia-se o paradeiro de uma parcela não desprezível das famílias beneficiárias em curto espaço de tempo. É forçoso reconhecer a outra face da moeda: com o cartão magnético o pagamento e a substituição de beneficiários puderam ser feitos fácil e rapidamente. Na verdade, o pagamento do benefício se automatizou, ocorrendo de forma independente do monitoramento da situação das famílias beneficiárias e do cumprimento das contrapartidas, isto é, atenção à saúde básica e frequência escolar.

O novo desenho do Bolsa Escola federal limitava-se assim a introduzir modificações na transferência de renda do programa, deixando em segundo plano a componente educacional do programa. É verdade que, em 2001, a questão de acesso e frequência à escola não apresentava mais a feição que tinha motivado a concepção do Bolsa Escola no início da década de 1990. Em 2001, 96% das crianças na faixa de 7 a 14 anos frequentavam a escola, em contraste com os 88% em 1993. Hoje, no início da segunda década do século XXI, a componente educacional permanece como aspecto chave para a solução da questão da pobreza. No entanto, o desafio deixou de ser a frequência à escola — que praticamente se universalizou para a faixa etária de escolaridade obrigatória —, para ser a qualidade da educação recebida e a aprendizagem real que ocorre na sala de aula. Nesse sentido, permanecem atuais os mecanismos então propostos de apoio educacional voltados para as crianças assistidas pelo programa, tais como reforço escolar e a jornada ampliada. Embora reconhecidamente cruciais, já que, para as crianças atendidas existem desvantagens comparativas importantes a serem compensadas na escola, esses mecanismos nunca fizeram parte integrante do Bolsa Escola e nem se tornaram componente do seu sucessor, o Bolsa Família.

Como se disse anteriormente, era percebido como pouco provável que a meta de atendimento de 5,8 milhões de famílias em 2001 fosse atingida, mas a cobertura de 83% da meta (4,8 milhões de famílias) em dezembro daquele ano foi um resultado surpreendentemente elevado diante dos problemas de operação remanescentes. O programa continuou se expandindo em 2002 — 5,1 milhões de famílias — sem, no entanto, atingir a meta estabelecida para o ano anterior, e ficando aquém do número de famílias elegíveis, 6,4 milhões (ver Tabela 3.5).

Na verdade, a expansão do programa ao ritmo desejado pelo governo foi impossível diante da ampla gama de dificuldades, que somente em parte foram sanadas pelo novo desenho do programa. Assim, a forma de seleção da clientela permanecia como uma tarefa complexa, pois visava reverter a norma clientelista que ainda predominava nas ações da área social, e principalmente no atendimento aos pobres. A operação do programa era particularmente difícil para os municípios mais pobres, que conviviam com dificuldades de demandas sociais enormes e carência de recursos, inclusive gerenciais. Os repasses federais para o pagamento dos benefícios não amenizava de maneira alguma as dificuldades operacionais locais.[18] Nesse sentido, o apoio do governo federal e/ou de organismos locais, governamentais ou não, para implantação e acompanhamento da execução dos programas, especialmente nos municípios mais pobres, aparecia como uma necessidade inadiável. Com a criação do Cadastro Único o governo federal deu um passo significativo para a mudança radical e definitiva na forma de operar o programa Bolsa Escola e, de maneira mais geral, as políticas sociais focalizadas nos pobres.

A CRIAÇÃO DO CADASTRO ÚNICO

Era evidente para alguns especialistas que a implantação de programas focalizados de combate à pobreza que rompessem definitivamente com as tradições filantrópica e clientelística no trato da questão social requeria a existência de um cadastro de beneficiários como instrumento essencial de monitoramento, controle e avaliação. Evidente para alguns, mas, certamente, não consensual. A criação do cadastro com esses objetivos era vista com desconfiança por um amplo grupo de agentes sociais, principalmente aqueles que trabalhavam "na base", em contato direto com a população pobre. A maioria desses agentes via o cadastro como um mecanismo caro e trabalhoso, que eliminava a possibilidade de levar em conta de forma satisfatória as "condições particulares" a serem privilegiadas no atendimento dos pobres. O cadastro era percebido como um instrumento para a adoção de uma abordagem que era frequentemente qualificada como "tecnocrática", opondo-se à abordagem "humanística" necessária para o trato da questão da pobreza. Alguns se preocupavam ainda com o que qualificavam de invasão de privacidade da população-alvo do programa, assim como com um possível estigma daqueles classificados como pobres ou cadastrados de forma geral.

---

18 Dos recursos federais previstos para o programa em 2001 — R$1,7 bilhão — apenas R$408 milhões foram gastos com o pagamento das transferências.

Em função dessas resistências, a criação de um cadastro que servisse de apoio a políticas focalizadas nos pobres tardou muito mais do que deveria, embora fosse explicitamente defendido por alguns estudiosos da questão desde o início da década de 1990.[19] Finalmente, em 2001, quando se relançava o Bolsa Escola em novas bases e se implantava o Bolsa Alimentação,[20] ampliando significativamente a cobertura das transferências de renda para os pobres, foi criado o Cadastro Único.[21]

O Cadastro Único teve como objetivo se constituir como a base de dados sobre as famílias potencialmente beneficiárias dos programas focalizados nos pobres, permitindo conhecer e acompanhar ao longo do tempo as suas condições de vida, em especial no que se refere à atuação dos programas sociais do governo. O formulário padronizado que deveria ser preenchido pelos municípios reunia informações sobre o domicílio (25 quesitos) e sobre cada pessoa na família (70 quesitos). As informações do Cadastro, atualizadas sempre que possível e no mínimo a cada dois anos, seriam processadas pela Caixa Econômica Federal — como é feito até hoje. A responsabilidade financeira e gerencial do Cadastro cabia ao Ministério da Previdência, substituído nessas funções pelo Ministério de Desenvolvimento Social e Combate à Fome, criado pelo Governo Lula da Silva em janeiro de 2004.

O Cadastro Único, mais moderno, inclusive no que concerne aos conceitos adotados no formulário, estatisticamente compatíveis com os do IBGE, substituiu aquele inicialmente utilizado pelo Bolsa Escola. O recadastramento de famílias — beneficiárias ou potencialmente beneficiárias dos programas sociais — ocorreu gradativamente. Era em si uma tarefa complexa, agravada pela superposição de programas de transferência de renda independentes entre si, que já coexistiam quando da criação do Cadastro. O Cadastro Único ganhou fôlego e tornou-se uma ferramenta efetiva para a seleção e o acompanhamento da população pobre a partir da unificação dos "novos" programas de transferência de renda sob o Bolsa Família no Governo Lula, como se verá a seguir.[22]

Com a eleição do Presidente Lula, o programa Bolsa Escola deixou de crescer (ver Anexo 3). Sua clientela foi paulatinamente incorporada ao novo programa unificado, juntamente com as clientelas dos outros programas de transferência de renda focalizados nos pobres e criados durante os governos de FHC (1995-1998 e 1999-2002).

---

19 Sobre a essencialidade de um cadastro para a efetividade da política antipobreza, ver Rocha (1995).

20 O Bolsa Alimentação é outro programa de transferência de renda, tratado na próxima seção.

21 Cadastro Único para os Programas Sociais do Governo Federal, instituído pelo Decreto 3.877/2001, no segundo mandato presidencial de Fernando Henrique Cardoso.

22 Em 2009 o MDS iniciou o treinamento dos técnicos estaduais e municipais para a aplicação de novos formulários do Cadastro Único. Foram concebidos instrumentos específicos para pessoas em situação de rua, famílias quilombolas e famílias indígenas (MDS, 2009).

3.5 OS OUTROS *NOVOS* PROGRAMAS FEDERAIS DE TRANSFERÊNCIA DE RENDA

As mudanças introduzidas no Bolsa Escola e seu relançamento em 2001, assim como a criação em setembro do mesmo ano do Bolsa Alimentação, de certa forma complementar a ele, revelam a expansão e, sem dúvida, o aprimoramento da política de transferência de renda focalizada nos pobres iniciada em meados da década de 1990. Revelam também que essas políticas ganhavam espaço na política social brasileira e se legitimavam institucionalmente, reduzindo a probabilidade de que fossem extintas por decisão intempestiva do ocupante do Executivo federal. Embora a política de transferências não fosse consensualmente aceita nem entre especialistas, e muito menos entre o público em geral, já se tornara evidente que ela só seria viável nacionalmente como política federal. Isto é, cabia ao governo federal arcar com a totalidade do ônus financeiro e tomar a si as responsabilidades de gestão dos programas, em particular no que concerne ao controle da população atendida e ao pagamento dos benefícios.

O Bolsa Alimentação

O Bolsa Alimentação, subordinado ao Ministério da Saúde (MS), tinha como objetivo dar proteção de nutrição e saúde para gestantes, nutrizes e crianças de até 6 anos de famílias de baixa renda.[23] O programa tinha diversos traços comuns ao Bolsa Escola: ambos utilizavam para delimitação da população-alvo um mesmo critério de renda, a saber, renda familiar *per capita* abaixo de meio salário mínimo; ambos estavam ancorados em unidades do serviço público, respectivamente, rede escolar e de saúde; ambos eram programas de transferência de renda condicionados, sendo que o Bolsa Alimentação exigia a realização de pré-natal pelas gestantes, acompanhamento nutricional e de doenças crônicas, além da manutenção do calendário de vacinação; e ambos realizavam o pagamento mensal da transferência de renda diretamente ao beneficiário — preferencialmente à mãe da família, como tornou-se habitual como herança positiva do programa pioneiro do Distrito Federal[24] — através de cartão magnético. Nos dois programas o benefício era de R$15 por beneficiário, havendo o limite de três benefícios por família, de modo que o valor máximo da transferência de cada programa era R$45.

Ambos os programas estavam focalizados nas famílias pobres com crianças, o que se justificava, já que dentre os pobres brasileiros as crianças sempre estiveram fortemente sobrerrepresentadas. Assim, quando em 2001 a proporção de pobres para

---

23 O *Programa Nacional de Renda Mínima vinculado à Saúde* (ou Bolsa Alimentação) foi criado pela Medida Provisória 2206-1, de 6 de setembro de 2001.

24 Ver a este respeito o Capítulo 2.

o conjunto da população brasileira se situa em torno de 35%, a proporção de pobres dentre as crianças com menos de um ano de vida atingia calamitosos 55%. Essa proporção se reduzia paulatinamente conforme aumentava a idade, mas ainda era de 46% para as crianças de 10 a 14 anos, ainda bem acima da média nacional.

Embora as idades das crianças que formavam a população-alvo do Bolsa Escola e do Bolsa Alimentação fossem complementares, havia naturalmente superposição das famílias atendidas pelos dois programas. Nesse sentido, a gestão em separado de cada um dos programas em todas as suas fases — do cadastramento das famílias ao pagamento das transferências — certamente não era uma solução adequada, seja do ponto de vista da otimização do uso de recursos públicos, seja do acompanhamento da população atendida. No entanto esta foi a solução administrativa e politicamente possível em 2001. O Governo FHC chegava ao final do segundo mandato e, naturalmente, havia pressão para avançar na arrumação da casa, de forma a contribuir para a obtenção de resultados favoráveis nas eleições presidenciais de 2002. É interessante lembrar que os ministros responsáveis por esses dois programas de transferência de renda eram Paulo Renato de Souza, da Educação, e José Serra, da Saúde, ambos potenciais candidatos do PSDB à sucessão de Cardoso.[25]

Apesar de o Bolsa Alimentação e o Bolsa Escola terem sido os programas de maior visibilidade e importância em termos de tamanho da clientela e valor transferido, ao final do Governo Cardoso havia em operação ainda dois outros programas de transferência de renda que, por oposição ao BPC, cuja origem remonta aos anos 1970, podem ser considerados como *novos*: o PETI (Programa de Erradicação do Trabalho Infantil) e o Auxílio Gás.

O Programa de Erradicação do Trabalho Infantil (PETI)

Pioneiro dentre o que chamamos aqui *novos* programas de transferência de renda, o PETI foi criado em 1996 como um experimento piloto no Mato Grosso do Sul, por iniciativa do Ministério Público, em reação ao trabalho infantil penoso na fabricação de carvão vegetal e na colheita da erva-mate em 14 municípios daquele estado. Em 1997 o programa foi implantado na zona canavieira de Pernambuco e na de sisal da Bahia, havendo ainda iniciativas esparsas do programa nos estados de Amazonas e Goiás. Em 1998 foi estendido a áreas de culturas cítricas em Sergipe, mineradoras de Rondônia e de cana-de-açúcar do Rio de Janeiro. A partir de 1999, o programa se expandiu para coibir o trabalho penoso de crianças e adolescentes em diversas atividades urbanas e rurais por todo o país. O número de crianças assistidas pelo programa cresceu rapidamente de 3,7 mil, em 1996, para 145,6 mil, em 1999, atingindo o pico de um milhão de

---

25 O candidato do PSDB foi José Serra, que acabou derrotado por Luis Inácio Lula da Silva.

crianças atendidas em 2005, o que ultrapassava em muito a clientela-alvo do programa, como mostra o texto O trabalho infantil e o PETI, a seguir.

TRABALHO INFANTIL E O PETI

Embora a ocorrência do trabalho infantil permaneça uma preocupação no Brasil, as estatísticas melhoraram significativamente desde meados dos anos 1990, quando o PETI foi criado. Naquela época, 2,9 milhões de crianças de 10 a 14 anos trabalhavam, o que correspondia a 17% das crianças brasileiras nessa faixa etária. O trabalho infantil era mais comum nas áreas rurais, onde 1,4 milhão, ou cerca de um terço, das crianças trabalhavam.

A fim de colocar a questão na perspectiva correta em termos de política social, é fundamental ter em mente o conceito de trabalho utilizado para derivar os números do parágrafo anterior. Trata-se de trabalho, mesmo sem remuneração, por pelo menos 1 hora por semana.[26] Portanto, inclui uma ampla gama de situações, que vão desde tarefas leves que podem ser realizadas sem comprometer o desenvolvimento da criança, até trabalhos pesados, perigosos e extenuantes, compatíveis ou não com a frequência escolar. A esse respeito, há dois princípios básicos a considerar.

O primeiro é que crianças nessa faixa etária devem obrigatoriamente frequentar a escola, de modo que qualquer atividade que represente obstáculo à educação é inaceitável. Em 1997, cerca de ¾ das crianças de 10 a 14 anos só frequentavam a escola, enquanto 17% trabalhavam. A maioria das crianças que trabalhava também frequentava a escola, enquanto 4% só trabalhavam. É importante destacar que 6% das crianças nessa faixa etária nem trabalhavam, nem frequentavam a escola, o que sugere que outros fatores que não o trabalho mantinham estas crianças longe da escola.

O segundo princípio é que trabalho em atividades pesadas é inaceitável quaisquer que sejam as demais condições, de modo que crianças nessas situações, frequentando ou não a escola, merecem proteção especial.

O quadro a seguir apresenta alguns números e formas relativos ao trabalho infantil que prevaleciam no Brasil na época da criação do PETI, partindo de uma situação geral e afunilando para evidenciar as situações mais críticas.

---

26 Conceito estabelecido pela OIT e adotado pelo Brasil na coleta de informações estatísticas, que permitem, no entanto, diferentes abordagens.

	Número (1.000)	%
Crianças de 10 a 14 anos	17.431	100
que trabalham	2.927	16,8
em atividades penosas selecionadas	59	0,34
e não frequentam a escola	685	3,9
trabalham mais de 20 horas por semana	518	3,5
vivem no Nordeste	362	2,1
em atividades penosas selecionadas	27	0,16

Nota: Todos os percentuais se referem ao número total de crianças de 10 a 14 anos, isto é, 17,4 milhões.
Fonte: Microdados da PNAD (1997).

A incidência do trabalho infantil — muito mais elevada em áreas rurais e particularmente no Nordeste[27] — estava correlacionada a atividades agrícolas de baixa produtividade, frequentemente no âmbito da agricultura familiar, e mais geralmente ao subdesenvolvimento e à pobreza.

Os dados disponíveis mostravam a necessidade de ação do governo no sentido de aplicar com rigor a norma constitucional quanto à obrigatoriedade de frequência à escola. Mostravam também a existência de situações críticas de trabalho infantil que requeriam intervenção específica do governo.

O PETI tinha como foco uma situação particularmente grave de trabalho infantil: aquelas ligadas ao babaçu, cana-de-açúcar, carvão vegetal, mineração e sisal, atividades que envolviam contingentes relativamente importantes e localmente concentrados de crianças trabalhando. Considerando as atividades selecionadas, pode-se estimar que a população-alvo de um programa como o PETI, visando eliminar o trabalho infantil penoso, tinha como piso uma clientela potencial de 59 mil crianças.

O PETI se diferenciava dos *novos* programas tratados anteriormente por duas características básicas. Primeiro, seu objetivo central era proteger crianças na faixa de 7 a 14 anos do trabalho penoso.[28] Nesse sentido, seu foco não era a pobreza em si, embora a clientela prioritária fossem crianças sob condições de trabalho penoso em famílias com renda familiar *per capita* de até meio salário mínimo. Segundo, além de pagar um benefício mensal de R$25 a R$40 por criança/ mês — a Bolsa Criança Cida-

---

27 Metade das crianças de 10 a 14 anos que trabalhavam moravam no Nordeste, enquanto a região tinha cerca de 1/3 das crianças nessa faixa etária.

28 Ao longo do tempo, a idade limite foi aumentada para 15 e depois para 16 anos.

dã —, o programa patrocinava a jornada ampliada,[29] isto é, um turno complementar ao de meia jornada escolar, duração habitual de permanência das crianças na escola no sistema de ensino brasileiro. A obrigatoriedade de frequência escolar e da jornada ampliada tinha como objetivo ocupar a criança durante todo o dia, mantendo-a assim afastada e protegida do trabalho. O governo federal arcava com os gastos das transferências de renda para pagamento das famílias, mas fazia também repasses aos municípios de acordo com o número de crianças atendidas, visando cobrir os custos locais com a jornada ampliada.

O modelo do PETI era especialmente atrativo devido à jornada ampliada, de modo que havendo recursos financeiros, como de fato ocorreu, o programa acabou por se expandir bem além da clientela-alvo, sem que fosse garantido que crianças em trabalho penoso, mas em contextos isolados, chegassem a ser atendidas. Na verdade, quando cobria cerca de um milhão de crianças em 2005, não havia há muito tempo informações precisas sobre o perfil das crianças atendidas pelo programa, assim como não havia critérios uniformes para inclusão de crianças no programa, sendo difícil identificar na clientela total atendida a parcela que correspondia de fato à clientela-alvo do programa.[30]

Originalmente subordinado ao Ministério da Previdência e da Assistência Social (MPAS), o programa manteve sua gestão independente dos demais *novos* programas até 2006, quando ocorreu a sua incorporação ao Bolsa Família, sob responsabilidade do Ministério do Desenvolvimento Social (MDS). Com a unificação, houve homogeneização da política de benefícios, que variava conforme o programa, mas a jornada ampliada foi mantida como um diferencial importante do PETI.

O Auxílio Gás

Tal como o PETI, o Auxílio Gás teve uma origem diversa da do Bolsa Escola e do Bolsa Alimentação: sua criação teve como objetivo compensar monetariamente a população de baixa renda pela eliminação do subsídio de caráter universal até então implícito no preço do gás de botijão.[31] O benefício, no valor de R$15 por família a cada dois meses, começou a ser pago no início de 2002. O critério de renda para elegibilidade foi também de meio salário mínimo *per capita*, mas, diferentemente dos outros

---

29 Durante a jornada ampliada podem ser desenvolvidas atividades de reforço escolar, mas também atividades recreativas e de formação profissional. Para o financiamento da jornada ampliada, o governo federal repassava aos municípios R$25 por criança/mês nas áreas rurais e pequenos municípios, e R$10 por criança/mês em municípios com mais de 250 mil habitantes.

30 Tribunal de Contas da União (2003), p. 11.

31 O subsídio foi suspenso em 1º de janeiro de 2002.

programas, não existia qualquer restrição quanto à composição da família. Assim, o Auxílio Gás foi o primeiro programa de transferência que tinha como objetivo atender a todos os pobres definidos segundo o critério de renda. Nesse sentido, pelo menos conceitualmente, antecipou o caráter universal do Bolsa Família, como se verá mais adiante.

No entanto, na prática, o Auxílio Gás enfrentou problemas mais graves do que o Bolsa Escola e o Bolsa Alimentação para atingir os seus beneficiários, já que não havia uma rede estabelecida — como a rede escolar ou a dos postos de saúde

para ancorar o sistema de transferências. Em face das dificuldades de divulgação do programa e de cadastramento dos beneficiários, o governo optou, pelo menos como forma de fazer deslanchar de imediato o pagamento dos benefícios, por conceder o Auxílio Gás a todas as famílias beneficiárias do programa Bolsa Escola, cujo cadastramento e operacionalização já se achavam mais adiantados.

3.6 O IMPACTO DOS NOVOS PROGRAMAS SOBRE A POBREZA

Esses *novos* programas — novos por oposição ao BPC[32] — ampliaram paulatinamente a clientela atendida, mas, como era inevitável, as condições de implantação e a cobertura da população-alvo variaram por programa e por todo o país. De qualquer modo, ao final de 2002, quando se encerrava o segundo quadriênio do Presidente Fernando Henrique Cardoso, havia em operação quatro novos programas de transferência de renda. Em conjunto, pagaram quase 16 milhões de transferências de renda mensais em dezembro de 2002. Embora a operação envolvesse uma importante superposição de famílias beneficiárias que, legítima ou ilegitimamente,[33] recebiam de mais de um programa, são números impressionantes; afinal, havia 51,5 milhões de famílias no país em 2002. Apesar das novas transferências focalizadas, os indicadores de pobreza permaneciam estáveis. Desde a estabilização monetária de 1994, a proporção de pobres no Brasil se mantinha praticamente constante no patamar de 34%, apresentando apenas pequenas variações para mais ou para menos em função da conjuntura econômica e seu efeito sobre o comportamento da renda agregada. Na verdade, o dispêndio total com as transferências dos *novos* programas, que alcançou R$ 2,5 bilhões em 2002 — ou 0,17% do PIB daquele ano — não era capaz de afetar os indicadores de pobreza de forma significativa.

---

32 Ver a respeito o Capítulo 1.

33 Considerando os critérios de elegibilidade dos programas, seria possível receber o benefício de um segundo programa se após o benefício do primeiro programa a renda familiar *per capita* se mantivesse ainda abaixo de meio salário mínimo.

Aliás, o impacto irrelevante das transferências sobre os indicadores de pobreza já tinha sido antecipado, tendo em vista o baixo valor dos benefícios pagos. Independentemente das condições concretas da operacionalização dos *novos* programas, é interessante considerar quais teriam sido os seus efeitos potenciais de redução da pobreza caso eles tivessem atendido à sua população-alvo de forma estrita, isto é, supondo perfeitas focalização e cobertura da população-alvo de cada programa.[34]

Utilizando os dados da PNAD e levando em conta os parâmetros dos programas de transferência, foi simulado o efeito que teria a política federal de transferências. Assim, foram imputados os benefícios do Bolsa Escola para 6,4 milhões de famílias e do Bolsa Alimentação para 5,9 milhões de famílias, elegíveis em função do seu nível de renda e da presença de crianças. Quando os programas foram tomados em conjunto, permitindo superposições legítimas das transferências, a clientela total chegava a 9,1 milhões de famílias (Tabela 3.6).

TABELA 3.6:
Clientela potencial dos programas assistenciais de transferência de renda (Bolsa Escola e Bolsa Alimentação)

Programas	Beneficiários	
	Número de famílias	Número de crianças
Bolsa Escola	6.470.900	12.933.765
Bolsa Alimentação	5.914.183	9.194.614
Os dois programas	9.127.583	16.270.867

Fonte: PNAD 1999 (Tabulações a partir de microdados).

A simulação das transferências de renda para os beneficiários dos programas resultou em uma redução relativamente modesta dos indicadores de pobreza. Os efeitos foram muito fracos em relação à proporção de pobres, na medida em que, na maioria dos casos, o recebimento do benefício não permitia que a renda da família ultrapassasse a linha de pobreza, afetando o indicador (ver O exercício de simulação, a seguir). Na melhor das hipóteses, isto é, mesmo levando em conta o efeito combinado dos três programas (Bolsa Alimentação, Bolsa Escola e Auxílio Gás), a proporção de pobres pouco declinaria, de 35% para 34% da população brasileira. Quando permanecem pobres após a imputação da transferência, todas as famílias beneficiárias têm, naturalmente, uma melhoria da renda, que se aproxima em alguma medida do valor da linha de pobreza. Por isso os efeitos das transferências sobre os outros indicadores

---

34 No caso do PETI, como se viu, era impossível estimar com razoável precisão estatística o número de crianças potencialmente beneficiárias, devido a situações isoladas e/ou escondidas/ encobertas.

de pobreza, a razão do hiato e o hiato quadrático foram mais acentuados que sobre a proporção de pobres, como pode se verificar em O exercício de simulação, a seguir.[35]

O EXERCÍCIO DE SIMULAÇÃO

Na medida em que os novos programas de transferência de renda — Bolsa Escola, Bolsa Alimentação e Auxílio Gás — se desenvolveram essencialmente a partir de 2001, o exercício de simulação utilizou as informações da PNAD 1999, quando as rendas das famílias não se encontravam ainda afetadas pelas transferências desses programas federais. Com base no nível de renda das famílias naquele ano e levando em conta os parâmetros operacionais dos programas, foram feitas imputações dos valores de transferências para cada família elegível, conforme as regras dos programas. Foi considerado inclusive o efeito combinado de programas, isto é, tomou-se como legítimo que famílias recebessem benefícios cumulativos desde que o critério de renda fosse respeitado.

Os indicadores de pobreza adotados para medir o efeito simulado dos programas sobre a renda das famílias são aqueles utilizados habitualmente para medir a insuficiência de renda: proporção de pobres na população total; razão do hiato de renda, que dá uma medida da intensidade da pobreza; e, finalmente, o hiato quadrático, que pode ser entendido como um índice sintético de pobreza por levar em conta simultaneamente o número de pobres, a intensidade da pobreza e a desigualdade de renda entre os pobres. Os resultados foram obtidos tendo por base 23 linhas de pobreza diferenciadas,[36] de modo a considerar as diferenças de custo de vida para os pobres entre as diversas áreas do país (ver o Anexo metodológico).

No caso do Bolsa Escola, foram imputados benefícios para todas as famílias com crianças entre 6 e 15 anos cuja renda familiar *per capita* fosse inferior a R$68, o que equivalia a meio salário mínimo em setembro de 1999, data de referência da pesquisa domiciliar. A simulação com o Bolsa Alimentação foi feita em moldes semelhantes aos da Bolsa Escola, adotando o mesmo critério de renda familiar *per capita*, R$68, mas imputando benefícios monetários às famílias com crianças até 6 anos. O número de famílias atendidas é inferior ao de Bolsa Escola — 5,91 milhões de famílias, o que se deve à faixa etária mais estreita considerada, já que famílias com crianças mais jovens são, em média, mais propensas à pobreza em função das próprias características do seu ciclo de vida (pais mais jovens, início de inserção no mercado de trabalho, taxa de dependência mais elevada).

Foram considerados os dois programas que conjuntamente atenderam a 9,1 milhões de famílias, combinando as famílias beneficiárias só do programa de Bolsa Alimentação e as beneficiárias só de Bolsa Escola, além daquelas que se qualificam a receber benefícios dos dois programas. Naturalmente o número total de famílias é inferior à soma das clientelas dos dois programas separadamente, já que, embora haja "intercessão de características", isto é, famílias com crianças nas duas faixas etárias, uma parte das famílias beneficiárias tem sua renda familiar *per capita* aumentada para valor superior a mais de meio salário mínimo após a imputação do primeiro benefício. A concessão do benefício do Auxílio Gás juntamente ao do Bolsa Escola foi

---

35 Sobre os indicadores de pobreza, ver o Anexo Metodológico.

36 Para o procedimento metodológico de estabelecimento das linhas de pobreza, ver Rocha, 1996.

simulada nos moldes em que ocorreu na prática ao longo do ano de 2002, beneficiando todas as famílias que recebiam o Bolsa Escola.

Impacto dos programas de transferência de renda sobre os indicadores de pobreza — Brasil, 1999

	Proporção (%)	Razão do hiato	Hiato quadrático
Antes dos programas:	34,95	0,448	0,098
Com os programas:			
Bolsa Escola	34,53	0,425	0,088
Bolsa Escola + Auxílio Gás	34,35	0,419	0,086
Bolsa Alimentação	34,69	0,429	0,090
Todos os programas	34,01	0,402	0,078

Fonte: PNAD 1999 (Tabulações a partir de microdados)

3.7 O FIM DA ERA CARDOSO

As simulações feitas com base nas rendas das famílias em 1999 — anteriores, portanto, ao período em que as transferências federais começaram a se realizar com regularidade e em escala significativa — mostraram que os programas de transferência de renda criados durante o Governo FHC tinham um papel potencialmente marginal na redução da pobreza do ponto de vista da insuficiência de renda. Este baixo impacto sobre os indicadores de pobreza do ponto de vista da renda teria ocorrido mesmo nas condições simuladas de perfeita cobertura da população-alvo conforme as regras de elegibilidade estabelecidas pelos programas.[37]

É compreensível que o efeito das transferências de renda sobre os indicadores seja marginal, já que o montante transferido fica muito aquém do valor do hiato da renda dos pobres medido antes das transferências.[38] Os valores totais das transferências mensais simuladas de cada programa, comparados ao valor do hiato calculado com bases nos rendimentos das famílias em setembro de 1999, mostram que o resultado em termos de redução da pobreza teria de ser necessariamente fraco (Tabela 3.7).

---

37 Ver estes resultados no box da Seção 3.5.

38 O hiato de renda dos pobres é o valor total consolidado necessário para que a renda de cada um dos pobres se eleve até o nível da linha de pobreza. Corresponde, portanto, ao custo teórico de eliminar a pobreza do ponto de vista da renda.

TABELA 3.7:
Dispêndios simulados
Valores absolutos e percentual do hiato de renda dos pobres — 1999

Programas	Dispêndio mensal (R$)	Dispêndio como % do hiato de renda
Bolsa Escola	122.380.875	5,42
Auxílio Gás	33.001.590	1,46
Bolsa Escola + Auxílio Gás	151.973.722	6,74
Bolsa Alimentação	92.127.695	4,08
Todos os Programas	244.101.417	10,82

Fonte: PNAD 1999 (Tabulações a partir de microdados)

O programa que apresenta maior impacto *per se*, o Bolsa Escola, devido ao tamanho da sua população-alvo — 6,5 milhões de famílias —, reduz a proporção de pobres em menos de meio ponto percentual (de 34,95% para 34,53%) e o hiato de renda em apenas 2 pontos percentuais (de 0,447 para 0,426). Mesmo considerando simultaneamente o Bolsa Escola, o Bolsa Alimentação e o Auxílio Gás, o impacto sobre os índices de pobreza é muito pequeno: a proporção declina de 1 ponto percentual, significando uma redução do número de pobres em 1,5 milhão de pessoas; o hiato da renda é um pouco mais sensível, passando de 0,447 para 0,401. Os impactos são, naturalmente, diferenciados por região em função da intensidade da pobreza enquanto insuficiência de renda e do valor das linhas de pobreza utilizadas. Como os benefícios têm valores nacionais únicos, em áreas com custo de vida mais baixo, onde são utilizadas linhas de pobreza de menor valor, o impacto dos programas tende, naturalmente, a ser maior. Isso significa, por exemplo, maior efeito das transferências sobre os índices de pobreza em áreas rurais e menor efeito em regiões metropolitanas.

Não surpreende o impacto potencial reduzido dos programas de transferência de renda, dado o seu desenho, isto é, clientela-alvo e valor dos benefícios. O fato de que o dispêndio total com os programas para atender toda a clientela potencial combinada teria sido de R$244,1 milhões em setembro de 1999, o que representa apenas 10,8% do valor total do hiato de renda calculado para que a renda dos 55 milhões de pobres brasileiros atingisse valor equivalente ao da linha de pobreza, torna esse resultado modesto um corolário inevitável.[39]

---

39 O valor do hiato da renda era de R$2,2 bilhões/mês, o que anualizado representa cerca de R$27 bilhões ou 2,7% do PIB de 1999 (Estimativas da autora com base no PIB oficial, IBGE/Contas Nacionais).

Vale enfatizar ainda que, enquanto o exercício de simulação a partir da PNAD é trivial, a implantação real dos programas da forma prevista é complexa, especialmente em se tratando de uma política radicalmente nova, como é o caso. Nesse sentido, nem o número das famílias atendidas chegou ao planejado, nem a focalização do programa foi perfeita. Como consequência, os efeitos sobre a pobreza certamente foram inferiores aos potenciais, até porque o gasto total com transferências em 2002 ficou em torno de R$ 2,2 bilhões, ou 0,15% do PIB. A Tabela 3.8 apresenta a situação das *novas* transferências em dezembro de 2002, ultimo mês do segundo governo de FHC.

TABELA 3.8:
Benefícios pagos referentes ao mês de dezembro de 2002

Programa	Número de benefícios (1.000)
Bolsa Escola	966
Bolsa Alimentação	5.106
Auxílio Gás	8.847
PETI	809

Fonte: MDS

Em consequência, os programas de transferência analisados até aqui têm de ser entendidos, essencialmente, como instrumentos auxiliares de políticas específicas voltadas para as crianças pobres, seja visando a melhoria das condições de saúde, nutrição, escolaridade, seja visando o combate ao trabalho infantil. Certamente, mesmo considerando os quatro programas tomados em conjunto, não se trata de uma estratégia de garantia de renda mínima tendo como objetivo eliminar, de imediato, a pobreza enquanto insuficiência de renda. Esse objetivo de eliminação total da pobreza, no caso pobreza extrema ou indigência, só é proclamado explicitamente em 2011 pelo Governo Dilma Roussef, como se verá adiante.

Apesar de custos e efeitos reduzidos, os *novos* programas de transferência criados durante o Governo FHC tiveram enorme visibilidade dentre o público e a mídia, sendo objeto de debates apaixonados. Tratava-se, na verdade, de uma mudança radical de filosofia no trato da pobreza por duas razões. Por um lado, devido à concessão de um benefício em dinheiro, que mitigava imediatamente as condições de pobreza, sem atacar as suas causas ("dar o peixe em vez de ensinar a pescar", como diziam os críticos). Por outro lado, por utilizar procedimentos formalizados de seleção, controle e avaliação dos beneficiários, o que rompia com a tradição filantrópica e *ad hoc* na ação do Estado, clientelista e paternalista por natureza.

Embora, em 2002, fossem evidentes os problemas quanto à cobertura insuficiente da população-alvo, falta de organização nos mecanismos de controle e superposição dos programas, um aprendizado importante tinha ocorrido desde as tentativas esparsas de introdução do Bolsa Escola no nível local. Vista em retrospectiva, a continuidade de esforços e a correção progressiva dos problemas detectados ao longo do tempo foram fundamentais para o amadurecimento da política focalizada de transferências de renda. Certamente a permanência de Paulo Renato de Souza como Ministro da Educação por oito anos, durante os dois governos de FHC (1996-2002), foi um fator facilitador da tendência de melhoria progressiva do Bolsa Escola, isto é, a correção de muitos problemas na sua segunda fase (2001-2002). Ao final do período de oito anos, a política de transferências não só tinha se federalizado, como de fato cobria todo o país. Estava também devidamente consagrada a colaboração entre governos municipais e governo federal para a operacionalização do programa, assim como estabelecido institucionalmente o Cadastro Único como ferramenta fundamental de gestão das políticas focalizadas nos pobres. O uso do cartão magnético tinha resolvido os problemas ligados à mecânica, e — importantíssimo — ao significado do pagamento mensal em dinheiro às famílias, tornando claro que a concessão da transferência era uma política de Estado, acima e além dos interesses e compromissos políticos locais.

Estavam, portanto, bem colocadas as bases para o salto qualitativo que seria dado pela política de transferências de renda focalizadas no Governo Lula.

ANEXO 3

Evolução dos Benefícios Pagos pelo Programa Bolsa Escola Federal (2001-2009)

Ano	Número de benefícios*	Valor (R$ correntes)	Valor** (R$ 2009)
2001	4.793.983	408.583.920	425.392.235
2002	5.106.509	1.531.277.441	1.594.271.094
2003	3.771.199	1.424.144.340	1.482.730.754
2004	3.042.794	961.836.180	1.001.404.172
2005	1.783.913	626.763.720	652.547.510
2006	36.481	131.972.925	137.402.024
2007	5.860	3.862.035	4.020.911
2008	179	357.135	371.827
2009	6	16.050	16.710

* Número de Benefícios pagos referentes ao mês de dezembro de cada ano.
** Valor corresponde ao total do dispêndio com benefícios no ano.
Fonte: MDS

CAPÍTULO 4

O Governo Lula: do Fome Zero ao Bolsa Família

4.1 A FOME COMO MOTE

Após a sua quarta campanha como candidato à Presidência da República pelo Partido dos Trabalhadores (PT), Luiz Inácio Lula da Silva foi eleito no final de 2002. A alternância partidária, que ocorreu de forma tranquila no mais alto cargo da República, se constituiu em clara evidência do amadurecimento da democracia brasileira.

Para a vitória de Lula contribuiu a posição assumida pelo candidato na Carta ao Povo Brasileiro, divulgada em meados de 2002, com o objetivo de alargar a sua base eleitoral. A Carta se ancorou em um tripé. Primeiro, o compromisso quanto a aspectos relativos à gestão econômica (controle da inflação, preservação do superávit primário); segundo, na garantia de respeito aos contratos e obrigações, e o compromisso de que mudanças seriam feitas dentro dos marcos institucionais; e terceiro, o objetivo de crescimento econômico com justiça social. O candidato, por suas raízes operárias, tornava crível a bandeira do Partido de promover a geração de empregos, melhoria da distribuição de renda e criação de um mercado de consumo de massa.

Uma vez eleito numa conjuntura econômica adversa,[1] o governo assumiu a faceta social com alarde através da criação do Fome Zero, programa que ficou sob a responsabilidade do recém-criado Ministério Extraordinário de Segurança Alimentar. O Fome Zero não se limitava ao objetivo de segurança alimentar, mas reunia cerca de 30 tipos de ações de natureza diversa focados nos pobres. Reconhecia a pobreza como uma síndrome multidimensional de carências e elegia os pobres como clientela prioritária da

---

[1] O crescimento do PIB que tinha sido de 2,66% em 2002, relativamente baixo para um ano eleitoral, caiu a 1,15% em 2003, frente a incertezas do mercado quanto aos rumos do novo governo.

política social devido à sua vulnerabilidade. Em termos de sua concepção, o programa substituía o programa Comunidade Solidária,[2] de 1995, que também tinha proposto a ação integrada de diferentes órgãos federais e a colaboração das três esferas de governo e da sociedade civil para empreender ações antipobreza. Em termos de objetivos, o Fome Zero utilizava exaustivamente o mote da fome, dando continuidade à ênfase de palanque durante a campanha presidencial.[3] O programa pretendia combater a fome, inclusive no que concerne às suas causas estruturais, que geram a exclusão social, e garantir a segurança alimentar de toda a população por meio de duas frentes de ação: uma política nacional de segurança alimentar e um grande mutirão contra a fome, envolvendo as três esferas de governo (federal, estadual e municipal) e a sociedade civil.

Com o impactante mote da fome, o governo recuperava uma antiga bandeira do PT de forte apelo popular. De fato, pouco mais de uma década antes, em 1991, o autodenominado *governo paralelo* do PT tinha apresentado ao Presidente Itamar Franco um estudo sobre política de segurança alimentar,[4] que acabou por motivar a criação do Conselho de Segurança Alimentar (CONSEA) pelo governo federal em 1993. A proposta original de segurança alimentar do PT tinha, portanto, encontrado eco no governo, mas também na sociedade civil, que se mobilizou com entusiasmo em torno da Ação da Cidadania contra a Miséria e pela Vida, movimento civil lançado em 1993. O movimento tinha como slogan "a fome não pode esperar", marcando o caráter de urgência inequívoca que se esperava da ação de todos, inclusive do poder público. Embora a mobilização popular também tivesse objetivos amplos de solidariedade e justiça social, acabou resultando em ações essencialmente emergenciais de atendimento aos mais pobres através de doação de alimentos de caráter predominantemente filantrópico.

No entanto, o amplo debate em torno da questão do acesso aos alimentos pelos mais pobres no início dos anos 1990 tinha marcado profundamente a opinião pública. Assim, o mote da fome adotado por Lula em 2002 foi, sem dúvida, eficaz como bandeira para o governo que se iniciava enfrentando uma conjuntura econômica difícil e em busca de apoio e de simpatia internacionais.

Embora a fome tenha sido um mote de marketing eficaz para a ênfase que o governo atribuía a seu programa social centrado na pobreza, já não correspondia à cara

---

2 O Comunidade Solidária (Decreto 1.366, de 12 de janeiro de 1995) como programa de governo respondia aos anseios da sociedade por um conjunto de ações voltadas especificamente aos pobres. A criação do programa foi a resposta do Governo FHC ao movimento de mobilização da *Ação da Cidadania*, liderado pelo sociólogo Betinho, que vinha se esvaziando gradativamente na esfera da sociedade civil.

3 O candidato, depois presidente, afirmava reiteradamente que, se eleito, garantiria que todos os brasileiros pudessem fazer três refeições ao dia ao final do seu mandato.

4 PT, Política Nacional de Segurança Alimentar (1991).

da pobreza no Brasil do Presidente Lula. Na verdade, o acesso a alimentos pelos mais pobres já não se constituía há tempos o cerne da pobreza no Brasil. A esse respeito, cabe considerar três aspectos.

Primeiro, era bem sabido na época que o acesso aos alimentos e a incidência de fome como síndrome física já não eram questões críticas no Brasil. Informações oriundas das pesquisas domiciliares de saúde e nutrição realizadas nacionalmente ao longo do tempo mostravam melhoria sustentada do peso por altura e altura por idade das crianças, que são os indicadores físicos adequados para medir esse fenômeno.[5] O problema que remanescia ocorria de forma localizada em algumas áreas rurais e em locais particularmente marginalizados das periferias metropolitanas. Os resultados de pesquisas domiciliares revelavam ainda que a questão alimentar no país claramente mudava de face: já havia evidências sólidas de aumento de obesidade, não só entre adultos, como mesmo entre crianças. O problema não era o acesso aos alimentos, mas as escolhas alimentares malfeitas, muitas vezes caracterizando subnutrição simultaneamente a sobrepeso.[6]

O segundo aspecto a destacar é que o Fome Zero adotou de forma claramente equivocada o nível de renda como critério para delimitar a população que passava fome, em vez de utilizar indicadores físico-antropométricos, como teria sido adequado se o foco era a desnutrição. Com base na renda familiar, o número divulgado como população-alvo do programa foi de 44 milhões de pessoas ameaçadas pela fome. Ao usar renda baixa como *proxy* para *fome*, o governo superestimava o tamanho do problema, mas criava simultaneamente um forte apoio popular para o programa e para a nova administração em geral. Diante das condições de vida prevalecentes no início do século XXI no Brasil, a ideia de haver brasileiros passando fome era moralmente inadmissível para qualquer cidadão. Mas era especialmente inadmissível para uma parcela importante de adultos que vinte anos antes ou mais tinha passado fome ou conhecido de perto situações de fome. Para estes, o mote do programa tinha um significado e apelo especialmente dramáticos.

Finalmente, o terceiro ponto nos leva de volta à questão específica relativa à transferência da renda. Embora o Fome Zero fosse um programa de múltiplas ações

---

5 O Brasil dispõe de um conjunto excepcionalmente rico de informações estatísticas sobre alimentação e nutrição, começando pelo Estudo Nacional da Despesa Familiar (ENDEF do IBGE), de 1974-1975, até a recente Pesquisa Nacional sobre Demografia e Saúde (Ministério da Saúde/ CEBRAP), de 2006, que permitem derivar evidências empíricas de melhorias nutricionais sustentadas ao longo do tempo.

6 A desnutrição infantil crônica de crianças de zero a cinco anos, que se expressa na redução do crescimento, caiu de 37% em 1975, para 19,8% em 1989, 13,5% em 1996, e 6,8% em 2006 (Monteiro et alii, 2009). A tendência também é de queda para o baixo peso entre as mulheres (17,1 em 1975; 9,5% em 1997), enquanto aumenta fortemente a obesidade entre elas (4,7% em 1975 e 12,6% em 1997) (Monteiro, Conde e Popkin, 2004).

de combate à pobreza, tinha um componente de transferência de renda focalizada nos pobres — o Cartão Alimentação — que, embora desse continuidade aos *novos* programas criados no Governo FHC, introduzia modificações importantes o suficiente para servir como o marco de uma nova fase. Como se verá a seguir, foram os programas de transferências de renda do Fome Zero, primeiro o Cartão Alimentação e depois o Bolsa Família, que se tornaram o centro indisputável da política social do Governo Lula.

4.2 O CARTÃO ALIMENTAÇÃO DO PROGRAMA FOME ZERO

Embora incluindo uma série de ações que pretendiam atuar no combate à pobreza em diferentes frentes, do apoio voltado para a agricultura familiar à melhoria de saneamento básico, da alfabetização à segurança alimentar, o Fome Zero incluía com destaque um mecanismo de transferência de renda — denominado Cartão Alimentação —, que dava continuidade aos *novos* programas de transferência criados no Governo FHC, objeto do Capítulo 3.

Tal como os programas de transferência de renda preexistentes, o Cartão Alimentação utilizava a renda familiar *per capita* igual ou inferior a meio salário mínimo como critério para seleção das famílias beneficiárias.[7] No entanto, diferentemente dos programas anteriores, que estrategicamente focavam subpopulações pobres com crianças até 15 anos, tendo objetivos e contrapartidas bem específicos,[8] o novo programa utilizava tão somente o critério de renda na delimitação da sua população-alvo. Isso significava que pretendia atender a todos os pobres, definidos do ponto de vista da insuficiência de renda.

Essa universalização da transferência de renda para todos os pobres inova radicalmente e tem implicações diretas sobre o aumento do tamanho da clientela do programa em relação a seus predecessores.[9] Assim, considerando as famílias com renda familiar *per capita* igual ou inferior a R$100 no final de 2002, a população-alvo do programa

---

[7] Ver Capítulo 3. Trata-se do critério usado no Bolsa Escola, Bolsa Alimentação e Auxílio Gás, já que o PETI podia flexibilizar o critério de renda em face do seu objetivo central de combate ao trabalho infantil penoso.

[8] No caso do Bolsa Escola, o objetivo era o de melhorar o nível de escolarização das crianças em famílias pobres, tendo como contrapartida a obrigatoriedade de frequência escolar. No caso do PETI, escolarização e combate ao trabalho infantil. No caso do Bolsa Alimentação, melhorias de saúde e nutrição de mães e crianças em idade pré-escolar. Em todos os casos, o foco específico e estratégico são as crianças, de modo a melhorar imediatamente as condições de vida e romper o círculo vicioso da pobreza. Apenas o Auxílio Gás era *universal* para todos os pobres, na forma adotada pelo novo benefício do Cartão Alimentação.

[9] Dentre os programas anteriores de transferência de renda focalizados nos pobres, apenas o Auxílio Gás era *universal*, no mesmo sentido que o Bolsa Família.

chegava a 14 milhões de famílias.[10] Vale destacar que esse número subestima a clientela do programa, já que a renda das famílias tomada aqui como base já incorpora as transferências mensais feitas pelo Bolsa Escola e pelo Bolsa Alimentação do Governo FHC. Esses dois programas tinham realizado transferências a quase 6 milhões de famílias no final de 2002, o que correspondeu a um custo de R$176 milhões no mês de dezembro daquele ano.

Além da universalização do benefício, o Cartão Alimentação trouxe outra inovação importante em relação aos programas anteriores: estabelece um benefício único de R$50 por família, independentemente do valor da renda, do tamanho ou da composição familiar. Esse valor, que correspondia a 1/4 do salário mínimo então em vigor, praticamente dobrava o benefício médio que vinha sendo pago às famílias, que, no caso do Bolsa Escola, se situava em torno de R$25,45 em dezembro de 2002.[11]

O aumento da clientela-alvo aliado à elevação do valor da transferência necessariamente deveria resultar em aumento dos impactos do Cartão Alimentação comparado ao dos programas anteriores. Antes de nos debruçarmos sobre como avançou o programa na prática, é interessante examinar inicialmente qual teria sido o seu impacto sobre os indicadores de pobreza caso o Cartão Alimentação viesse a atender a totalidade da sua clientela-alvo.[12]

O impacto do Cartão Alimentação foi simulado utilizando os dados relativos aos rendimentos das famílias no final de 2002 e as regras do programa, isto é, imputando o benefício de R$50 a todas as famílias com renda familiar *per capita* inferior a R$100. Os indicadores de pobreza enquanto insuficiência de renda, calculados com base nas rendas das famílias antes e depois das transferências teóricas associadas ao Cartão Alimentação, revelam um impacto potencial significativo do programa (Tabela 4.1). Os resultados são apresentados para o país como um todo, assim como para dois tipos de desagregação espacial: por região e por área de residência (rural, urbana não metropolitana e metropolitana).

---

10 Estimativas da autora com base na PNAD 2002.

11 Os valores mínimo e máximos pagos pelo Bolsa Escola e pelo Bolsa Alimentação eram de, respectivamente, R$15 e R$45, correspondendo R$15 por criança, sendo no máximo três. A esse respeito, ver Capítulo 3.

12 Sobre os indicadores de pobreza e de pobreza extrema (ou indigência) e a mecânica do exercício de simulação, ver o box do Capítulo 3, O exercício de simulação, e o Anexo Metodológico.

TABELA 4.1:
Simulação do impacto de transferências do Cartão Alimentação sobre os indicadores de pobreza — 2002

Brasil, regiões e estratos	No de pobres (mil)			Proporção (%)		Razão do hiato		Hiato quadrático	
	Antes	Depois	Δ%	Antes	Depois	Antes	Depois	Antes	Depois
Norte*	4.285	3.697	-13,7	43,2	37,3	0,44	0,39	0,12	0,08
Nordeste	23.539	21.071	-10,5	49,0	43,9	0,48	0,41	0,15	0,10
Sudeste	20.824	19.837	-4,7	28,7	27,4	0,43	0,38	0,08	0,06
MG/ES	5.597	4.847	-13,4	26,3	22,8	0,43	0,36	0,07	0,04
Rio de Janeiro	3.977	3.833	-3,6	28,0	27,0	0,42	0,37	0,07	0,05
São Paulo	11.250	11.156	-0,8	30,4	30,1	0,43	0,39	0,08	0,07
Sul	4.083	3.310	-18,9	16,1	13,0	0,40	0,35	0,04	0,02
Centro-oeste	4.365	4.245	-2,8	36,5	35,5	0,43	0,37	0,10	0,07
Brasil*	**57.097**	**52.161**	**-8,6**	**34,0**	**31,1**	**0,45**	**0,39**	**0,10**	**0,07**
Urbano	27.975	25.402	-9,2	31,0	28,1	0,45	0,38	0,09	0,06
Rural*	9.748	7.705	-21,0	38,9	30,7	0,44	0,36	0,10	0,06
Metropolitano	19.374	19.055	-1,6	37,0	36,4	0,46	0,41	0,11	0,09

*Exclui Norte Rural (exceto Tocantins)
Fonte: PNAD 2002 (Tabulações a partir de microdados)

As transferências do Cartão Alimentação permitiriam não só diminuir sensivelmente o número de pobres brasileiros em 4,94 milhões (-8,6%), o que significa uma redução da proporção de 34,0% para 31,1%, como, naturalmente, um declínio marcante da intensidade da pobreza — medida pela razão do hiato — para os indivíduos que, apesar das transferências, continuaram com rendas abaixo do valor da linha de pobreza. Os resultados mostram ainda que, como era de se esperar, os impactos das transferências seriam mais significativos nas áreas rurais e nas regiões mais pobres (Norte e Nordeste do país). Nas áreas rurais, isso ocorria porque o valor do benefício uniforme de R$50 tem um valor real mais elevado em que o custo de vida é mais baixo, o que é captado pelo uso de linhas de pobreza diferenciadas na delimitação da população pobre. Nas regiões mais pobres, isso ocorre porque todas as rendas são mais baixas, além do fato de que a obtenção de alguma renda através do programa diferencia marcadamente a situação frequente das famílias com renda zero antes da transferência.

O efeito do Cartão Alimentação sobre os indicadores de pobreza extrema, que têm como referência valores de renda mais baixos, teria sido ainda mais acentuado.[13] Com base no mesmo valor de transferências e na mesma clientela, o programa reduziria o número de indigentes em 4,89 milhões de indivíduos, o que significa um declínio forte da proporção de indigentes na população total de 8,7% para 5,9%. A Tabela 4.2 possibilita a comparação dos indicadores de pobreza extrema, antes e depois das transferências teóricas do Cartão Alimentação, com base nas rendas declaradas pelas famílias no final de 2002, portanto antes da implantação do novo programa no início de 2003, mas incluindo as transferências de renda realizadas pelos programas preexistentes.

TABELA 4.2:
Simulação do impacto de transferências do Cartão Alimentação sobre os indicadores de pobreza extrema — 2002

Brasil, regiões e estratos	No de Indigentes (mil)			Proporção (%)		Razão do hiato		Hiato quadrático	
	Antes	Depois	Δ%	Antes	Depois	Antes	Depois	Antes	Depois
Norte*	993	687	-30,8	10,0	6,9	0,58	0,38	0,05	0,01
Nordeste	7.887	5.131	-34,9	16,4	10,7	0,48	0,31	0,06	0,02
Sudeste	4.096	2.992	-27,0	5,6	4,1	0,63	0,45	0,03	0,01
MG/ES	1.373	917	-33,2	6,5	4,3	0,60	0,37	0,03	0,01
Rio de Janeiro	718	530	-26,1	5,1	3,7	0,58	0,43	0,03	0,01
São Paulo	2.004	1.544	-22,9	5,4	4,2	0,66	0,50	0,03	0;01
Sul	947	612	-35,4	3,7	2,4	0,59	0,37	0,02	0,00
Centro-oeste	657	471	-28,3	5,5	3,9	0,67	0,45	0,03	0,01
Brasil*	**14.579**	**9.894**	**-32,1**	**8,7**	**5,9**	**0,54**	**0,37**	**0,04**	**0,01**
Urbano	6.687	4.565	-31,7	7,4	5,1	0,56	0,36	0,03	0,01
Rural*	3.865	2.337	-39,5	15,4	9,3	0,45	0,27	0,05	0,01
Metropolitano	4.027	2.991	-25,7	7,7	5,7	0,60	0,45	0,04	0,01

*Exclui Norte Rural (exceto Tocantins)
Fonte: PNAD 2002 (Tabulações a partir de microdados)

---

13 As linhas de pobreza extrema (ou indigência) correspondem exclusivamente ao custo da cesta alimentar. Sobre os conceitos e os aspectos empíricos, ver Anexo Metodológico.

Finalmente, vale fazer algumas considerações sobre o dispêndio potencial do programa. Tendo por base a população-alvo de quase 14 milhões de famílias e o pagamento do benefício de R$50 a cada uma delas, a despesa com transferências em setembro de 2002 teria atingido quase R$700 milhões — abstraindo os custos administrativos, assim como os das demais ações previstas pelo Fome Zero no atendimento às famílias pobres, que se pretendia viesse a operar através de mecanismos de assistência integrados. Anualizada, a despesa com transferências representaria um dispêndio de aproximadamente R$8,4 bilhões, portanto bem acima dos recursos alocados ao Cartão Alimentação no orçamento federal de 2003 — R$5 bilhões.[14] Essa diferença entre o orçado e o necessário é especialmente importante, já que transferências com valor equivalente à metade do valor orçado já tinham sido realizadas e incorporadas às rendas das famílias como captadas pela PNAD. O dispêndio potencial simulado subestima, portanto, a necessidade de financiamento do programa. Se as transferências viessem a ser perfeitamente focalizadas na sua clientela-alvo, isso significaria que os recursos necessários chegariam a quase três vezes o valor dos recursos orçados.

Diante desse enorme desafio, o governo federal se propôs a realizar a implantação do programa de forma gradativa. Por ocasião do lançamento do programa, anunciou como meta o atendimento de 1,86 milhão de famílias no ano de 2003, o que representaria 20% da população-alvo estimada pelo governo.[15] Ademais, seria adotado um critério locacional, priorizando a implantação do programa em municípios do semiárido nordestino. O governo pretendia, ao final do mandato, em 2006, ter o programa totalmente implantado em todo o país, atendendo à totalidade das famílias com renda familiar *per capita* inferior a meio salário mínimo. Segundo estimativas do governo federal, a clientela potencial do programa correspondia a 9,3 milhões de famílias ou 44 milhões de pessoas em 2003.

No entanto, as coisas não evoluíram como planejado. Em meados de 2003 a implementação do mecanismo de transferência de renda do Fome Zero tinha alcance bem aquém do previsto. Dados oficiais relativos a maio de 2003 dão conta da realização da transferência de R$50,00 por família a 36,9 mil famílias em 87 municípios, em cinco estados nordestinos — Piauí, Ceará, Rio Grande do Norte, Paraíba e Pernambuco —, o que representava cerca de apenas 0,4% das famílias que se pretendia atender naquele ano.

Na verdade, não só o Cartão Alimentação tinha apresentado problemas de implantação, como também, desde o seu lançamento em janeiro de 2003, eram evidentes os problemas de gestão do Fome Zero enquanto conjunto de programas voltado para

---

14 Ministério de Segurança Alimentar e Combate à Fome.

15 Agroanalysis (2003).

os pobres. Isso se devia a uma miríade de razões, mas é importante destacar três determinantes das dificuldades por que passou o programa no seu primeiro ano.

A bandeira de luta contra a fome e a convocação para que a sociedade se mobilizasse em torno desse objetivo foram anunciadas com fortes tintas populistas, de modo que as ações iniciais do governo federal acabaram afogadas no processo.[16] Todos queriam participar da corrente de solidariedade. Famosos doavam joias, mas como transformá-las em recursos para o programa? Em locais diversos e por ocasião de eventos de toda natureza eram recolhidas doações de alimentos não perecíveis — um quilo de alimento por pessoa —, que, frequentemente, se perdiam sem encontrar destinação. Afinal, quem se encarregaria da triagem, empacotamento e transporte? Para quem doar os alimentos e onde armazenar, tanto na origem como no destino? O que fazer com tantas doações de pacotes de sal, o alimento não perecível mais barato? Ninguém havia pensado nos custos relativos e na logística necessária para atender ao objetivo de distribuição de alimentos, cuja doação tinha custo irrisório para a maioria dos doadores, e como consequência alcançavam volumes impressionantes. Havia, ainda, uma confusão evidente entre o que deveria ser a ação do Estado e da sociedade civil. Assim, o governo perdeu um tempo precioso tentando pôr ordem no caos da boa vontade.

Ademais, era naturalmente difícil coordenar as ações de diferentes agentes de diferentes níveis de governo em torno de uma ação integrada no nível local. Os municípios selecionados por serem os mais pobres foram literalmente invadidos por agentes governamentais e pela imprensa, no afã de mostrar resultados. Não houve método, nem medida nas intervenções. Na verdade, a ação complementar de diferentes áreas de atuação — saúde, educação, saneamento, educação etc. — é, como se sabe, complicada. Onde falta tudo do ponto de vista das condições de vida das famílias, falta também pessoal para manter as intervenções ou garantir o funcionamento do que for implementado. Muito foi feito de imediato em Guaribas, no Piauí, município que serviu de piloto do programa Fome Zero para todo o país. No entanto, estruturalmente, a realidade não pôde ser mudada.

---

16 Em documento aos prefeitos sobre o Fome Zero, a mobilização é assim caracterizada: "O Mutirão contra a Fome é composto de: Campanha de doações de alimentos; Campanha de doações em dinheiro; Organização de voluntários ou iniciativas próprias que fortaleçam o êxito do Programa Fome Zero." (Ministério Extraordinário de segurança Alimentar e Combate à Fome, 2003).

UM RETRATO DA MISÉRIA BRASILEIRA: O MUNICÍPIO DE GUARIBAS

Guaribas, município no semiárido do Estado do Piauí, tinha menos de 5 mil residentes quando foi vitrine para a implantação do Fome Zero. Sintetizava as condições típicas da pobreza nordestina rural. Com fraca atividade econômica baseada em atividades agrícolas de subsistência, sofria de todas as mazelas da pobreza: baixa renda devido à inserção produtiva precária de seus habitantes, vulnerabilidade social elevada devido ao grande número de crianças em famílias pobres, lacunas sérias na provisão de serviços públicos básicos de saneamento, eletricidade, educação e saúde. Juntavam-se a isso os problemas político-administrativos locais: repasses de verbas federais passíveis de melhorar as condições de vida da população frequentemente se perdiam sem atender a seus objetivos.[17]

Segundo estimativas feitas na época, 73% da população de Guaribas era elegível para atendimento pelo Fome Zero.[18] As transferências de renda se iniciaram imediatamente, e as outras ações integradas de política social foram delineadas no momento inicial sob ampla cobertura da imprensa nacional. No entanto, mesmo com a atenção especial, ficou evidente a dificuldade de tornar efetivas as intervenções em lugar tão pobre, onde falta tudo, inclusive capacidade técnica e gerencial para manter em funcionamento as diferentes ações antipobreza. Nesse contexto, o repasse da transferência de renda foi o mecanismo mais efetivo e o mais fácil de manter da forma desejada ao longo do tempo.[19]

Finalmente cabe lembrar as dificuldades que ocorreram estritamente no que concerne às transferências de renda. Essas dificuldades foram as mesmas enfrentadas pelos programas anteriores, como o Bolsa Escola e Bolsa Alimentação, mas com um agravante importante: ao universalizar o programa visando o atendimento de todos os pobres, e não somente às famílias com crianças, o Governo Lula não pode mais usar um álibi precioso: o de que pagamento do benefício em dinheiro era o meio de fazer com que as famílias pobres enviassem suas crianças à escola e respeitassem o calendário de assistência médica básica. Esse álibi tinha sido sempre usado para esgrimir a oposição de um amplo continente da sociedade brasileira que se opunha — e ainda se opõe — às transferências de renda focalizadas. Segundo os opositores das

---

17 Auditoria da Controladoria Geral da União identificou, por exemplo, irregularidade no uso do repasse feito pela Fundação Nacional de Saúde (FUNASA) à prefeitura, em 2001, com o objetivo de perfurar poços artesianos em oito vilas rurais do município. Os recursos de R$240 mil desapareceram, e as obras não foram realizadas.

18 Dedecca e Barbieri (2005).

19 Durante a seca de 2007, ficou evidente que condições precárias de vida ainda prevaleciam em Guaribas apesar de ter sido piloto do Fome Zero (http://www.rollingstone.com.br/edicoes/14/textos/ 1201)

transferências, o dinheiro repassado às famílias pobres seria desperdiçado com gastos impróprios, incentivando a preguiça e desestimulando o trabalho.

Sabendo dessa oposição tradicional às transferências, o governo divulgava de forma inábil, frequentemente atabalhoada, as características do programa. O Ministro Extraordinário responsável pelo Fome Zero,[20] sentindo-se pressionado durante a entrevista à imprensa em cadeia nacional por ocasião do lançamento do Cartão Alimentação, declarou que seriam exigidas das famílias as notas fiscais da compra de alimentos para comprovar o bom uso do benefício! Muito além desses detalhes, o governo se mostrou incapaz de gerir simultaneamente os três tipos de atuações vinculadas às transferências de renda: os programas preexistentes, cujos benefícios continuavam ser pagos; a incorporação deles ao Cartão Alimentação; e o cadastramento de novos beneficiários. No processo ficou evidente o que os especialistas já sabiam: que os parâmetros propostos para o Cartão Alimentação eram inadequados.

Diante dessa miríade de problemas, o governo tomou uma decisão acertada e de grande impacto. Em outubro de 2003, portanto menos de um ano depois do seu lançamento, abandonou o Cartão Alimentação e lançou o Bolsa Família (BF).

4.3 REI MORTO (O CARTÃO ALIMENTAÇÃO), REI POSTO (O BOLSA FAMÍLIA)

Em outubro de 2003, o governo abandonou o Cartão Alimentação do Programa Fome Zero, que, criado no início do ano como carro-chefe do novo governo, já estava negativamente marcado por desacertos no desenho e na execução. Segundo voz corrente entre especialistas, mídia e população como um todo, o programa não tinha deslanchado. O novo programa anunciado em outubro — o Bolsa Família — substituía de fato o Cartão Alimentação, embora esse aspecto, que implicava o reconhecimento dos percalços do programa inicial, não fosse enfatizado. O BF tinha por objetivo unificar os programas de transferência preexistentes e envolvia mudanças na administração da política de transferências no nível ministerial e, certamente, tinha como objetivo central e urgente reverter o fracasso amplamente percebido no que se referia à política social do início do Governo Lula. Em consequência, o lançamento do Bolsa Família foi cercado de cuidados para garantir uma repercussão positiva e significativa junto à opinião pública.

Em relação ao Cartão Alimentação, as modificações introduzidas no desenho do Bolsa Família foram basicamente duas.

---

20 Ministério Extraordinário de Segurança Alimentar e Combate à Fome (MESA)

Quanto à primeira modificação, o parâmetro de renda único, utilizado como critério para fins de elegibilidade, foi substituído por dois, permitindo, portanto, diferenciar dois conjuntos de famílias a serem beneficiadas pela transferência de renda. Assim, enquanto o Cartão Alimentação tratava da mesma forma todas as famílias com renda inferior a meio salário mínimo, concedendo a todas elas o benefício de R$50,00, o novo programa delimitou dois conjuntos de famílias potencialmente beneficiárias, conforme o seu nível de renda:

a. famílias com renda *per capita* inferior a R$50,00/mês. Qualificavam-se a receber a transferência de R$50,00 por família/mês (pouco mais de 20% do salário mínimo então vigente de R$240,00). Adicionalmente, de forma semelhante ao Bolsa Escola e ao Bolsa Alimentação, recebiam um benefício variável conforme o número de crianças: R$ 15 por criança até 15 anos, com o limite máximo de três benefícios. Então, para as famílias nesta faixa de renda, a transferência mínima era de R$50,00 e a máxima de R$95,00 (R$ 50 + 3 × R$15).

b. famílias com renda entre R$50,00 e R$100 por mês. Qualificavam-se para receber apenas o benefício por criança, nos moldes descritos anteriormente, o valor da transferência situando-se no intervalo entre R$15 (para famílias com uma criança) e R$45 (famílias com três crianças ou mais). Então famílias sem crianças nesta faixa de rendimento não receberiam a transferência de renda do BF.

A segunda modificação concerne aos parâmetros de renda para delimitação da população-alvo e para o estabelecimento do valor dos benefícios, que passou a ser fixado nominalmente, isto é, desatrelado do valor do salário mínimo ou de qualquer indexador de preços. Essa mudança, pelo menos no que concerne às transferências do BF, permite maior grau de liberdade orçamentária ao governo federal.[21]

Essas duas modificações implicaram, por um lado, privilegiar as famílias pobres com crianças, nos mesmos moldes que faziam o Bolsa Escola e o Bolsa Alimentação; por outro lado, permitiam manter para as famílias muito pobres um benefício, que independia da presença das crianças. Nesse sentido, o programa combinava de forma mais sensata o conjunto de programas preexistentes, inclusive o Cartão Alimentação no que concerne à sua universalidade, ao mesmo tempo em que reintroduz a focalização diferenciada dentre as famílias pobres, inexistente naquele programa. Como pode ser visualizado na Tabela 4.3, as novas regras reduzem a população-alvo, já que

---

21 Vale lembrar que os benefícios aos idosos e portadores de deficiência, de caráter constitucional, objeto do Capítulo 1, têm valor fixado como igual ao salário mínimo.

são excluídas as famílias com renda entre R$50 e R$100 sem crianças, antes elegíveis para o Cartão Alimentação.

TABELA 4.3:
O Cartão Alimentação *versus* o Bolsa Família Tamanho da clientela e dispêndio potenciais

Programa	Número potencial de famílias	Dispêndio potencial (R$ milhões)	
		Mensal	Anual
Cartão Alimentação	13.987.359	699,4	8.392,4
Bolsa Família	12.143.893	595,9	7.150,4

Exclui Norte Rural (exceto Tocantins).
Fonte: PNAD 2002 (Tabulações a partir de microdados)

O exercício de simulação revela ainda que, paralelamente à redução da população-alvo em relação ao Cartão Alimentação em quase dois milhões de famílias, o desenho do Bolsa Família resulta também em uma queda do dispêndio potencial com transferências da ordem de R$1,2 bilhão por ano. Note-se que a redução do dispêndio se dá com intensidade menos acentuada que a do número de beneficiários. Isso ocorre por conta do aumento do benefício para as famílias com renda *per capita* menor do que R$50,00 que, eventualmente, acumulam o benefício fixo e o benefício variável em função da presença de crianças na família. As mudanças no critério de elegibilidade ao programa e na forma de estabelecer o valor da transferência de renda resultariam em um aumento de cerca de 20% no valor do benefício médio.

As simulações de impacto do Bolsa Família sobre os indicadores de insuficiência de renda — pobreza e pobreza extrema — por região e área de residência são apresentadas respectivamente nas Tabelas 4.4 e 4.5, permitem a comparação com os resultados metodologicamente semelhantes relativos ao impacto potencial das transferências do Cartão Alimentação, apresentados anteriormente.

A maior regressividade na concessão do benefício do Bolsa Família em comparação com o Fome Zero resulta em menor impacto sobre os indicadores de pobreza, mas, em contrapartida, redução mais acentuada dos indicadores de indigência (Tabela 4.6). Isso significa efeitos mais expressivos nas áreas rurais e no Nordeste, onde se concentram os indigentes — o subconjunto de pobres que se situa na base da distribuição da renda familiar *per capita*. Melhorando a focalização teórica das transferências, o Bolsa Família prioriza os indigentes, tendo por consequência um impacto mais significativo sobre eles.

TABELA 4.4:

Simulação do impacto de transferências do Bolsa Família sobre os indicadores de pobreza — 2002

Brasil, regiões e estratos	No de pobres (mil)			Proporção (%)		Razão do hiato		Hiato quadrático	
	Antes	Depois	Δ%	Antes	Depois	Antes	Depois	Antes	Depois
Norte*	4.285	3.943	-8,0	43,2	39,8	0,44	0,36	0,12	0,07
Nordeste	23.539	21.806	-7,4	49,0	45,4	0,48	0,37	0,15	0,08
Sudeste	20.824	20.125	-3,4	28,7	27,8	0,43	0,38	0,08	0,06
MG/ES	5.597	5.007	-10,5	26,3	23,6	0,43	0,34	0,07	0,04
Rio de Janeiro	3.977	3.905	-1,8	28,0	27,5	0,42	0,38	0,07	0,05
São Paulo	11.250	11.213	-0,3	30,4	30,3	0,43	0,40	0,08	0,07
Sul	4.083	3.626	-11,2	16,1	14,3	0,40	0,31	0,04	0,02
Centro-oeste	4.365	4.306	-1,4	36,5	36,1	0,43	0,38	0,10	0,07
Brasil*	**57.097**	**53.806**	**-5,8**	**34,0**	**32,1**	**0,45**	**0,37**	**0,10**	**0,06**
Urbano	27.975	26.879	-3,9	31,0	29,7	0,45	0,36	0,09	0,05
Rural*	9.748	7.613	-21,9	38,9	30,4	0,44	0,28	0,10	0,04
Metropolitano	19.374	19.314	-0,3	37,0	36,9	0,46	0,42	0,11	0,09

*Exclui Norte Rural (exceto Tocantins)
Fonte: PNAD 2002 (Tabulações a partir de microdados)

TABELA 4.5

Simulação do impacto de transferências do Bolsa Família sobre os indicadores de pobreza extrema — 2002

Brasil, regiões e estratos	No de Indigentes (mil)			Proporção (%)		Razão do hiato		Hiato quadrático	
	Antes	Depois	Δ%	Antes	Depois	Antes	Depois	Antes	Depois
Norte*	993	520	-47,7	10,0	5,2	0,58	0,27	0,05	0,01
Nordeste	7.887	3.342	-57,6	16,4	7,0	0,48	0,25	0,06	0,01
Sudeste	4.096	2.462	-39,9	5,6	3,4	0,63	0,38	0,03	0,01
MG/ES	1.373	663	-51,8	6,5	3,1	0,60	0,27	0,03	0,00
Rio de Janeiro	718	438	-38,9	5,1	3,1	0,58	0,38	0,03	0,01
São Paulo	2.004	1.361	-32,1	5,4	3,7	0,66	0,43	0,03	0,01
Sul	947	464	-51,0	3,7	1,8	0,59	0,28	0,02	0,00

Brasil, regiões e estratos	No de Indigentes (mil)			Proporção (%)		Razão do hiato		Hiato quadrático	
	Antes	Depois	Δ%	Antes	Depois	Antes	Depois	Antes	Depois
Centro-oeste	657	393	-40,2	5,5	3,3	0,67	0,34	0,03	0,00
Brasil*	**14.579**	**7.181**	**-50,7**	**8,7**	**4,3**	**0,54**	**0,30**	**0,04**	**0,01**
Urbano	6.687	3.332	-50,2	7,4	3,7	0,56	0,28	0,03	0,00
Rural*	3.865	1.281	-66,9	15,4	5,1	0,45	0,21	0,05	0,00
Metropolitano	4.027	2.569	-36,2	7,7	4,9	0,60	0,38	0,04	0,01

*Exclui Norte Rural (exceto Tocantins)
Fonte: PNAD 2002 (Tabulações a partir de microdados)

TABELA 4.6:
Cartão Alimentação versus Bolsa Família — Simulações de impacto sobre indicadores de pobreza e pobreza extrema — 2002

Cenários e subpopulações	Proporção (%)	Razão do hiato	Hiato quadrático
Pobreza			
Resultado original	34,0	0,45	0,10
Com Cartão Alimentação	31,1	0,39	0,07
Com Bolsa Família	32,1	0,37	0,06
Pobreza extrema			
Resultado original	8,7	0,54	0,04
Com Cartão Alimentação	5,9	0,37	0,01
Com Bolsa Família	4,3	0,30	0,01

Fonte: PNAD 2002 (Tabulações a partir de microdados) Exclui Norte Rural (exceto Tocantins)

Cabe alertar que, na prática da política pública, os efeitos dos programas de transferência não ocorrem na intensidade obtida na simulação, particularmente no que concerne aos efeitos sobre pobreza extrema, devido ao maior nível de desinformação e ao menor poder de mobilização da população-alvo. A boa focalização e a aproximação dos resultados de aplicação da política aos resultados teóricos derivados das simulações dependem de um trabalho permanente e cuidadoso de cadastramento e monitoramento dos programas, de modo a minimizar tanto os desvios em relação à população-alvo, como os *vazamentos* de benefícios.

4.4 OS DESAFIOS DO NOVO PROGRAMA

Como revelam as simulações, as transferências do Cartão Alimentação teriam o potencial de reduzir de forma mais acentuada os índices de pobreza do que o Bolsa Família: a proporção de pobres cairia de 34% para 31%, reduzindo em 4,94 milhões o número de pobres em 2002. No entanto, no caso da pobreza extrema, o impacto do Bolsa Família seria mais acentuado, reduzindo de 8,7% para 5,9% a proporção de indigentes (de 14,6 milhões para 9,9 milhões de pessoas). Isso ocorre porque o Bolsa Família melhora a focalização das transferências, priorizando as famílias com crianças, na linha do que era feito nos programas criados no Governo FHC. Ao introduzir novas regras de elegibilidade e valores diferenciados para os benefícios, reduz a população--alvo em relação ao Cartão Alimentação e, concomitantemente, o valor do dispêndio potencial consolidado, mas melhora a focalização, atendendo prioritariamente as famílias indigentes e, entre estas, as famílias indigentes com crianças.

Esses comentários referem-se aos resultados teóricos simulados do programa. Na verdade, em dezembro de 2003, o Bolsa Família atendia a 3,6 milhões de famílias, o que era uma marca importante, até porque a unificação dos programas estava longe de se realizar — trabalho que ainda ia perdurar pelos próximos anos. Na verdade havia coexistência do Bolsa Família com os programas anteriores, além de superposição dos programas anteriores entre eles. Embora seja difícil afirmar com certeza devido às superposições de programas, é provável que tenha havido alguma expansão do número de famílias atendidas quando se compara a situação em dezembro de 2002, final do Governo FHC, e 2003, final do primeiro ano do Governo Lula (Tabela 4.7).

TABELA 4.7:
Número de famílias atendidas, por programa Dezembro de 2002 e Dezembro de 2003

Programas	2002	2003
Bolsa Família	—	3.615
Cartão Alimentação	—	350
Bolsa Escola	5.106	3.771
Bolsa Alimentação	966	326
Auxílio Gás	8.846	6.932

Fonte: MDS

Apesar dos aperfeiçoamentos introduzidos em relação ao desenho inicial da política de transferências anunciadas no âmbito do Fome Zero, o Bolsa Família, como os programas focalizados nos pobres que o precederam, enfrentou as dificuldades esperadas. Essas dificuldades estiveram associadas ao processo de implantação de uma política de transferência de renda em que não havia tradição de assistência social como política de Estado e com grande clientela potencial, a saber:

a. dificuldades associadas à focalização, isto é, as famílias selecionadas e beneficiadas devem se constituir de fato na clientela-alvo do programa. Trata-se de garantir que os beneficiários tenham nível de vida compatível com a renda abaixo do patamar *per capita* estabelecido pelo programa. Famílias selecionadas permaneceriam no programa por dois anos, quando deveriam ser recadastradas de modo a verificar se as suas condições de elegibilidade permaneciam. Manter o cadastro atualizado é uma tarefa complexa, por envolver as municipalidades e uma enorme clientela de famílias beneficiárias.

b. dificuldades de cadastramento e acompanhamento das famílias beneficiadas, normalmente complexo em programas de transferência de renda, é ainda mais complexo no caso de um programa com feição de "universalidade",[22] como o Bolsa Família, não vinculado a uma rede provedora de um serviço público específico, como era o Bolsa Escola (ancorada na rede escolar) e o Bolsa Alimentação (ancorada na rede de postos de saúde). A implantação do programa demandava uma rede de assistência social, com cobertura nacional e administrada segundo uma nova lógica, rompendo com a tradição paternalista. Ademais, o novo programa significava um rearranjo drástico do conjunto de programas que tinha sido criado desde 1995, já que o Bolsa Família se caracterizava como um programa *guarda-chuva*, unificando cadastros diversos e assimilando os diferentes programas de transferência de renda voltados para clientelas específicas, que antes podiam, eventualmente, ser atendidas cumulativamente por diversos programas.

c. dificuldades para não perder de vista que a transferência de renda não pode ser entendida como panaceia, já que nem o desenho do programa, nem os recursos disponíveis para as transferências teriam potencial para eliminar a extrema pobreza e, muito menos, a pobreza. Tratava-se, na verdade, de prosseguir a mudança de mentalidade em relação aos mecanismos de transferência de renda: eles são indispensáveis em países com as características de incidência de pobreza e desigualdade de renda do Brasil; no entanto, têm de ser entendidos apenas como um dentre os muitos componentes de uma política ampla de combate à pobreza. Assim, o atendimento de outras ca-

---

22 O programa é *universal* para os pobres com renda familiar *per capita* abaixo de R$50, já que não condiciona a concessão do benefício a qualquer outro critério.

rências não vinculadas diretamente à renda, tais como acesso a saneamento básico, atendimento de saúde, educação, transporte, informação, direitos de cidadania, são tão urgentes e, em muitos casos, mais urgentes do que o aumento da renda e do consumo privado das famílias. Nesse sentido, garantir a complementaridade das ações e a sua continuidade no tempo era por ocasião do lançamento do Bolsa Família, e ainda é hoje, um enorme desafio.

d. dificuldades para garantir os recursos orçamentários necessários, já que as ações integradas de combate à pobreza envolvem custos muito mais elevados do que os da transferência de renda em si. Esses custos estão vinculados ao atendimento prioritário e diferenciado da clientela elegível no que concerne ao acesso de fato aos serviços básicos. Para garantir esse acesso, teoricamente universal, é necessário contar com o papel coordenador e facilitador de um sistema efetivo de assistência social.

e. dificuldades para garantir os recursos em termos de pessoal e de capacidade gerencial, já que a disponibilidade de recursos financeiros indicados em d) não é, por si só, suficiente. No entanto, organização e coordenação para garantir a efetividade das ações demandam tempo e persistência de esforços, o que nem sempre atende às necessidades políticas de obter resultados rápidos e espetaculares.

Em função dessas dificuldades, uma opção possível teria sido priorizar a implementação do Fome Zero como conjunto de ações integradas focalizadas na população pobre, elegendo áreas onde as condições de vida eram mais críticas. De modo geral, as situações limite eram, reconhecidamente, de dois tipos.

O primeiro tipo de situação limite ocorria nos bolsões de pobreza extrema do Norte e do Nordeste, onde a maioria da população é pobre e as carências não se limitam à insuficiência de renda, mas ao acesso a serviços essenciais. Nesse caso, devido à insuficiência crítica de recursos de toda natureza, a ação federal e estadual teria de ser claramente preponderante, já que não haveria recursos locais financeiros e outros — compatíveis com o atendimento das necessidades. De certo modo, seria o caso de generalizar a atuação piloto do programa Fome Zero em Guaribas para outros municípios muito pobres, desenvolvendo formas diferenciadas de colaboração entre as instâncias de governo e estabelecendo prioridades específicas em função das características e das carências locais. Assim, em algumas áreas seria mais adequado que a intervenção do programa se articulasse em torno de saúde/saneamento ou da atenção materno-infantil, em outras a ênfase poderia ser educacional, enquanto em outras ainda o foco principal poderia ser a geração de emprego e renda. Em todos os municípios selecionados, todas as dimensões seriam atendidas, embora com ênfases diferenciadas. Ademais, o componente de transferência de renda estaria sempre presente.

O segundo tipo de situação limite se apresentava nos bolsões de pobreza na periferia de cidades ricas, em particular na periferia das metrópoles, onde a insuficiência de renda está vinculada às questões de desigualdade, exclusão social e marginalidade. Nesses casos, a política antipobreza, assim como os programas de transferência de renda, mais especificamente, poderiam ser implementados de forma integrada pelos três níveis de governo, secundados pela sociedade civil. No caso das cidades *ricas*, a sociedade civil tem papel importantíssimo a desempenhar em função da alta desigualdade que caracteriza os núcleos urbanos mais populosos. Quanto ao acesso a serviços *universais* por parte da população-alvo do programa, este é facilitado, uma vez que, na maioria dos casos, os serviços já existem. No entanto, haveria que ajustar a componente de transferência de renda: deveria ser examinada a viabilidade e a conveniência de os governos municipais e estaduais realizarem aportes de recursos, de modo a complementar localmente a transferência federal. Com se sabe, o valor dos benefícios fixados de forma uniforme pelo programa federal em nível nacional tende a ser relativamente baixo em face do custo de vida e do valor da renda nas áreas mais ricas do país.

A opção do governo não foi operar o Fome Zero progressivamente, elegendo áreas prioritárias, alternativa esboçada anteriormente. A esse respeito vale lembrar que a atuação progressiva adotada pelo Bolsa Escola federal na sua primeira fase (1997-2001) tinha fracassado, embora esse fracasso possa ser justificado, em grande parte, pela exigência de contrapartida local em recursos, como visto no Capítulo 3. De qualquer modo, o governo federal em 2003 decidiu implantar o Fome Zero em escala nacional. Como as ações integradas são mais complexas e custosas, o que caminhou celeremente foi a componente de transferência de renda. A criação do Ministério do Desenvolvimento Social e Combate à Fome, em janeiro de 2004, deu uma nova base institucional e um novo impulso ao Bolsa Família. Desde então houve progressos notáveis e continuados nos diversos aspectos do programa, a saber, incorporação dos programas anteriores, cadastramento e recadastramento da população pobre, focalização, monitoramento e controle.

Os resultados imediatos do Bolsa Família em termos de elevação da renda dos mais pobres e de melhoria distributiva fizeram dele o centro de atenções e a joia da coroa da política social do Governo Lula.

Havia, no entanto, um longo caminho a percorrer, como será visto no Capítulo 5. Do ponto de vista operacional, tratava-se de incorporar as clientelas anteriormente atendidas pelos programas de transferência preexistentes, que estavam sendo paulatinamente extintos, demandando um procedimento pesado e complexo de recadastramento. Paralelamente, o objetivo era ampliar a cobertura melhorando a focalização.

Ademais, havia ainda um desafio ideológico: fazer a sociedade brasileira em geral entender que o programa de transferência de renda era, necessariamente, um paliativo, por si só incapaz de atacar as causas da pobreza, o que, aliás, não é um demérito. Tinha o potencial de tornar menos adversas as condições de vida dos mais pobres, reduzindo também, em alguma medida, os explosivos níveis brasileiros de desigualdade de renda. Tratava de fazer entender também que, devido à enorme dívida social brasileira, da qual o baixo nível educacional da população é uma *proxy*, o recurso a programas de transferência de renda seria uma necessidade de política social por um período longo. A duração e a intensidade das transferências minimamente necessárias para garantir estabilidade social nesse período de transição iriam depender, simplificadamente, de dois determinantes básicos. Por um lado, da evolução econômica. Isto é, que ritmo de crescimento econômico seria possível imprimir nos próximos anos? E em que medida o crescimento obtido viria beneficiar os pobres? Por outro lado, dependia do grau de eficácia dos programas sociais voltados especificamente para o combate das causas estruturais da pobreza brasileira.

CAPÍTULO 5

O Bolsa Família: As Origens (2003-2006)

5.1 CONSOLIDANDO AS TRANSFERÊNCIAS DE RENDA

Como foi visto no Capítulo 4, decisões tomadas no início do Governo Lula modificaram de forma fundamental a política de transferência de renda dos *novos* programas. Por um lado, a clientela-alvo se ampliou significativamente, já que se universalizou a elegibilidade ao benefício para todas as famílias de baixa renda. Assim, passaram a se qualificar para o recebimento da transferência todas as famílias com renda familiar *per capita* (RFPC) inferior a ¼ do salário mínimo, independentemente do tamanho e da composição familiar. Desse modo, a presença de crianças na família deixou de ser um requisito para a elegibilidade ao programa. Em consequência, a clientela-alvo do programa praticamente dobrou. Por outro lado, foi assumido como objetivo explícito a unificação dos diversos *novos* programas de transferência de renda.

Após um início de governo confuso e semeado de contradições conceituais e operacionais com a criação do Cartão Alimentação,[1] em outubro de 2003, o programa de transferência de renda foi relançado sob a denominação de Bolsa Família (BF), para o qual foram estabelecidas novas regras: houve elevação do teto de renda familiar *per capita* para fins de elegibilidade, que foi desatrelado do salário mínimo, assim como mudança na forma de estabelecimento do valor do benefício, que passou a ser variável — de R$15 a R$95, conforme a renda da família e a presença de crianças.[2] Vista em retrospectiva, a desvinculação dos parâmetros do BF do salário mínimo foi uma sábia decisão: o critério de renda abaixo de 0,5 do salário mínimo, que correspondia ao valor

---

1 Sobre a percepção generalizada do fracasso do Cartão Alimentação, escreveu Elio Gaspari: "Lula teve a sabedoria de mandar para o lixo a teatralidade onipotente do Fome Zero. No seu lugar ergueu o êxito do Bolsa Família" (Gaspari, 2011).

2 Como foi visto no Capítulo 4, esta mudança na forma de cálculo do benefício representou um aumento de cerca de 20% do seu valor médio.

de R$100 quando o Cartão Alimentação foi criado, em 2011, no início do Governo Roussef, já corresponderia a R$270, em função da política de valorização do salário mínimo. Naturalmente uma evolução do valor do critério de renda correspondendo ao salário mínimo teria sido inviável.

Ao final de 2004, cerca de um ano após a criação do Bolsa Família como *guarda-chuva* para os *novos* programas federais de transferência de renda, a unificação estava longe de se realizar. Embora o Bolsa Família tivesse se expandido muito — atingindo 5 milhões de famílias, seja pela incorporação de beneficiários de programas preexistentes, seja pela inclusão de novas famílias —, o Bolsa Escola e o Auxílio Gás, que se superpunham de forma importante, tinham ainda clientelas muito amplas, 1,3 milhão e 3,4 milhões, respectivamente. Apesar da expansão do BF e da superposição com programas preexistentes, o dispêndio dos novos programas agregadamente ainda era 30% inferior ao dispêndio do Benefício de Prestação Continuada (BPC),[3] o que se devia à enorme diferença nos valores dos benefícios das duas categorias de programas de transferências federais focalizados nos pobres.

TABELA 5.1:
Benefícios e dispêndios dos programas federais de transferência de renda — setembro 2004

Programas	Nº de benefícios pagos	Dispêndio (R$ mil)
Novos programas	11.224.584	492.372
Bolsa Escola	3.381.486	78.778
Bolsa Família	5.035.660	346.687
Cartão Alimentação	322.317	16.116
Bolsa Alimentação	251.459	4.836
Auxílio Gás	1.304.571	19.569
PETI*	929.091	26.386
Benefícios constitucionais	2.565.857	674.733
BPC	1.983.788	518.538
RMV e PMV	582.069	156.194
Total Geral	*13.790.441*	*1.167.105*

*A informação se refere a dezembro de 2004.
Fonte: Registros administrativos do MDS

---

3 O dispêndio anual dos Bolsa Família e demais novos programas foi de R$5,8 bilhões em 2004, enquanto o dispêndio do Benefício de Prestação Continuada pago aos idosos e portadores de deficiência pobres foi de R$ 8,2 bilhões no mesmo ano. A respeito do BPC, ver o Capítulo 1.

A Tabela 5.1 apresenta o número de benefícios e o dispêndio com o seu pagamento, segundo programas, em setembro de 2004, tendo por base os registros administrativos do governo federal. O objetivo aqui é fornecer um quadro de referência da institucionalidade e cobertura desses programas em setembro de 2004, já que, nesta data, a PNAD investigou pela primeira vez as características da clientela atendida por eles através de um questionário suplementar com 16 quesitos. Como a seguir serão utilizadas informações da PNAD quanto às características de cobertura desses programas, as informações administrativas da Tabela 5.1 constituem uma referência importante para comparação com aquela obtida junto às famílias da amostra pela pesquisa domiciliar.[4]

INFORMAÇÕES ESTATÍSTICAS E RESPEITABILIDADE DOS PROGRAMAS

Embora existissem registros administrativos de cada programa de transferência de renda e estivessem sendo tomadas medidas no sentido de proceder à revisão e unificação cadastral sob o Bolsa Família, de início eram reconhecidamente deficientes as informações estatísticas sobre os domicílios beneficiários. Ademais, informações limitadas à população assistida são, por definição, insuficientes para a avaliação de impactos das transferências de renda que dependem de informações sobre o conjunto da população brasileira.

O fato de o IBGE ter coletado e divulgado dados sobre a aplicação dos programas de transferência de renda foi fundamental para dar-lhes respeitabilidade. Essa respeitabilidade se deveu, em grande parte, aos impactos das transferências de renda terem sido empiricamente avaliados a partir das informações da PNAD. Tratava-se, portanto, de evidências estatísticas independentes das informações administrativas oriundas do Ministério do Desenvolvimento Social e Combate à Fome (MDS), responsável direto pelo programa.

Assim, em 2004, cerca de um ano após a criação do BF e ainda em pleno processo de unificação dos programas preexistentes sob este novo "guarda-chuva", foi aplicado um questionário suplementar, com o questionário básico da PNAD, à totalidade dos 145 mil domicílios da amostra investigada pela pesquisa domiciliar naquele ano. O questionário suplementar indagava se moradores do domicílio estavam inscritos e/ou tinham recebido em setembro daquele ano benefício monetário de programas de transferência de renda. O questionário investigou de forma explícita oito programas federais,[5] além de haver um quesito residual para indicação de eventual atendimento por outros programas de transferência de renda estaduais ou municipais.

---

4 Pela primeira vez desde sua criação no final da década de 1960, a PNAD tem cobertura verdadeiramente nacional, pois passou a incorporar, em 2004, também a área rural da Região Norte. A PNAD-2004 investigou cerca de 140 mil famílias em todo o país.

5 Auxílio Gás, Cartão Alimentação, Bolsa Alimentação, LOAS/BPC idosos e deficientes, outro LOAS, Bolsa Família, Bolsa Escola, PETI.

Dois anos mais tarde, com a PNAD de 2006, foi de novo aplicado um questionário suplementar sobre os programas de transferência de renda. Enquanto o questionário de 2004 investigou especificamente tanto o BF como os demais programas que o precederam, em 2006 apenas o BF e o PETI são listados dentre os "novos" programas.

A respeito de como a PNAD investiga os rendimentos oriundos das transferências assistenciais, é importante destacar que, exceto em 2004 e 2006, quando foram aplicados questionários suplementares sobre o tema, a informação é normalmente coletada de forma não específica. Assim, o valor correspondente a eventuais transferências monetárias recebidas pelas pessoas é registrado no capítulo de rendimentos, no quesito "outros rendimentos", sendo expresso como um valor consolidado único juntamente com outros itens, tais como juros, dividendos e demais rendimentos de natureza financeira.[6] Em particular, não existe informação em separado quanto a valores recebidos de diferentes programas de transferência de renda que possam beneficiar concomitantemente determinados domicílios. Para contornar essa limitação, as análises de impacto dependem de inferências indiretas, a partir de cruzamento de características dos domicílios e valores informados para os quesitos de renda.

Vale destacar que a informação de benefícios pagos derivados dos registros administrativos (Tabela 5.1) não permitia por si só inferir sobre o número de domicílios beneficiados, já que não havia ainda um cadastro consolidado integrando as informações dos diferentes programas. Isso significa que não era possível conhecer, por exemplo, a intensidade como se dava a superposição de programas no mesmo domicílio.

Ao obter a informação sobre a participação nos programas junto aos domicílios, a PNAD 2004 permitiu a comparação com os dados oriundos dos registros administrativos e inferências diversas sobre a operacionalização do programa.

Assim, as informações levantadas pelo suplemento da PNAD revelam que pouco mais de 8 milhões de domicílios receberam pelo menos uma transferência de renda assistencial dos novos programas em setembro de 2004, totalizando 11 milhões de benefícios (média de 1,4 benefício por domicílio beneficiado). A Tabela 5.1 apresenta a frequência de respostas por programa na PNAD, o que permite a comparação com o número de benefícios segundo os registros administrativos.

---

6 Descrição do quesito em questão no questionário da PNAD: "juros de caderneta de poupança e de outras aplicações, dividendos e outros rendimentos (especifique)".

TABELA 5.2:
Benefícios recebidos de programas de transferência de renda na PNAD e benefícios pagos segundo os registros administrativos — setembro de 2004

Programas	PNAD			Registros administrativos	Número de benefícios
	Respostas		Domicílios %	Número de benefícios (mil)	PNAD/ Reg. Adm.
	Número (mil)	%			
Auxílio Gás	3.491	31,6	43,3	1.305	2,68
Bolsa Escola	3.803	34,5	47,2	3.381	1,12
Bolsa Família	2.089	18,9	25,9	5.036	0,41
Cartão Alimentação	752	6,8	9,3	322	2,33
Bolsa Alimentação	536	4,9	6,7	251	2,13
PETI*	367	3,3	4,6	929	0,40
Total	11.038	100	137,0	11.224	0,98

* O dado do MDS relativo ao PETI refere-se a dezembro de 2004.
Fontes: PNAD 2004 (tabulação de Simon Schwartzman) e MDS.

A respeito dessas informações comparadas, cabem dois comentários.

O primeiro concerne às divergências evidentes entre as informações da PNAD e dos registros administrativos. Isso foi devido, em parte, à migração de beneficiários para o Bolsa Família sem que os informantes deixassem de declarar para a PNAD o programa a que originalmente pertenciam. De fato, os resultados da PNAD mostram uma participação nos programas que precederam o Bolsa Família — isto é, Auxílio Gás, Bolsa Escola, Bolsa Alimentação, Cartão Alimentação do Fome Zero — maior do que a que de fato ocorria no final de 2004 segundo os registros administrativos, enquanto, em contrapartida, subdeclararam a participação no Bolsa Família.

A grande divergência de informações no caso do Auxílio Gás se deve provavelmente à sua associação a outros programas. Como se viu no Capítulo 3, depois de criado em 2002, o pagamento do Auxílio Gás[7] passou frequentemente a ser atribuído como um benefício complementar, aproveitando o atendimento que vinha sendo feito para os outros programas, como o Bolsa Escola e o Bolsa Alimentação. Ocorreu então uma superposição legítima do Auxílio Gás e de outras transferências. Embora o pagamento do benefício do Auxílio Gás deixasse de existir quando era feita a migração

---

7 O valor do benefício do Auxílio Gás, que compensava as famílias de baixa renda pela eliminação do subsídio generalizado ao consumo de gás engarrafado que vigorava até então, era de R$7,5/mês, pagos a cada dois meses (R$15).

dos beneficiários dos programas preexistentes para o Bolsa Família, a informação da pesquisa domiciliar parece refletir uma situação anterior, que não vigorava mais em setembro de 2004, resultando numa forte sobredeclaração de recebimento do Auxílio Gás na PNAD (3,5 milhões de domicílios declarantes contra 1,3 milhão de domicílios beneficiários nos registros administrativos).

A segunda consideração relativa aos dados da Tabela 5.2 diz respeito à elevada superposição de benefícios no mesmo domicílio, da ordem de 1,4 por domicílio,[8] já que, dos domicílios que recebiam algum benefício, 47,2% declararam receber benefícios do Bolsa Escola, 43,3% declararam receber o Auxílio Gás, e assim por diante.

O Bolsa Escola, com 3,4 milhões de benefícios, correspondendo a 34,5% dos benefícios declarados na PNAD, ainda aparecia em setembro de 2004 como o programa de maior cobertura, o que contraria a informação dos registros administrativos, segundo os quais o Bolsa Família já seria naquela data o programa mais importante, atendendo a 5 milhões de domicílios. Apesar da divergência, os registros administrativos parecem sugerir que logo após o seu lançamento, de outubro a dezembro de 2003, o Bolsa Família expandiu-se principalmente pela incorporação dos beneficiários dos programas preexistentes, enquanto em 2004 ocorreu forte aumento de novos beneficiários, revelando prioridade de expansão da clientela em detrimento da integração e organização do novo modelo (Tabela 5.3).

TABELA 5.3:
Evolução do número de beneficiários por programa — 2003-2004

Programas	Jun/03	Dez/03	Set/04
Bolsa Alimentação	1.370.156	369.556	251.459
Bolsa Escola	5.046.874	3.771.199	3.381.486
Cartão Alimentação	59.973	346.300	322.317
Bolsa Família	—	3.615.596	5.035.660
Subtotal	6.477.003	8.102.651	8.990.922
Auxílio Gás	9.333.303	6.931.699	1.304.571
Total	15.810.306	15.034.350	10.295.493

Fonte: MDS

Os resultados da pesquisa domiciliar forneceram também evidências sobre a intensidade em que ocorria a superposição de programas. Quase um ano após a criação

---

8 O número médio resulta das respostas afirmativas relativas à participação nos programas (11,03 milhões), dividido pelo número de domicílios beneficiados (8,06 milhões).

do Bolsa Família e apesar da nova ênfase dada ao Cadastro Único como instrumento de integração dos beneficiários dos diferentes programas, a situação no final de 2004 ainda mostrava superposições importantes.

Na verdade, é possível entender as superposições como sendo de dois tipos, digamos, as antigas e as novas. As superposições antigas constituíam um problema herdado, que resultava da forma em que os programas foram criados sob esferas administrativas independentes, como se viu no Capítulo 3. Na medida em que a opção de interrupção pura e simples do pagamento dos benefícios dos programas antigos não foi nem sequer considerada — o que, aliás, fazia sentido — o problema teria de ir se resolvendo à medida que todos os beneficiários dos programas anteriores fossem recadastrados e passassem a receber pelo Bolsa Família. A maior superposição *antiga* ocorria entre Bolsa Escola e Auxílio Gás uma superposição legítima, em função da atribuição praticamente automática do Auxílio Gás aos beneficiários do Bolsa Escola, como se viu anteriormente. Superposições de menor número também se davam entre o Bolsa Escola, do Ministério da Educação, o Bolsa Alimentação, do Ministério da Saúde, o PETI, do Ministério da Previdência e da Assistência Social. Essas superposições aconteciam, legítima ou ilegitimamente, em função do processo de cadastramento que tinha ocorrido de forma independente no âmbito de cada um dos programas.

No entanto, ao final de 2004, a PNAD indicou *novas* superposições, isto é, do Bolsa Família com programas que ele deveria substituir, a saber, Bolsa Escola, Bolsa Alimentação, Cartão Alimentação, Auxílio Gás. Essas superposições eram significativas. Assim, apenas a metade (50,7%) dos beneficiários do Bolsa Família recebia somente essa transferência (Tabela 5.4). A forte superposição do Bolsa Família com o Bolsa Escola e com o Auxílio Gás captada pela PNAD sugeria, por um lado, a existência de problemas operacionais na expansão da cobertura e na unificação dos *novos* programas de transferência federais sob o Bolsa Família. Por outro lado, essas novas superposições se explicam pela forma como foi feita a fixação do valor das transferências do Bolsa Família quando se tratava de incorporar programas anteriores. Assim, para não haver perdas para as famílias, sempre que as regras do Bolsa Família significassem um valor de benefício mensal menor do que a família vinha recebendo anteriormente, o valor maior era mantido. O valor do benefício pago pelo Bolsa Família podia, então, não corresponder estritamente às regras do programa. Esse fato pode ter contribuído para confundir os informantes, resultando em maior superposição de programas na PNAD do que de fato ocorria. A correção do valor do benefício recebido foi feita paulatinamente, caso a caso, à medida que o valor do benefício do Bolsa Família foi sendo ajustado ao longo do tempo. Possivelmente esses fatos explicam também parte das discrepâncias discutidas anteriormente entre os registros administrativos e as informações obtidas durante a pesquisa domiciliar.

TABELA 5.4:
Domicílios que declararam receber benefício do Bolsa Família e superposição com outros programas de transferência de renda

Programas	Número de domicílios
Auxílio Gás	599.312
Bolsa Escola	553.490
Só *Bolsa Família*	*1.059.258*
Cartão Alimentação	149.893
Bolsa Alimentação	148.245
PETI	53.928
BPC / RMV/ PMV	64.523
Outro programa	60.503

Fonte: PNAD 2004

A questão crítica da superposição de benefícios podia ser vista sob outro ângulo, o do número de transferências recebidas pelos domicílios beneficiários. Embora a maioria dos domicílios beneficiários (60,3%) estivesse recebendo apenas uma transferência assistencial em setembro de 2004, pouco menos de um terço deles (30,4%) recebia dois benefícios, sendo que os restantes quase 10% recebiam três benefícios ou mais. É verdade que parte dessa superposição era legítima, mas enquanto o MDS batalhava para unificar os programas sob o Bolsa Família, havia uma questão estrutural subjacente que não podia ser resolvida. Tratava-se do paralelismo entre dois sistemas diferentes de transferências de renda assistenciais, ambos baseados no critério de renda e focados nas unidades domiciliares pobres. Por um lado, o sistema do Bolsa Família, que incorporava a clientela dos *novos* programas anteriores. Por outro lado, o sistema dos benefícios assistenciais constitucionais, como o BPC. Essa questão, apesar de importantíssima, ficou longe do centro das discussões conceituais e operacionais em torno das transferências de renda focalizadas ao longo de toda a primeira década do século XXI, enquanto o Bolsa Família se estruturava e expandia a sua cobertura.

5.2 A FOCALIZAÇÃO

Ao tratar da superposição dos programas nos mesmos beneficiários, a seção anterior enfocou uma questão que dependia de informações obtidas junto aos domicílios. Os registros administrativos independentes relativos a cada programa eram, por definição, incapazes de captar o fenômeno. Por essa razão, a informação da PNAD foi essencial.

Da mesma forma, a informação da PNAD foi também essencial para que se fizesse a primeira avaliação sobre o grau de focalização dos programas de transferência de renda.[9] Como se tratava de programas destinados a atender famílias definidas como pobres em função da sua renda familiar *per capita*, a pesquisa domiciliar permitia cruzar a informação de rendimento do questionário básico com a declaração de participação nos programas do questionário suplementar, de modo a verificar em que medida a clientela atendida correspondia de fato à clientela-alvo do programa.

Tendo por base o critério de elegibilidade e as regras de estabelecimento do valor do benefício em função da composição das famílias de baixa renda,[10] o grau de focalização do programa pode ser avaliado em função dos erros de inclusão e de exclusão. O erro de inclusão ocorre quando uma família que não pertence à população-alvo do programa recebe a transferência. O erro de exclusão contempla o caso inverso: quando uma família elegível não recebe a transferência.

A informação de rendimento da PNAD em 2004 mostra que 3,8 milhões ou 48% daqueles que declararam receber transferência do Bolsa Família ou de qualquer outro dos programas remanescentes tinham RDPC inferior a R$100, e isso mesmo depois do recebimento do benefício.[11] Esses 3,8 milhões de domicílios são beneficiários que inequivocamente se qualificam para o recebimento do benefício do Bolsa Família (Tabela 5.5).

O fato de 2,9 milhões de domicílios beneficiários — 37% do total — terem RDPC acima de R$ 130 — acima de uma faixa de transição aceitável acima do valor

---

9 Sobre as formas de avaliação do grau de precisão da focalização de programas sociais, ver Grosh (2004).

10 Para as regras de elegibilidade ao Bolsa Família, ver o Capítulo 4.

11 Como se viu nos Capítulos 3 e 4, a partir de um critério único de renda, geralmente ¼ de salário mínimo *per capita*, os *novos* programas de transferência tinham originalmente populações-alvo diversas, por exemplo, famílias com crianças de 7 e 14 anos no caso do Bolsa Escola, ou famílias com crianças de 0 a 6 anos no caso do Bolsa Alimentação. No entanto, a análise da focalização que se fará aqui terá como base o critério e elegibilidade do Bolsa Família, que substitui os *novos* programas criados anteriormente, sendo mais generoso em termos do corte de renda, além de não exigir a presença de crianças na família.

máximo de RFPC que uma família elegível poderia teoricamente atingir ao receber a transferência[12] — sugere um percentual elevado para o erro de inclusão.

Em contrapartida, havia um amplo espaço para expandir a cobertura e melhorar a focalização, já que, dentre a cliente-alvo do Bolsa Família, existia uma parcela significativa — quase 1,8 milhão de domicílios — que, mesmo com RDPC abaixo de R$50, não recebia nenhuma transferência de renda. Ademais, havia outro subconjunto de domicílios que formava a clientela potencial complementar, pois, embora recebendo transferência no âmbito da LOAS e/ou o Auxílio Gás, ainda assim permanecia com RFPC abaixo dos critérios de corte do programa, eventualmente apresentando características de composição familiar (presença de criança de 0 a 15 anos) que as qualificavam segundo os critérios de elegibilidade do Bolsa Família.

TABELA 5.5:

Distribuição dos domicílios que receberam pelo menos uma transferência, segundo faixas de RDPC após a transferência

Faixa de RDPC (R$)	Número de domicílios	%
0 < RDPC £ 50	1.296.689	16,34
50 < RDPC £ 100	2.545.431	32,07
100 < RDPC £ 130	1.168.922	14,73
130 < RDPC	2.926.284	36,87
Total	7.937.326	100

Nota: Exclusive domicílios sem informação de renda.
Fonte: PNAD 2004

A Tabela 5.6 apresenta a distribuição desses quase cinco milhões de domicílios elegíveis, mas não beneficiários do Bolsa Família em setembro de 2004, distinguindo as quatro situações possíveis. Verifica-se, em particular, que cerca de 4,5 milhões ou 90% dos domicílios identificados declararam não receber benefício de qualquer programa de transferência de renda.

---

12 O valor máximo da RFPC de famílias beneficiárias que poderia ser atingido após o recebimento da transferência seria R$111,25. Referia-se à situação de uma família que estivesse no limite superior de elegibilidade (RFPC igual a R$100) e formada por um adulto e três crianças com idades entre 7 e 14 anos. A transferência que caberia nesse caso seria de R$45,00 (3 × R$15,00, que é o benefício por criança), o que elevaria a RFPC a R$111,25, isto é, (4 × 100 + 3 × 15) / 4.

TABELA 5.6:
Domicílios elegíveis não beneficiários, segundo condição — setembro de 2004

Condição	Até R$50,00	Mais de R$50,00 e até R$100,00*	Total
Não recebe nenhum benefício	1.779.217	2.738.347	4.517.564
Recebe só Auxílio Gás	138.927	246.049	384.976
Recebe só LOAS/BPC	6.926	43.418	50.344
Recebe LOAS e Auxílio Gás	504	7.148	7.652
Total	1.925.574	3.034.962	4.960.536

* Domicílios com pelo menos uma criança entre 0 e 15 anos.
Fonte: PNAD 2004

Do ponto de vista regional, era no Nordeste onde se localizava a maior clientela potencial ainda a descoberto, pouco mais de 2 milhões de domicílios ou 42% dos domicílios elegíveis não beneficiários. Cabe esclarecer que isso ocorria apesar de o Nordeste ter recebido 54% do total de transferências do Bolsa Família realizadas em setembro de 2004. Essa ênfase regional da política de transferências assistenciais, que já ocorria anteriormente e que se manteve com o Bolsa Família,[13] faz sentido em função da situação adversa do Nordeste quando se trata da incidência de pobreza no país.[14]

A simulação do valor das transferências a serem pagas para corrigir o erro de exclusão em 2004 revela também que o valor do benefício médio seria maior no Nordeste. Esse fato está associado às rendas relativamente mais baixas prevalentes na região, inclusive um percentual mais elevado de famílias com renda zero,[15] e ao maior número de crianças nas famílias elegíveis. A Tabela 5.7 apresenta a discriminação do total desses domicílios por faixa de renda domiciliar *per capita* e região, assim como a simulação dos valores envolvidos.

---

13 Considerando todas as transferências assistenciais realizadas, inclusive aquelas no âmbito da LOAS, a participação do Nordeste foi de 47% em 2004. Fica evidente, portanto, que o Bolsa Família veio reforçar a focalização da política de transferências no Nordeste. A participação privilegiada do Nordeste no programa se manteve ao longo do tempo, sendo que, em 2011, 52% das famílias residiam na região.

14 É bem sabido que o Nordeste é a região mais pobre do Brasil, não só do ponto de vista da renda, mas de qualquer aspecto das condições de vida da população. A proporção de pobres era de 48% em 2004, portanto bem acima da média brasileira de 33% naquele ano. Em consequência, a região concentrava 40% dos pobres brasileiros, enquanto sua participação na população brasileira era de 27% da população naquele ano (Estimativas da autora com base nos microdados da PNAD).

15 Do ponto de vista da renda, a pobreza nordestina está em parte associada a atividades de subsistência na área rural. De modo geral, é agravada por deficiências relativas notórias quanto ao acesso a serviços públicos básicos de saneamento, saúde e educação.

TABELA 5.7:
Domicílios elegíveis não beneficiários e valores das transferências imputadas por faixa de RDPC, segundo região de residência — setembro de 2004

Região	Número de domicílio				Valor imputado		Valor médio (R$)
	Até R$50,00 (mil)	Mais de R$50,00 e até R$100,00 (mil)	(mil)	%	R$ (mil)	%	
Norte	184	375	559	11,3	26.650	11,6	47,69
Nordeste	933	1.190	2.123	42,8	101.919	44,2	48,01
Sudeste	552	979	1.531	30,9	68.731	29,8	44,90
Sul	155	274	429	8,6	19.186	8,3	44,69
Centro-Oeste	101	218	319	6,4	13.848	6,0	43,49
Brasil	1.926	3.035	4.961	100	230.333	100	46,43

Fonte: PNAD 2004

Esses números acerca do erro de exclusão significam que, se fossem mantidos no programa os domicílios já atendidos em 2004, seria necessário expandir a cobertura em pouco mais de 60% para garantir o atendimento de todos os domicílios elegíveis tendo por base as suas características de renda e de composição da família como captadas pela PNAD. Ademais, a cobertura total da clientela elegível a descoberto teria implicado um gasto mensal adicional correspondente a 66% daquele de fato realizado com os pagamentos de transferências pelo Bolsa Família em setembro de 2004.[16]

A questão da focalização do Bolsa Família tal como se verificava em 2004 pode ser expressa de forma sintética pelos erros de exclusão e inclusão relativos, estimados a partir da RDPC antes do recebimento da transferência. O erro de inclusão, isto é, a relação entre beneficiários não elegíveis e o total de beneficiários, chegava a 59%. Por sua vez, o erro de exclusão, isto é, a relação entre elegíveis não beneficiários e total de beneficiários, era de 49%.

A respeito dos problemas de focalização do Bolsa Família tal como se apresentavam em 2004, há que ter em mente três fatos.

O primeiro é que o erro de inclusão elevado está associado ao fato de que o rendimento da população-alvo do programa tende a variar muito para mais ou para menos em torno do valor máximo estabelecido como critério de elegibilidade pelo Bolsa Família. Assim, apesar de o erro por inclusão ter se mostrado elevado, era o erro

---

[16] O Bolsa Família pagou R$346 milhões em transferências em setembro de 2004 (Fonte: MDS).

de focalização por exclusão o mais grave: um contingente grande de quase 5 milhões de domicílios, dentre os quais pouco menos de 2 milhões de domicílios muito pobres — isto é, com RFPC abaixo de R$50 por mês permaneciam fora do programa. Nesse sentido, o erro de focalização por exclusão era o calcanhar de aquiles da focalização do Bolsa Família em 2004, e, embora amortecido, permanecia como tal ainda em 2011, por ocasião do início do Governo Roussef, como se verá adiante. Por essa razão, a política social do novo governo empossado neste último ano estabeleceu como prioridade absoluta o atendimento da pobreza extrema em todas as suas dimensões, e, em particular, entendeu a necessidade de os serviços públicos de assistência social realizarem um esforço especial para a localização das famílias reconhecidamente mais vulneráveis ainda não atendidas pelo Bolsa Família.

O segundo fato é que, embora houvesse amplo espaço para melhorar a focalização dos *novos* programas, estes já apresentavam uma focalização significativamente mais adequada que as transferências de renda do BPC. Estimativas realizadas com base nas rendas da PNAD 2004[17] antes do recebimento do benefício mostraram que a focalização do Bolsa Família é melhor tanto porque atende mais intensamente os domicílios na base da distribuição, como atende menos domicílios acima da linha de pobreza. Adotando R$130 como valor de linha de pobreza, menos de 12% das transferências do Bolsa Família eram pagos a famílias com RFPC acima deste valor, enquanto no caso do BPC esse percentual chegava a 20%.

Estimativas dos erros de focalização do Bolsa Família para o Brasil, comparados com os de programas de transferência de renda semelhantes no México e no Chile, mostraram resultados semelhantes (Soares, Ribas e Osório, 2007). Cabe notar que o procedimento brasileiro de cadastramento, feito de forma descentralizada, é mais simples e barato do que os adotados pelo México e pelo Chile. Ademais, a boa focalização do Bolsa Família constatada já em 2004 foi de fato surpreendente, tanto devido à rápida expansão da cobertura, que tenderia a prejudicar os procedimentos de cadastramento e seleção, como em função do processo de migração de beneficiários de programas preexistentes.

Um terceiro fato a considerar diz respeito às características dos domicílios muito pobres que não recebiam qualquer benefício. Especificamente, em que medida as condições de vida dos domicílios elegíveis e não beneficiados pelo Bolsa Família situados na base da distribuição de rendimentos se diferenciavam das condições de vida daqueles na mesma faixa de rendimento, mas que já recebiam o benefício? Foram considerados nessa segunda categoria somente os domicílios que recebiam o Bolsa

---

17 Medeiros, Britto e Soares (2008).

Família, para que a comparação refletisse o resultado do cadastramento e integração dos *novos* programas ao Bolsa Família após outubro de 2003, e não eventuais defeitos operacionais dos programas preexistentes. Como a PNAD investiga uma ampla gama de características do domicílio, o exercício de comparação permite também dar uma ideia concreta das condições de vida da clientela do Bolsa Família, já atendida ou não, no período inicial de implantação do programa. Tendo como ponto de partida o critério de renda e o fato de o domicílio participar ou não do programa, foram consideradas três variáveis relevantes, às quais foi atribuído peso idêntico: água canalizada em pelo menos um cômodo, existência de banheiro e energia elétrica. Com base nas informações binárias em relação ao acesso a esses itens, determinou-se uma pontuação (*score*) relativa às condições de vida dos domicílios. A Tabela 5.8 apresenta os resultados para os dois conjuntos de domicílios, assim como os *scores* obtidos.

TABELA 5.8:
Condições de acesso a banheiro, eletricidade e água pelos domicílios beneficiários e não beneficiários do Bolsa Família com RDPC inferior a R$50/mês — setembro de 2004

			Recebem Bolsa Família		Não recebem Bolsa Família	
Banheiro	Eletricidade	Água	N	%	N	%
Sim	Sim	Sim	190.950	46,90	1.460.474	60,17
Sim	Sim	Não	78.376	19,25	376.664	15,52
Sim	Não	Sim	2.264	0,56	19.637	0,81
Sim	Não	Não	8.540	2,10	56.668	2,33
Não	Sim	Sim	18.324	4,50	85.153	3,51
Não	Sim	Não	81.512	20,02	310.755	12,80
Não	Não	Sim	385	0,09	10.763	0,44
		Total *	407.161	100	2.427.056	100
		Score	0,705	—	0,786	—

*Total exclui os domicílios sem declaração para qualquer um dos três itens utilizados.
Fonte: Tabulações da autora a partir de microdados da PNAD 2004.

Os *scores* relativos aos dois conjuntos de domicílios de muito baixa renda não evidenciam ter havido defeito de focalização devido ao uso do critério de renda para a seleção de beneficiários. Na verdade, o *score* dos que não recebem o Bolsa Família é um pouco mais alto (7,86/10,0) do que os que o recebem (7,05/10,0), refletindo, portanto, como desejável, condições de vida *estruturais* um pouco superiores às daqueles.

AS TRANSFERÊNCIAS DE RENDA CONDICIONADAS AUMENTAM A FREQUÊNCIA À ESCOLA?

Quando o Bolsa Escola foi concebido como programa de transferência de renda no início dos anos 1990 (ver Capítulo 2), havia a preocupação explícita em romper o círculo vicioso da pobreza através da educação das crianças pobres. Desse modo, o público-alvo das transferências se limitava a famílias de baixa renda com crianças em idade escolar[18] e havia, como contrapartida da concessão do benefício monetário, a obrigatoriedade de frequência à escola, sob pena de cancelamento da transferência. No entanto, tanto os programas Bolsa Escola implantados por iniciativa local, como na modalidade federalizada, a condicionalidade de frequência escolar foi reconhecidamente negligenciada, o que, por diversas razões, também ocorreu pelo menos até 2006 com o Bolsa Família.

Como a transferência de renda é divulgada pelo poder público e vista pelo público em geral como um mecanismo para compelir à observância de comportamentos desejados por parte da população-alvo do programa, é interessante verificar qual era a relação de fato observada entre o recebimento da transferência e a frequência à escola.

Com base nas informações PNAD, foi feita a comparação entre três tipos de domicílios de baixa renda no que concerne à frequência escolar de seus membros com idades entre 6 e 20 anos.[19] O total de domicílios brasileiros com renda domiciliar *per capita* igual ou inferior a R$100 foi reunido em três grupos:

1. Receberam Bolsa Família e/ou Bolsa Escola, podendo ou não ter recebido outra transferência assistencial.
2. Receberam Bolsa Família e/ou Bolsa Escola e nenhuma outra transferência.
3. Não receberam nenhuma transferência.

Para esses três grupos de domicílios, examinou-se a frequência/matrícula na escola das crianças/jovens de 6 a 20 anos visando identificar diferenças entre eles. Em princípio, as famílias que recebem benefícios seriam originalmente mais pobres do que as que não receberam. No entanto, considerando tanto o valor da transferência como o nível de renda arbitrado, esta diferença entre os grupos torna-se irrelevante. O Gráfico 5.1 apresenta os percentuais de não frequência por faixa etária para os três tipos de domicílios, suscitando alguns comentários:

Os domicílios que recebem mais benefícios assistenciais apresentam os melhores resultados, sugerindo que a maior frequência à escola está vinculada ao melhor acesso a serviços e benefícios em geral, já que afeta todas as idades. Nesse sentido, os resultados não estão associados à condicionalidade de frequência estabelecida pelos programas de Bolsa Escola e Bolsa Família, que se limita às crianças nas idades de escolaridade obrigatória, isto é, de 6 a 15 anos.

---

18 Inicialmente na faixa de 7 a 14 anos, depois ampliada para 6 a 15.

19 As informações da PNAD 2004 não permitem inferir a questão da frequência entendida como assiduidade de presença diária na escola; a informação diz respeito ao fato de a pessoa estar matriculada na escola e em que nível. A questão da frequência é investigada apenas em alguns anos, como em 2001. A respeito desta e de outras possíveis relações entre programas de transferência e educação, ver Schwartzman (2006).

Nos domicílios que recebem alguma transferência (grupos 1 e 2), o nível mais baixo de não frequência se dá em idade mais elevada (11 anos) do que naqueles que não recebem nenhum benefício (9 anos). Isso poderia sugerir que os programas, então em fase de implantação, proporcionariam algum incentivo para a volta à escola de crianças que já tinham saído do sistema.

As transferências foram incapazes de evitar o processo de abandono da escola dentro da faixa etária de escolaridade obrigatória, observando-se um aumento do percentual de não frequência a partir de 12 anos, mesmo para aqueles que recebem só o Bolsa Escola e/ou o Bolsa Família.

Os domicílios que recebem benefícios apresentam percentuais de não frequência também mais favoráveis para idades acima do limite de escolaridade obrigatória, isto é, 15 anos, o que não pode ser imputado à condicionalidade dos programas, mas a fatores ligados à urbanização e à acessibilidade à escola.

Os domicílios que não recebem nenhum benefício apresentam resultados menos favoráveis em todas as idades. A não vinculação com a idade sugere que esses domicílios são afetados por maior exclusão de maneira geral, isto é, não especificamente vinculada aos programas de transferência.

GRÁFICO 5.1:
Curvas de não frequência à escola

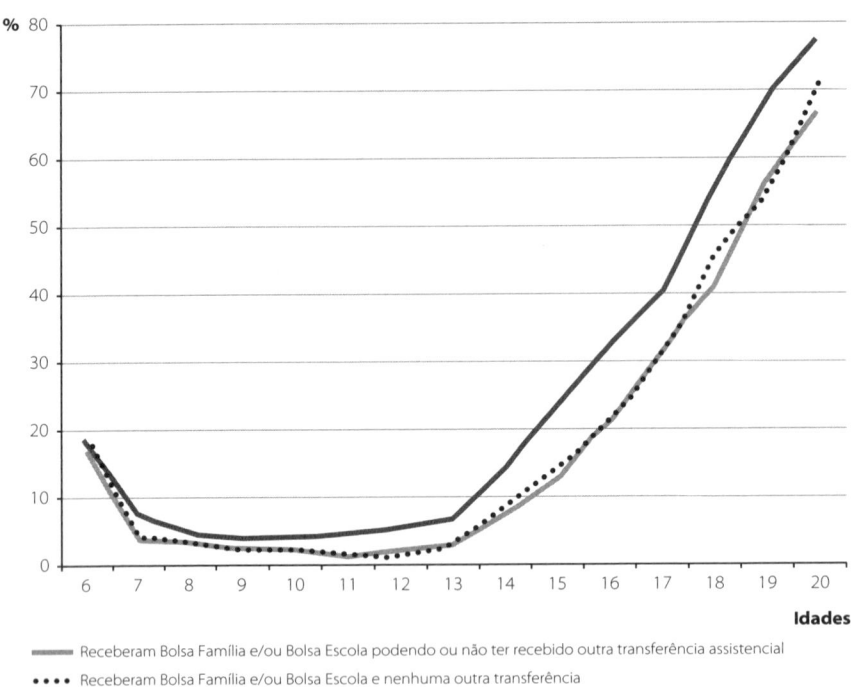

——— Receberam Bolsa Família e/ou Bolsa Escola podendo ou não ter recebido outra transferência assistencial
• • • • Receberam Bolsa Família e/ou Bolsa Escola e nenhuma outra transferência
——— Não receberam nenhuma transferência

Fonte: PNAD 2004 (microdados)

Apesar dos resultados mais favoráveis dentre as crianças nos domicílios beneficiários de transferências, não é razoável assumir que o recebimento do benefício é o fator determinante para a frequência à escola mais elevada. Ademais, em função de como tinha sido feito o cadastramento dos candidatos para o Bolsa Escola, utilizando a rede escolar, foram as crianças de famílias mais pobres em cada escola aquelas prioritariamente cadastradas, em detrimento de crianças do mesmo nível de renda e que não frequentavam a escola. O Bolsa Família "herdou" os cadastros dos programas preexistentes e foi marcado pelo maior número de beneficiários do Bolsa Escola.

Vale destacar ainda que, especialmente nas fases iniciais de implantação dos programas de transferência, o cadastramento dos domicílios era feito rapidamente, sob pressão, e em condições de escassez de recursos. Ademais, o cadastramento ocorria sem que houvesse um arcabouço de assistência social, no qual as famílias vulneráveis já estivessem identificadas e reconhecidas. Nesse sentido, para atingir as quotas de atendimento definidas para cada município pelo governo federal, as prefeituras — que eram as responsáveis pelo cadastramento para os programas federais — tendiam a cadastrar os domicílios pobres institucionalmente mais visíveis: a escola tornava-se assim uma base natural e, dadas as restrições operacionais, adequada para o cadastramento. Como resultado, uma parte significativa de domicílios muito pobres socialmente marginalizados, cujas crianças não estivessem matriculadas na escola, acabava por ficar excluída do programa. Esse fato enviesa necessariamente as inferências que podem ser feitas sobre a relação entre frequência à escola e recebimento da transferência de renda.

Em 2006, o suplemento da PNAD trouxe de novo informações específicas sobre os beneficiários das transferências assistenciais. Isso permitiu comparar o grau de focalização das transferências durante um período em que ocorreu intenso trabalho de recadastramento dos domicílios e unificação dos programas preexistentes sob o Bolsa Família.

Tomando por base a renda declarada pelos domicílios e os critérios de elegibilidade do Bolsa Família,[20] os resultados obtidos por Soares, Ribas e Soares (2009) mostram que aumentou o erro de inclusão a partir de patamares já muito elevados detectados em 2004. Assim, a participação dos beneficiários do Bolsa Família com renda superior aos parâmetros do programa passou de 42,5% em 2004, para 49,2%, ou quase a metade do total dos beneficiários em 2006 (Tabela 5.9). Esses mesmos autores relativizam a importância do erro de inclusão em função do grau de vulnerabilidade à pobreza. A partir de características das famílias estimam a renda permanente dos não elegíveis beneficiários do Bolsa Família e constatam que 27% deles são vulneráveis à pobreza, isto é, estariam numa faixa de renda de transição, entrando e saindo

---

20 Os domicílios elegíveis em 2004 deveriam ter renda abaixo de R$50, ou abaixo de R$100 se houvesse crianças na família. Em 2006 esses valores passaram a, respectivamente, R$60 e R$120.

da pobreza ao longo do tempo. Nesse sentido, o *verdadeiro* erro de inclusão seria da ordem de 23% em 2006.[21]

TABELA 5.9:
Análise comparada da focalização do Bolsa Família 2004-2006

	Não elegíveis	Elegíveis	Total
2004			
Todos os domicílios	83,2	16,8	100,0
Não recebe BF	77,9	9,6	87,5
Recebe BF	5,3	7,2	12,5
Domicílios que recebem o BF	42,5	57,5	100,0
2006			
Todos os domicílios	84,9	15,1	100,0
Não recebe BF	76,6	6,6	83,2
Recebe BF	8,3	8,5	16,8
Domicílios que recebem o BF	49,2	50,8	100,0

Fonte: Soares, Veras e Soares (2009)

Em contrapartida, reduziu-se o erro de exclusão, que declina de 9,6% em 2004 para 6,6% em 2006. Na verdade, não se reduziu apenas o erro de exclusão; o número absoluto de famílias elegíveis a descoberto declinou em um terço entre 2004 e 2006. Certamente isso é resultado do recadastramento e da busca pelos domicílios elegíveis, particularmente dentre os de mais baixa renda: observe-se a esse respeito que o número de domicílios elegíveis não beneficiários com renda familiar *per capita* inferior a de R$50 a R$60 por mês cai à metade no período em questão (Tabela 5.10).

Essas evidências sobre a evolução do Bolsa Família em termos de focalização suscitam algumas observações. A primeira é que a redução do número de domicílios elegíveis, mas não beneficiários do programa em cerca de 1,6 milhão de domicílios entre 2004 e 2006, não se deveu preponderantemente à expansão do programa, que de fato incorporou no período pouco mais de 337 mil domicílios, como se verá na próxi-

---

21 A renda das famílias captada pela PNAD é aquela do mês de setembro do ano em questão. Ao utilizar um procedimento para estimar a renda permanente a partir de atributos das famílias, os autores obtêm uma variável passível de melhor refletir a situação de vulnerabilidade à pobreza, que está associada à variabilidade da renda ao longo do tempo.

ma seção.[22] Não se deveu tampouco a uma melhoria da focalização, já que o aumento dos domicílios atendidos com renda superior a R$130 correspondeu a mais de 3,5 vezes os 337 mil domicílios incorporados ao programa entre 2004 e 2006. A redução dos domicílios elegíveis a descoberto se deveu principalmente a um fator exógeno à política de transferências de renda assistenciais: o aumento forte da renda na base da distribuição de rendimentos.

TABELA 5.10:
Evolução do número de domicílios elegíveis não beneficiários do Bolsa Família

	Número de domicílios (mil)		
	Renda até R$50/R$60	Mais de R$50/R$60 até R$100/R$120	Total
2004	1.925	3.034	4.959
2006	1.000	2.371	3.371
Δ % 2004-06	-48,1	-21,8	-32,0

Fonte: Rocha (2008) com base nas PNADs 2004 e 2006.

5.3 A META DE 11 MILHÕES DE FAMÍLIAS

Ao final de 2006, o programa Bolsa Família (BF) atingiu a meta de cobertura da sua população-alvo de 11 milhões de domicílios estabelecida pelo governo, consolidando-se como o carro-chefe da política social do Governo Lula. Nos três anos desde a sua criação, em outubro de 2003, tinha sido realizado um esforço importante no sentido de unificar o conjunto de programas de transferências de renda focalizados nos pobres criados na década de 1990, empreendendo a revisão cadastral das famílias e eliminando as fortes superposições entre programas.

De fato, os registros administrativos do MDS dão conta de uma forte expansão do Bolsa Família, cujo número de transferências já teria mais do que dobrado, passando de 5 milhões em 2004, para 11 milhões em 2006. No entanto, as informações detalhadas relativas à operação do conjunto dos *novos* programas permitem melhor compreender a evolução ocorrida (Tabela 5.11). É possível constatar que a expansão do Bolsa Família se deu em substituição aos diversos programas que o precederam, de modo que o número total de transferências realizadas pouco aumentou, de 11,2 milhões em 2004, para 11,8 em 2006. Ocorreu, no entanto, um progresso importantíssimo: a unificação

---

22 Ocorreu intenso processo de inclusão e exclusão de domicílios ao BF, de modo que este número corresponde ao aumento líquido de domicílios atendidos entre 2004 e 2006.

dos programas sob o Bolsa Família, eliminando a notória e nefasta superposição de transferências concedidas aos mesmos domicílios por diferentes programas, tal como ocorria em 2004, como foi visto na Seção 5.1.

TABELA 5.11:
Número de transferências empenhadas e recebidas Novos Programas — 2006

Programa	Número de transferências (mil)		
	Empenhadas (MDS)		Recebidas (PNAD)
	2004	2006	2006
Bolsa Família	5.036	10.961	8.126
PETI	929	682	267
Total parcial	5.965	11.643	8.393
Bolsa Escola	3.381	8	...
Cartão Alimentação	322	24	...
Auxílio Gás	1.305	107	...
Bolsa Alimentação	251	2	...
Total geral	11.224	11.784	8.393

Nota: (...) indica os programas que não foram objeto de investigação pela PNAD.
Fonte: MDS; PNAD 2006.

Para fins de comparação com as informações dos registros oficiais, a Tabela 5.11 apresenta também os números de transferências recebidas pelos domicílios, captados pela PNAD-2006. No caso das informações da PNAD, os *novos* programas englobam apenas o BF e o PETI,[23] já que os demais programas, então quase totalmente absorvidos pelo BF, não foram objeto de quesito específico na investigação. Aliás, as informações do MDS evidenciam de forma inequívoca a participação marginal desses programas no número de transferências realizadas naquele mês — 139 mil ou 1,2% do total.

A comparação das informações do MDS e da PNAD relativas a 2006 possibilita duas constatações básicas. A primeira é o descompasso das duas fontes no que concerne ao número de transferências feitas pelo Bolsa Família, da ordem de 2,7 milhões de domicílios em setembro de 2006. A maior parte desse descompasso se explica, por

---

23 O PETI, que responde a uma lógica própria, continuava ainda em 2006 como um programa de transferência de renda administrado em separado.

um lado, pela defasagem temporal entre empenho e pagamento pelo MDS e, por outro lado, pelo fato de a PNAD ser uma pesquisa por amostra.[24]

TABELA 5.12:
Superposição do Bolsa Família com outros programas
Brasil, Regiões Norte e Nordeste — 2006 (mil domicílios)

Situações	Brasil		Norte		Nordeste	
	Nº	%	Nº	%	Nº	%
Só Bolsa Família	7.415	91,3	650,7	88,7	3.958	91,7
Bolsa Família e PETI	100	1,2	6,7	0,9	76	1,8
Bolsa Família e LOAS	237	2,9	28,9	3,9	141	3,3
Bolsa Família e outros	341	4,2	41,8	5,7	131	3,0
Outras combinações	24	0,3	5,2	0,7	8	0,2
Total	8.126	100	733	100	4.314	100

Fonte: PNAD 2006 (Tabulações especiais da autora).

A segunda constatação que deriva da Tabela 5.12 diz respeito ao fato que tanto os números da PNAD como os do MDS mostram que a cobertura do programa praticamente não se ampliou entre 2004 e 2006. Segundo a PNAD, houve um aumento de 337 mil domicílios atendidos. A expansão de cobertura é um pouco mais elevada com base nas informações do MDS — 560 mil domicílios no período de dois anos, mas se aproxima do número da PNAD quando se deduzem os domicílios que recebem transferências dos programas Bolsa Escola, Bolsa Alimentação, Auxílio Gás e Cartão Alimentação, que não foram investigados pela PNAD.

Assim, apesar da grande ênfase de marketing dada à meta de 11 milhões de famílias beneficiárias do Bolsa Família ter sido atingida, não houve entre 2004 e 2006 uma ampliação significativa da cobertura se considerarmos os *novos* programas em

---

24 Parte desta diferença deve-se ao fato de que o número normalmente divulgado pelo MDS se refere às transferências sob o enfoque financeiro do regime de competência. Isto é, transferências que tiveram a despesa correspondente ao mês de setembro liberadas, com o respectivo pagamento disponível para saque junto à Caixa Econômica nos cinco últimos dias de setembro e nos cinco primeiros dias de outubro. Como as famílias beneficiárias têm o prazo de três meses para sacar o benefício, apenas 9.450.900 domicílios fizeram o saque efetivamente no mês de setembro. Esse fato reduz a mais da metade a diferença entre o número de famílias beneficiárias em setembro 2006, segundo o MDS, e a informação coletada pela PNAD relativa aos beneficiários naquele mês, como apresentado na Tabela 5.11. Uma parcela da diferença remanescente se deve em parte ao fato de a PNAD ser uma pesquisa por amostra, passível, portanto, de cobrir de forma imperfeita alguns grupos da população, em particular aqueles em localização temporária, como os semterra acampados. No entanto, a diferença remanescente se mostrava ainda muito elevada para ser imputada apenas a razões amostrais. Uma metodologia engenhosa para compatibilizar o número de beneficiários da PNAD com os do MDS foi proposta por Souza, Osório e Soares (2011). A esse respeito, ver o Anexo Metodológico.

conjunto. Houve, sim, uma importante racionalização do sistema, já que a consolidação do Bolsa Família eliminou a forte superposição dos programas que, graças à PNAD, tinha sido identificada e medida em 2004.[25]

Como se pode constatar pelos dados da Tabela 5.12, a superposição do benefício do BF com o de outros programas que subsistiam em 2006 não chegava a 10%, embora sua configuração variasse muito entre regiões. Dos domicílios que declararam receber a transferência do BF, apenas 1,2% recebiam também transferência do PETI, sendo que essa superposição era mais elevada no Nordeste (1,8%), onde as condições de pobreza e a importância relativa da agricultura de subsistência levavam a uma maior incidência do trabalho infantil penoso. As superposições mais elevadas se davam com os BPCs e com outros benefícios, que, na Região Norte, onde ocorriam as maiores superposições, chegavam a respectivamente 3,9% e 5,7%. No entanto, a grande maioria dos beneficiários do BF, isto é, 91,3%, recebiam apenas essa transferência, o que representa uma mudança radical em relação à situação observada em 2004, quando apenas metade dos beneficiários do BF recebia somente transferência desse programa. Nesse sentido, a unificação dos programas, utilizando o Cadastro Único para controle e acompanhamento, foi provavelmente o avanço mais relevante realizado entre 2004 e 2006.

5.4 OS IMPACTOS SOBRE A POBREZA

Tendo em vista os progressos realizados na implantação e na operacionalização do BF até 2006, é interessante examinar qual era, naquele ano, o impacto do programa sobre a redução da pobreza. Como se viu, a meta de atendimento de 11 milhões de famílias tinha sido atingida. Paralelamente, depois de um longo período de estagnação, os indicadores de pobreza tinham começado a declinar: a proporção de pobres passou de 33,1% em 2004, para 26,8% em 2006.[26] Essa queda se revelou posteriormente um processo sustentado que ainda se mantinha em 2011. Assim, o início do declínio da pobreza ocorreria paralelamente à implantação do Bolsa Família, mas certamente não pode ser imputado ao programa. Como se verá no Capítulo 7, foram a retomada do crescimento econômico e o comportamento do mercado de trabalho os principais responsáveis pela queda da pobreza que então ocorria. Cabe notar, no entanto, que embora declinantes, os indicadores de pobreza ainda eram muito elevados.

---

25 Cabe lembrar que uma parte das superposições que ocorriam em 2004 era legítima: quando, após o recebimento do primeiro benefício, a renda domiciliar *per capita* (RDPC) permanecia abaixo do limite de renda estabelecido como limite pelo programa, o domicílio se qualificava a receber uma segunda transferência (Rocha, 2008).

26 No caso da indigência, a proporção declinou de 7,9% em 2004 para 5,0% nos mesmos anos (Estimativas da autora com base na PNAD).

Foram feitas estimativas do impacto das transferências do Bolsa Família sobre a pobreza, tendo por base a linha de pobreza de R$120 adotada pelo programa em 2006 e as informações da PNAD para aquele ano. Soares e Sátyro (2009) derivaram os indicadores de pobreza habituais, com e sem o impacto da transferência sobre a renda das famílias beneficiárias. Os resultados apresentados na Tabela 5.13 mostram reduções pequenas na proporção de pobres, o que ocorre em função do baixo valor do benefício em relação à linha de pobreza. A queda mais acentuada dos indicadores de hiato confirma as evidências de boa focalização do programa. Fica claro, portanto, que a queda dos índices de pobreza que vinham ocorrendo não podia ser imputada marginalmente ao BF.

TABELA 5.13:
Impactos sobre a pobreza do Bolsa Família

Indicadores de pobreza	Com Bolsa Família	Sem Bolsa Família
Proporção de pobres	20,0	21,7
Hiato da renda	39,9	43,3
Hiato quadrático	4,6	5,9

Fonte: Soares e Sátyro (2009), com base na PNAD 2006.

Havia, no entanto, a questão dos domicílios elegíveis, mas não beneficiários. Em que medida a sua cobertura pelo programa permitiria afetar de forma significativa os indicadores de pobreza? E, paralelamente, qual seria o impacto possível sobre os indicadores de desigualdade de renda?

Foi visto na Seção 5.2 que, em setembro de 2006, havia no país cerca de 3,4 milhões de domicílios que atendiam às condições do programa quanto à RDPC e à presença de crianças, mas que não recebiam o BF. Os resultados a seguir se referem a um exercício de simulação que consiste em verificar o efeito sobre os indicadores habituais de pobreza quando é feita a imputação dos valores cabíveis isto é, atribuídos os valores da transferência segundo as regras do BF em vigor em setembro de 2006 — a cada um desses domicílios elegíveis não beneficiários.[27] Dadas as características conceituais dos

---

27 Os impactos sobre os indicadores de pobreza foram medidos tendo como referência a subpopulação pobre delimitada a partir de linhas de pobreza. As linhas de pobreza são baseadas nos valores mínimos do consumo observado dentre populações de baixa renda e diferenciadas de modo a levar em conta a diversidade de estruturas de consumo e de preços ao consumidor entre regiões e áreas de residência do país. Para fins de análise de impacto do programa, foram utilizadas 24 linhas de pobreza diferenciadas, enquanto o BF e outros programas de transferência usam — aliás, como é adequado para a operacionalização — parâmetros de renda idênticos para a seleção de beneficiários, qualquer que seja o seu local de residência. Para maiores detalhes sobre as linhas de pobreza e os indicadores de pobreza sob a ótica da renda, ver o Anexo Metodológico.

indicadores considerados — número de pobres, intensidade da pobreza e desigualdade entre os pobres — esses efeitos são, naturalmente, tanto menores quanto mais restrita for a população que permanece indevidamente a descoberto, assim como quanto mais elevada e bem distribuída for a sua renda. A respeito dos resultados por região e por estrato apresentados na tabela do Anexo 5 cabem algumas observações básicas.

A cobertura total dos 3,4 milhões de domicílios elegíveis não beneficiários afetaria muito pouco o número de pobres no Brasil, 1% ou 454 mil indivíduos pobres a menos. Isso se deve, em parte, ao fato de que, qualquer que fosse a situação de renda e composição dos domicílios elegíveis ainda não cobertos, a imputação do benefício do BF, em função do seu baixo valor, só era passível de tirá-los da pobreza em casos limites nas áreas rurais e nas áreas urbanas da Região Sul. Nas demais áreas urbanas e metropolitanas de todas as regiões, as regras do BF, em conjunção com os valores das linhas de pobreza, não permitiam que, após receber o benefício, a renda domiciliar *per capita* passasse a ser superior ao valor da linha de pobreza.

O MECANISMO DE IMPACTO DA TRANSFERÊNCIA DE RENDA SOBRE A INCIDÊNCIA DE POBREZA

O efeito das transferências sobre a proporção de pobres depende dos valores de renda adotados para fins de elegibilidade ao programa em conjunção com os valores da linha de pobreza. A explicação a seguir leva em conta o uso de linhas de pobreza diferenciadas por áreas, de modo a considerar as especificidades locais de custo de vida dos pobres. Tem como objetivo mostrar por que o Bolsa Família, fazendo transferências monetárias de pequeno valor, tem impacto tão reduzido sobre a pobreza medida pela proporção de pobres na população total.

Examinemos alguns exemplos do mecanismo de impacto do benefício do BF sobre o número de pobres numa determinada área. Dentre as 17 áreas não rurais brasileiras, apenas na área urbana da Região Sul o valor da linha de pobreza era baixa o suficiente — R$ 119,14/pessoa/mês em setembro de 2006 — para que o BF tivesse algum impacto sobre o número de pobres. Assim, com limite de renda de R$120 em vigor desde 2006, todos os domicílios pobres com crianças na área urbana da Região Sul se qualificavam para receber o benefício. Nesse caso, qualquer benefício, mesmo o mais baixo de R$15 para famílias com uma criança na faixa etária até 15 anos, permitia que os domicílios ao nível de renda próximo do limite de R$120 ultrapassassem a linha de pobreza. Já para as demais áreas urbanas e metropolitanas, o recebimento do benefício do BF não permitia em nenhuma hipótese que fosse ultrapassada a linha de pobreza. Vejamos o caso de Minas Gerais e Espírito Santo, onde a linha de pobreza para as áreas urbanas era R$131,65, a segunda mais baixa do país. Se o domicilio tivesse a RDPC mais alta possível para ser atendido pelo programa (R$120,00) e fosse formado por um adulto e três crianças, de modo a receber o benefício máximo para essa faixa de renda (3 × R$15=R$45), o benefício elevaria a RDPC para R$131,25, portanto ainda abaixo da linha de pobreza da região. No caso de domicilio com a mesma composição, mas na faixa de renda abaixo de R$60, o resultado final seria ainda mais adverso: na melhor das hipóteses, RDPC de R$60, antes da imputação do benefício, e R$83,7 depois. Assim, em ambos os casos, o recebimento da transferência do BF não permitiria aumentar a renda do domicílio a ponto de ultrapassar a linha de pobreza.

Os efeitos da imputação dos valores da transferência de renda sobre os indicadores de hiato são mais fortes do que sobre o número e a proporção de pobres, já que a renda dos que permanecem pobres sempre aumenta com a transferência. No caso do hiato de renda, embora o declínio do indicador (-5,6%) tivesse sido bem mais acentuado que o da proporção (-0,97%), estava longe de reduzir significativamente a desvantagem dos pobres. E isso apesar de o valor imputado aos domicílios elegíveis — R$ 171,4 milhões — corresponder a cerca de 29% do valor consolidado efetivamente transferido pelo BF em setembro de 2006.[28]

O hiato quadrático mostrou declínio mais acentuado (-12,38%), pois, além de incorporar as reduções da proporção e do hiato de renda, era afetado pela queda da desigualdade entre os pobres: a imputação do benefício do BF a um número relativamente elevado de domicílios muito pobres, isto é, com RDPC abaixo de R$100, ao mesmo tempo em que as linhas de pobreza chegavam ao nível de R$266 na região metropolitana de São Paulo, contribuía para que a imputação reduzisse fortemente a desigualdade de renda entre os pobres. Esse é o indicador preferencial para examinar mudanças da pobreza quando medida do ponto de vista da renda, mas que, por ser de entendimento menos intuitivo, é geralmente relegado em prol do número e da proporção de pobres.

Finalmente, cabe observar que, em comparação com o mesmo tipo de simulação realizada em 2004, todos os indicadores de pobreza melhoraram muito. No entanto, os impactos potenciais das imputações das transferências aos domicílios elegíveis, mas não beneficiários, se mostraram semelhantes em 2004 e 2006, e isto por duas razões. Primeira, porque, como se viu, o BF não tinha avançado prioritariamente dentre os mais pobres, como teria sido desejável. Segunda, porque permaneceram baixos os valores das transferências. No próximo capítulo será examinada como, uma vez atingida a meta de atendimento de 11 milhões de domicílios, o Bolsa Família começa a ser alterado para aumentar os seus impactos sobre pobreza e desigualdade.

---

28 Segundo informações do MDS, o valor transferido efetivamente em setembro de 2006 (regime de caixa) foi de R$587,5 milhões.

ANEXO 5

Simulação da Cobertura Integral da Clientela do Bolsa Família

Efeito potencial de redução dos indicadores de pobreza como resultado da imputação de transferências do BF aos domicílios elegíveis não beneficiários, na data de referência Brasil, Regiões e Estratos de Residência

Ano e área	Número de pobres			Proporção de pobres		
	Original	Simulado	Diferença	Original	Simulado	Δ%
2006						
Norte	4.012.650	3.876.769	135.881	0,2697	0,2606	-3,39
Nordeste	20.202.521	20.071.745	130.776	0,3972	0,3946	-0,65
Sudeste	16.291.658	16.256.053	35.605	0,2120	0,2115	-0,22
Sul	2.788.407	2.661.416	126.991	0,1034	0,0987	-4,55
Centro–Oeste	3.636.774	3.611.075	25.699	0,2778	0,2758	-0,71
Rural	7.814.950	7.467.795	347.155	0,2708	0,2588	-4,44
Urbano	22.023.641	21.915.844	107.797	0,2253	0,2242	-0,49
Metropolitano	17.093.419	17.093.419	0	0,3051	0,3051	0,00
Brasil	**46.932.010**	**46.477.058**	**454.952**	**0,2569**	**0,2544**	**-0,97**
2004						
Brasil	**57.424.596**	**56.929.320**	**495.276**	**0,3242**	**0,3214**	**-0,86**

Fonte: PNAD 2004 e PNAD 2006 (tabulações especiais).

	Razão do hiato			Hiato quadrático		
	Original	Simulado	Δ%	Original	Simulado	Δ%
	0,3597	0,3300	-8,25	0,0510	0,0414	-18,80
	0,4156	0,3902	-6,10	0,0938	0,0826	-11,98
	0,3742	0,3580	-4,33	0,0436	0,0392	-10,19
	0,3470	0,3200	-7,78	0,0200	0,0158	-20,75
	0,3673	0,3496	-4,82	0,0550	0,0482	-12,27
	0,4135	0,3793	-8,28	0,0641	0,0524	-18,35
	0,3719	0,3480	-6,44	0,0457	0,0396	-13,43
	0,3989	0,3854	-3,37	0,0683	0,0626	-8,28
	0,3886	**0,3668**	**-5,63**	**0,0555**	**0,0486**	**-12,38**
	0,4119	**0,3833**	**-6,94**	**0,0764**	**0,0653**	**-14,49**

CAPÍTULO 6

O Bolsa Família: A Maturidade Atingida (2006-2011)

6.1 MUDANÇAS NO DESENHO DO PROGRAMA

Em 2006 já era irrefutável que a pobreza e a desigualdade vinham diminuindo no Brasil desde 2004, e que as transferências de renda assistenciais, em geral, e as do Bolsa Família (BF), em particular, haviam contribuído para essa evolução favorável, como mostrava a PNAD.[1] No entanto, à medida que o BF tinha atingido sua meta de cobertura de 11 milhões de famílias pobres e que o número de domicílios elegíveis a descoberto diminuía, reduzia-se concomitantemente o potencial do programa de, mantendo as regras em vigor em 2006, levar a reduções adicionais da pobreza e da desigualdade.

Por essa razão, o Ministério do Desenvolvimento Social (MDS) começou a considerar medidas que pudessem expandir o impacto do programa sobre a renda dos mais pobres. Tratava-se, por um lado, de reajustes dos parâmetros de renda utilizados como critério de elegibilidade, assim como do valor dos benefícios. Por outro lado, de mudanças no desenho do BF, abrindo as portas do programa a novas categorias de beneficiários.

Vale destacar que até então o MDS tinha se resguardado de alterar qualquer regra do programa ou de realizar qualquer mudança dos parâmetros, nem mesmo estabelecendo forma ou periodicidade de reajustes dos valores das transferências de renda. Era como se todo o esforço de administração e financiamento do BF estivesse concentrado na integração dos programas preexistentes, na expansão da cobertura e na focalização dos benefícios. A bem da verdade, não havia pressões para que fossem

---

1 Não é demais destacar que os programas de transferência contribuíram para a queda da pobreza e da desigualdade, mas que foi o comportamento favorável do mercado de trabalho, como será visto no Capítulo 7, o determinante principal desse processo.

feitas mudanças ou ajustes. Em particular, apesar de ter ocorrido alguma inflação no período, não existiam demandas no sentido de reajustes dos parâmetros de valor do programa. Nem mesmo por parte dos beneficiários diretos havia pleitos para o aumento do valor das transferências. É verdade que dentre os especialistas houve sempre um pequeno grupo que julgava o valor da transferência irrisório, mas esta é outra questão, pode-se dizer, de caráter *filosófico-estrutural*, não ligada, portanto, ao estabelecimento de uma regra de reajuste ou correção monetária do valor da transferência de renda.

TABELA 6.1:
Evolução dos parâmetros de valor do Bolsa Família — 2003-2011

Valores nominais e reais em meses de mudanças (R$)									
	2003 Out.	2006 Abr.	2007 Ago.	2008 Mar.	2008 Jul.	2009 Jul.	2009 Set.	2011 Mar.	2011 Set.
Critérios de renda									
Básico	**50**	**60**	60	60	60	60	**70***	70	70
	50	*56,82*	*59,65*	*61,84*	*63,78*	*66,69*	*66,85*	*73,33*	*75,09*
Superior	**100**	**120**	120	120	120	120	**140***	140	140
	100	*113,64*	*119,29*	*123,69*	*127,55*	*133,38*	*133,71*	*146,66*	*150,18*
Benefícios									
Básico	**50**	50	**58**	58	**62**	**68**	68	**70**	70
	50	*56,82*	*59,65*	*61,84*	*63,78*	*66,69*	*66,85*	*73,33*	*75,09*
Variável	**15**	15	**18**	18	**20**	**22**	22	**32**	32
	15	*17,05*	*17,89*	*18,55*	*19,13*	*20,01*	*20,06*	*22,00*	*22,53*
Jovens	...	...	...	30	30	33	33	38	38
				30	*30,94*	*32,35*	*32,43*	*35,57*	*36,43*
Máximo	**95**	95	**112**	**172**	**182**	**200**	200	**242**	**306**
	95	*107,95*	*113,33*	*117,50*	*121,18*	*126,72*	*127,02*	*139,32*	*142,67*

* O Decreto 6.824, de 16 de abril de 2009, tinha elevado os valores para R$69 e R$137, mas o Decreto 6.917 de 30/7/2009 arredondou-os para aplicação a partir do mês de setembro daquele ano.

Obs.: Os valores em **negrito** no interior da tabela indicam valor inicial e aumento nominal dos parâmetros. Os valores em *itálico* indicam qual deveria ser o valor do benefício sem perda do valor real inicial no momento de sua criação (INPC/IBGE). O valor mínimo do benefício corresponde ao benefício variável associado a famílias com apenas uma criança de 6 a 15 anos.

No entanto, em abril de 2006, ocorreram as primeiras mudanças no BF. Os parâmetros de elegibilidade passaram de R$50 e R$100 para, respectivamente, R$60 e

R$120 (ver Tabela 6.1). A opção por um número *redondo* significou a correção desses parâmetros para valores um pouco acima da inflação do período. Essa correção certamente contribuiu para melhorar os resultados quanto à focalização obtidos a partir da PNAD 2006, que foram analisados no Capítulo 5. Como se viu, mesmo depois de os parâmetros de elegibilidade terem sido ajustados, a pesquisa domiciliar nacional mostrou, em relação a 2004, um aumento da proporção de famílias atendidas com renda acima dos parâmetros oficiais do programa. Após 2006, os parâmetros de renda para fins de elegibilidade ao programa só foram alterados em setembro de 2009, de modo que em setembro de 2011 se situavam abaixo do valor inicial corrigido pela inflação.

Quanto ao valor dos benefícios, o primeiro reajuste só se deu em agosto de 2007, quase quatro anos após a criação do programa. Enquanto o benefício variável recuperou o seu valor real de outubro de 2003, o benefício básico ficou aquém do valor atualizado pela inflação do período. Esse padrão de reajuste, mantendo acima da inflação o valor dos benefícios variáveis — isto é, aqueles associados à presença de crianças — se repete nos ajustes seguintes de julho de 2008, julho de 2009 e março de 2011. Cabe destacar que nesse último ano, não se trata mais de uma correção pela inflação passada: é evidente que o ganho real significativo do benefício variável teve como objetivo garantir proteção maior do programa às famílias com crianças. Em comparação com o valor de outubro de 2003, o benefício variável — ainda limitado ao máximo de três por domicílio — apresentava um ganho real acumulado de 45% em março de 2011 (Tabela 6.1).

TRANSPARÊNCIA E CONTROLE SOCIAL

O ano de 2006 marca a maturidade do BF também do ponto de vista institucional. A fase mais crítica de implantação e de defesa do programa frente à opinião pública tinha sido ultrapassada e o programa atingia "ritmo de cruzeiro". Nesse contexto foi tomada uma iniciativa que afetou a transparência e reforçou a legitimidade do programa. Tornou-se disponível na internet a lista completa dos beneficiários mês a mês. Desde então, a consulta à listagem pode ser feita por nome da pessoa de referência da família, por Unidade da Federação ou por município. Para cada família beneficiária são fornecidos os nomes e as datas de nascimento do responsável e dos dependentes, além da situação da família em relação ao pagamento do benefício no mês em questão. Em 2012, a informação podia ser acessada no site da Caixa Econômica Federal, agente pagador do BF, em https://www. beneficiossociais.caixa.gov.br/consulta/beneficio/04.01.00-00_00. asphttps://www.beneficiossociais.caixa.gov.br/consulta/beneficio/04.01.00-00_00.asp.

Trata-se de uma medida que foi cercada por alguma controvérsia entre os especialistas. Alguns achavam que disponibilizar essa informação estigmatizaria os beneficiários como pobres. Prevaleceu a posição a favor da divulgação da informação, que se revelou uma ferramenta importante de transparência, na medida em que a participação no programa pode ser conhecida e questionada, especialmente por aqueles que conhecem a situação socioeconômica das famílias no nível local. A autora não conhece nenhum caso de beneficiário que tenha considerado constrangedora a divulgação dessas informações a seu respeito.

Enquanto as mudanças nos parâmetros de valor ocorreram de forma paulatina desde 2006, o ano de 2008 marcou claramente um ponto de inflexão do Bolsa Família: pela primeira vez depois de cinco anos foi introduzida uma alteração no desenho do programa, que se relacionava de certa forma à ampliação da sua clientela.

É importante lembrar que, em termos de cobertura — os 11 milhões de famílias atendidas — o Bolsa Família se encontrava *engessado* depois de ter atingido a sua meta em 2006. O governo não ousava aumentar a quantidade de domicílios beneficiários para além desse número com receio de repercussões políticas adversas. Afinal, se a pobreza estava declinando como verificado empiricamente e alardeado aos quatro ventos, como se justificaria um aumento do número de famílias pobres atendidas pelo programa?

Foi concebido então um mecanismo que permitia aumentar o impacto do Bolsa Família via expansão das transferências, com a vantagem de ser praticamente inatacável do ponto de vista político: o pagamento de um benefício aos jovens, incorporado ao Bolsa Família a partir de março de 2008.

Tratava-se de um benefício de R$30 que veio a ser concedido aos domicílios que, atendendo aos critérios de renda do BF, tivessem a presença de jovens de 16 e 17 anos frequentando a escola. A concessão do benefício, limitado a dois por domicílio, além de aumentar o dispêndio de programa, reforçando seus impactos sobre pobreza e desigualdade, se justificava como um incentivo à continuidade do processo de escolarização na faixa etária em que o problema de abandono da escola era mais crítico.[2] A mudança beneficiava famílias já assistidas pelo BF que tivessem jovens nessa faixa etária, assim como tornava também elegíveis para o recebimento da transferência famílias com renda familiar *per capita* (RFPC) entre R$60 e R$120 que não tivessem crianças de 6 a 15 anos, mas apenas jovens de 16 e/ou 17 anos.

---

2 Em 2009, 15% dos jovens brasileiros na faixa de 15 a 17 anos não frequentavam mais a escola (Fonte: PNAD). Sobre o abandono progressivo da escola a partir dos 12 anos e o baixo nível de escolaridade dos jovens brasileiros em geral, ver Rocha, 2007.

Cabe ressaltar que o novo benefício alterava o desenho do programa, uma vez que criava uma transferência de valor diferenciado, no caso de valor mais alto, para uma clientela anteriormente não diretamente assistida. Nesse sentido, essa mudança introduzida no BF foi conceitualmente diversa do ajuste dos parâmetros de renda, realizado em 2006, ou da atualização dos valores dos benefícios, realizada em 2007, que tinham como objetivo recompor o poder de compra da transferência frente à inflação.

Apesar da alteração de desenho do programa para beneficiar os jovens, o MDS optou por manter a mãe como recipiente do valor da transferência, em vez de adotar a alternativa de pagar o novo benefício diretamente aos jovens beneficiários. Embora essa alternativa permitisse, sem dúvida, personalizar o incentivo escolar de forma mais direta, implicaria complicações de ordem logística, com impactos adversos também sobre o custo de operação do programa.

Para avaliar o impacto sobre a pobreza da nova transferência criada no âmbito do Bolsa Família, foi realizada uma simulação tendo por base os dados da PNAD então disponíveis. Comparou-se o impacto do benefício aos jovens ao impacto da cobertura total do Bolsa Família, isto é, o atendimento aos elegíveis não beneficiários, como se viu no Capítulo 5, Seção 5.3. Os resultados das simulações mostram de forma inequívoca que garantir a cobertura total da população-alvo do Bolsa Família na sua modalidade original teria impactos bem mais fortes em termos de redução da pobreza do que os impactos da nova transferência aos jovens de 16 e 17 anos. Esse resultado era esperado, na medida em que o novo benefício aos jovens implicava um dispêndio total bem menor do que o da cobertura dos domicílios elegíveis e ainda não beneficiários. No entanto, a nova transferência aos jovens era também menos eficiente do que o benefício tradicional do BF, quando se adotava um enfoque custo/benefício, entendendo-se como benefício o impacto da transferência sobre a pobreza. Assim, em comparação com a cobertura total das famílias elegíveis, mas não atendidas, a transferência aos jovens demandava um valor mais alto em reais para cada ponto percentual de redução de qualquer dos três indicadores de pobreza analisados na tabela do Anexo 7.

TAMANHO DA POPULAÇÃO-ALVO DO BOLSA FAMÍLIA E AS "COTAS" MUNICIPAIS

Quando foi lançado em outubro de 2003, o BF tinha como meta atender a 11 milhões de famílias, número estimado de famílias que se enquadravam nos critérios do programa. Repartir esse número dentre os 5,5 mil municípios brasileiros dependia necessariamente das informações do Censo Demográfico 2000, já que as pesquisas domiciliares anuais feitas por amostragem não possibilitam estimativas em nível municipal.[3] Assim, com base no Censo, foram estabelecidas "cotas", ou número máximo de famílias que poderiam ser atendidas em cada município. Como muitos municípios não cadastravam o número de famílias suficiente para preencher a sua cota, o MDS alocava essas "sobras" a municípios que haviam cadastrado um número de famílias elegíveis superior à sua cota. No entanto, o total nacional de 11 milhões de famílias foi mantido rigidamente até 2009, quando foi flexibilizado, como se verá a seguir.

Com a realização do Censo Demográfico de 2010, que permite a atualização das cotas em função de informações atualizadas sobre a composição e a renda das famílias brasileiras, veio à baila a seguinte questão: Devem as cotas municipais continuar a existir, sendo fixadas pelo MDS com base nas informações estatísticas e procedimentos metodológicos de domínio público? Ou deverão ser atendidas todas as famílias elegíveis identificadas pelo cadastramento dos municípios?

Tendo em vista os reconhecidos erros de exclusão que ainda persistem, a solução mais sensata tem duas vias. Por um lado, definir cotas, inicialmente a partir do Censo, que representa o melhor conhecimento possível do nível e da distribuição da renda entre famílias no nível municipal. Por outro lado, com base na informação censitária, o MDS apoiará os municípios onde há reconhecidamente subcadastramento das famílias elegíveis, garantindo assim, simultaneamente, melhoria da cobertura e da focalização do BF, além de repartição justa do ponto de vista do pacto federativo.

Em 2009, ocorreu uma nova mudança no BF. O governo ousou finalmente flexibilizar o número de famílias atendidas, fixando novas metas — a saber, 12,4 milhões de famílias até o final daquele ano e 12,9 milhões até o final de 2010.[4] Esperava-se que a ampliação da cobertura, aliada ao sistema de recadastramento contínuo, que leva naturalmente ao descredenciamento de uma parcela significativa dos domicílios assistidos após dois anos no Bolsa Família, permitisse ao MDS incorporar ao programa um novo conjunto de cerca de 2,5 milhões de domicílios. Estes, como então mostravam

---

3 Os municípios brasileiros são muito heterogêneos em todos os aspectos, inclusive em tamanho populacional. No Censo de 2000, que serviu de base para a repartição inicial de cotas do BF, o menor município tinha cerca de 800 habitantes (Borá, Estado de São Paulo), enquanto o município de São Paulo, capital do Estado de São Paulo, tinha 10,4 milhões de residentes.

4 O programa pretendia incorporar 300 mil domicílios em maio, 500 mil em agosto e 500 mil em outubro, atingindo a meta de 12,4 milhões de domicílios atendidos no final de 2009. Embora as famílias já estivessem cadastradas, tratava-se de um esforço adicional significativo em termos de administração do programa.

as informações do Cadastro Único, eram elegíveis — isto é, atendiam aos requisitos do programa quanto à renda familiar. No entanto, não recebiam a transferência de renda devido ao fato de que o programa já havia atingido o limite de atendimento estabelecido pelo Governo Lula, 11 milhões de domicílios, que, segundo as regras então vigentes, não poderia ser ultrapassado. Esperava-se que a expansão do limite para 13 milhões permitisse atender a totalidade da clientela elegível: a estimativa era que, como com o recadastramento anual deveriam sair do programa cerca 500 mil domicílios, seria possível incorporar integralmente os 2,5 milhões de elegíveis não beneficiários já cadastrados.[5]

CADASTRAMENTO E RECADASTRAMENTO

Como já foi visto, a institucionalização do Cadastro Único representou um avanço fundamental para a política social focalizada nos pobres. O cadastramento é um processo contínuo, e as famílias cadastradas que se qualifiquem para o Bolsa Família são incorporadas ao programa na medida da disponibilidade de vagas no seu município. Na verdade, a clientela do programa é constantemente renovada, já que famílias que já não atendem às condições quanto ao rendimento e composição familiar deixam espontaneamente o programa ou são excluídas por ocasião do recadastramento. São recadastradas anualmente famílias que já estejam no programa por dois anos. Caso ainda atendam as condições de elegibilidade, continuam no programa por mais dois anos, isto é, até o recadastramento seguinte. Em 2010 foram recadastradas 2,1 milhões de famílias.

O movimento de expansão do limite máximo da clientela atendida de 11 milhões de domicílios para 13 milhões em 2009 foi feito de forma cuidadosa e com o apoio técnico de um grupo de especialistas, dispostos a defender a decisão do MDS perante a imprensa e a opinião pública, caso fosse necessário.

Os argumentos técnicos, porém, não foram necessários. A divulgação do aumento do número de domicílios assistidos pelo Bolsa Família atraiu pouca atenção da mídia, e, em consequência, do público brasileiro em geral. Naquele momento, no início de 2009, todas as atenções estavam voltadas para os efeitos da crise financeira global que chegavam ao Brasil. Seus impactos mais fortes sobre os níveis de atividade e de ocupação ocorreram justamente no primeiro trimestre daquele ano, e havia a preocupação generalizada sobre de que forma a crise iria evoluir no exterior e quais seriam as suas consequências no país. Nesse contexto, alguns acharam que, ao ampliar

---

5 Então 11 milhões de atendidos, menos 500 excluídos por conta do recadastramento anual, mais 2,5 milhões de elegíveis não beneficiários (13 milhões = 11 milhões — 500 mil + 2,5 milhões).

a cobertura do Bolsa Família, o governo estava, sabiamente, introduzindo mais uma medida anticíclica de garantia da renda e de estímulo ao consumo interno, além de protegendo os mais vulneráveis.

A respeito do ano de 2009, cabe observar ainda que o Bolsa Família passou por mudanças de caráter expansivo em todos os seus aspectos, o que configura uma situação única desde a criação do programa em 2003. Além do anúncio do aumento do número de domicílios atendidos em cerca de dois milhões, houve, como já se viu, aumento dos valores dos benefícios básico, variável e aos jovens (Tabela 6.1). Pela primeira vez, esse aumento se deu exatamente um ano após o último reajuste. Ademais, o valor da transferência em 10% em julho de 2009, portanto acima da inflação no período, elevou o valor médio real das transferências, que, em todos os casos, passaram a se situar acima do seu valor inicial corrigido pela inflação. No caso dos benefícios variáveis, o ganho real em relação ao valor de outubro de 2003 atingia 33%. Houve ainda, em setembro daquele ano, elevação dos valores adotados como critério de renda para fins de elegibilidade ao programa, que, como no caso do valor dos benefícios, foi feito acima da inflação. Visto em retrospectiva, o aumento real dos parâmetros de valor em 2009 funcionou como um adiantamento em relação às perdas futuras com a inflação, já que não houve reajuste em 2010, ano de eleições presidenciais.

Os dados da Tabela 6.1 permitem visualizar a evolução nominal e real dos parâmetros que acabamos de comentar. Permitem ainda verificar que as alterações introduzidas dois anos depois, em 2011, revelam um novo padrão de intervenção no desenho do programa. Assim, o reajuste de março 2011 não permite recuperar o valor real máximo do benefício básico, atingido em julho de 2009. Em contrapartida, houve ganhos reais robustos para o benefício variável e para o benefício aos jovens. Essa ênfase na proteção a famílias com crianças e jovens renova e reforça a prioridade dada a esse subconjunto de beneficiários no desenho original do programa, já que famílias no intervalo de renda mais elevado tinham apenas direito ao benefício variável.

Essa ênfase nas crianças e jovens foi acentuada posteriormente por duas novas medidas tomadas em 2011, para vigorar a partir do mês de setembro daquele ano:

a. elevar o número de crianças na faixa etária de até 15 anos, atendidas pelo benefício variável, de três para cinco por família. Estimativas do MDS indicavam a cobertura adicional de 1,3 milhão de crianças a um custo anual de R$500 milhões.[6]

---

6 Corresponde ao pagamento em doze meses de R$32 reais mensais para cada uma das 1,3 milhão de crianças adicionais.

b. conceder a gestantes e nutrizes nos domicílios beneficiários[7] um benefício variável durante, respectivamente, 9 meses e 6 meses.

A respeito das novas regras de concessão do benefício variável de R$32, vale ressaltar que, considerando crianças até 15 anos, gestantes e nutrizes, o número total de benefícios concedidos a essas três categorias de beneficiários fica limitado a cinco por domicílio.

Em consequência das alterações de 2011, o valor máximo do benefício se eleva a R$306 em setembro daquele ano, o que, em termos reais, é um valor 115% superior ao benefício máximo estabelecido por ocasião da criação do programa.[8] Como é natural em função dos reajustes reais e as mudanças de regras, o dispêndio total com o Bolsa Família vem se ampliando, embora naturalmente não na mesma proporção que o valor do benefício máximo. De fato, o valor máximo é pago a pouquíssimas famílias que, além de ter RFPC abaixo de R$70, apresentem composição familiar de forma a receber cinco benefícios variáveis de R$32 (crianças até 15 anos e/ou gestantes e/ou nutrizes) e dois benefícios para adolescentes nas idades de 16 e 17 anos. Em setembro de 2011 cerca de apenas 7,5 mil domicílios se qualificavam a receber o valor máximo, o que representava 0,06% do total de 13,18 milhões dos domicílios beneficiários do BF naquele mês. Na verdade, o benefício médio se situava a níveis bem mais modestos — R$119 por domicílio e por mês —, o que correspondia a 22% do salário mínimo vigente[9].

Essa prioridade explícita pelas crianças, seja pelo aumento do valor dos benefícios associados a elas, seja pela expansão da sua cobertura, remete a duas considerações sobre o programa.

A primeira diz respeito ao benefício básico. Durante o segundo mandato do Presidente Lula, chegou a ser aventada a generalização do benefício básico a todas as famílias beneficiárias, de maneira a reforçar de modo imediato e simples o valor total das transferências realizadas pelo Bolsa Família. Isso significaria, na prática, reduzir para uma única as duas faixas de renda utilizadas para fins de elegibilidade ao programa, lembrando que apenas as famílias na faixa da renda mais baixa têm direito ao benefício básico. Essa opção foi abandonada, e com bons fundamentos. O caminho que vem sendo trilhado é o da chamada *busca ativa* das famílias elegíveis e ainda não

---

7 A identificação das potenciais beneficiárias foi feita pelo cruzamento de dados do Cadastro Único com os registros do Ministério da Saúde. O pagamento das nutrizes foi iniciado em novembro e o das gestantes em dezembro de 2011.

8 Fonte: MDS. Como apresentado na Tabela 6.1, o benefício máximo de R$95, em vigor em outubro de 2003, por ocasião da origem do programa, seria, a preços de setembro de 2011, R$142,67 (correção pela inflação medida pelo INPC/IBGE).

9 Salário Mínimo vigente em setembro de 2011: R$545.

beneficiárias que se situam na base da distribuição de rendimentos, e da proteção dos domicílios mais vulneráveis, a maioria dos quais tem sua vulnerabilidade em grande parte associada à presença de crianças. Nesse sentido, o reajuste mais forte dos valores dos benefícios atribuídos a crianças e jovens parece colocar uma pá de cal na ideia que chegou a ser burilada no passado no âmbito do MDS: a de universalizar o benefício básico, eliminando assim a diferenciação dos beneficiários segundo as duas classes de renda domiciliar *per capita*.

A segunda consideração se refere ao quadro institucional o qual evolve o Bolsa Família, proporcionando enorme flexibilidade para ajustes no programa. Esse quadro flexível tem permitido a introdução de mudanças conforme as necessidades, sem praticamente amarras legais, exceto as orçamentárias. Assim, não existem regras estabelecidas para os reajustes de valores, sejam dos benefícios, sejam dos parâmetros de renda que determinam a elegibilidade dos domicílios ao programa. Dessa maneira, o governo tem podido postergar ajustes de valores, conceder ganhos reais às transferências e mesmo fazer ajustes diferenciados dos benefícios sem qualquer empecilho legal, apenas com a indispensável cautela política. Como, com base nas informações do Cadastro Único e da PNAD, é possível fazer simulações de efeitos de mudanças no desenho do programa, o MDS dispõe de meios para conduzir a evolução do Bolsa Família de modo a maximizar os efeitos sobre pobreza extrema e desigualdade, em particular levando em conta a desejável complementaridade com o BPC, que tem regras constitucionais, portanto rígidas. A respeito de normas do BF, vale lembrar que o número de domicílios que podiam ser atendidos pelo Bolsa Família até 2009 — 11 milhões — era um limite autoimposto pelo governo, não constituindo uma restrição legal.

6.2 PROGRESSOS OPERACIONAIS E EFEITOS

O fato de o programa ter tido durante oito anos continuidade administrativa e técnica, além de contar com excelente apoio político por parte do Presidente Lula, possibilitou aperfeiçoamentos importantes em relação a alguns aspectos operacionais críticos.

Assim, o acompanhamento rigoroso das condicionalidades foi introduzido. Essas contrapartidas exigidas das famílias beneficiárias do BF em termos de frequência à escola pelas crianças e manutenção do calendário de cuidados básicos de saúde constituem uma herança do desenho original do Bolsa Escola. Quando, em meados da década de 1990, o Bolsa Escola começou a ser implantado localmente, o percentual de crianças de baixa renda em idade escolar que não frequentava a escola era muito elevado. Naquele contexto, além de criar um incentivo à educação, que em última análise é o mecanismo privilegiado para romper com o círculo vicioso da pobreza, as condicionalidades de saúde e educação tinham como objetivo apaziguar a parcela de opinião pública crítica do programa, enfatizando a relação entre a transferência e a mudança positiva desejável do comportamento dos pobres.

Na prática, porém, o controle de presença das crianças na escola era complicado, dependendo de uma cadeia de informação que começava com a professora, que muitas vezes resistia a comunicar a ausência da criança: omitiam a informação, sabedoras que esta poderia levar à suspensão do benefício, prejudicando a família. Havia ainda dificuldades para a transmissão da informação da escola ao órgão gestor do programa em tempo útil para as providências cabíveis. Evidências de que não havia controle das condicionalidades, o que de fato ocorria até 2006, eram frequentemente alardeadas pela imprensa, causando estragos na imagem do programa junto à opinião pública. Apesar de a frequência das crianças à escola não ser mais, naquela época, um problema crítico, a matéria manteve-se como tema de muitas controvérsias. Schwartzman (2006) mostrou que dos 7 aos 13 anos 90% das crianças frequentavam a escola regularmente, de modo que o Bolsa Família não poderia ter um papel relevante como indutor da frequência.[10] No entanto, a avaliação geral do Bolsa Família encomendada pelo MDS evidenciou que crianças nos domicílios assistidos pelo Bolsa Família tinham frequência mais elevada e menor probabilidade de abandonar a escola do que as do grupo de controle.[11] Medeiros (2008) alertou que esses efeitos podem estar associados à elevação da renda familiar. De fato foi observado que a concessão da aposentadoria rural, à qual não estão vinculadas condicionalidades, melhorou a frequência e permanência na escola das crianças no domicílio do recipiente do benefício (Carvalho Filho, 2001).

Apesar da fragilidade das evidências de impactos positivos das transferências sobre aspectos associados às condicionalidades, foi dada ênfase ao seu controle, que mudou radicalmente em 2006. Os controles locais feitos pelas secretarias de Saúde e de Educação foram sistematizados no que concerne à coleta da informação nas escolas e nos postos de saúde, em seguida repassados para os respectivos ministérios em Brasília. Quando detectada falha na observância das condicionalidades por determinada família, esta é alertada via terminal bancário.[12] Ao utilizar o cartão no terminal bancário para saque do benefício do programa, o responsável pelo domicílio beneficiado pelo Bolsa Família tem acesso a informações diversas de ordem geral sobre o programa. Assim, o terminal passou a ser também um dos instrumentos do sistema de controle

---

10 Schwartzman (2006).

11 Centro de Desenvolvimento e Planejamento Regional — CEDEPLAR, 2006.

12 Para uma descrição detalhada das condicionalidades de educação e de saúde, ver Curralero *et alii* (2010). Sobre condicionalidades e outros aspectos operacionais do Bolsa Família, ver Soares e Satyro (2009).

das condicionalidades. Naturalmente, o objetivo do sistema não é excluir as famílias do programa, mas sanar as dificuldades detectadas através de serviços especializados, inclusive os de assistência social.

O CONTROLE DAS CONDICIONALIDADES E O ÍNDICE DE GESTÃO DESCENTRALIZADA (IGD)

As informações de cada família beneficiária sobre a frequência à escola e atenção à saúde são consolidadas periodicamente pelas secretarias municipais de Educação e de Saúde.[13] De posse das informações, o MDS desencadeia um processo de alerta às famílias sem justificativa para o não atendimento às condicionalidades. O alerta aparece na tela do terminal bancário no momento do saque da transferência. Se com o primeiro aviso a família não regularizar a situação, o pagamento do benefício é bloqueado; após o segundo aviso, o benefício é suspenso, e, finalmente, cancelado após o terceiro aviso sem que tenha havido justificativa do não atendimento à condicionalidade junto aos serviços municipais responsáveis.

O sistema de controle das condicionalidades introduzido em 2006 tem expandido sua cobertura desde então. A cobertura da condicionalidade de frequência escolar correspondia a 87% do total de 17,2 milhões de crianças e jovens nas famílias assistidas pelo Bolsa Família em setembro/outubro de 2011. O controle da condicionalidade de saúde — obviamente mais complexo, mesmo sendo feito em bases semestrais — tinha cobertura mais baixa, atingindo 70% das famílias beneficiárias no primeiro semestre de 2011.

Para estimular a melhoria da qualidade do controle das condicionalidades pelos municípios, o MDS criou o chamado Índice de Gestão Descentralizada (IGD).[14] O índice é estimado com base na qualidade do cadastramento e do monitoramento das condicionalidades. Dependendo do valor atingido pelo índice, o município poderá receber verbas adicionais do MDS. Em 2011, até o mês de outubro, foram repassados aos municípios e estados R$245 milhões, o equivalente a 1,7% do dispêndio com as transferências de renda no mesmo período.

O controle das condicionalidades equaciona o atendimento aos requisitos do programa, mas não pode, naturalmente, sanar a questão crucial quanto à qualidade dos serviços de educação e saúde. Assim, no caso da educação, embora a presença da criança na escola seja condição necessária para que possa haver aprendizado, não é condição suficiente. Para tal é indispensável que haja competência no ensino. Hoje é bem sabido que embora a cobertura escolar seja universal nas idades de escolaridade

---

13 A consolidação é feita a cada dois meses no caso da frequência escolar e a cada seis meses no caso das condicionalidades de atenção à saúde.

14 Apesar de o IGD ter sido criado em 2006 (Portaria MDS 148, de 27 de abril de 2006), desde 2005 o MDS já repassava recursos aos municípios para fortalecer o sistema de gestão descentralizada do programa (Cotta e Paiva, 2010).

obrigatória — de 6 a 15 anos — os resultados em termos de aprendizado no Brasil são lamentáveis, em todas as classes de renda e tanto em escolas públicas como nas particulares. O desafio hoje é melhorar a qualidade da educação, que passa por questões de autoridade e competência do diretor, grade curricular adequada, assiduidade e qualificação do professor, acompanhamento e avaliação contínuos de aprendizado além de reforço escolar. São questões essenciais para obter bons resultados educacionais, mas, obviamente, extrapolam o que pode ser feito no escopo do programa de transferência de renda.

O DÉFICIT EDUCACIONAL BRASILEIRO

O atraso histórico do Brasil em relação ao seu desempenho educacional é bem conhecido, mas são inegáveis os progressos realizados nos últimos 15 anos. Praticamente universalizou-se o acesso ao ensino fundamental — em 1995, 10% das crianças em idade escolar não frequentavam a escola — e o percentual de pessoas com pelo menos o ensino médio completo mais que dobrou, passando de 15,5% em 1995 para 33,3% em 2009.

No entanto, a evolução, que foi muito facilitada pela redução forte da taxa de natalidade, se deu de forma especialmente centrada na expansão do acesso e na oferta tanto de serviços, como de bens associados à educação, tais como merenda, material escolar, uniforme e afins. A qualidade do ensino, que deveria ser a preocupação central devido a mudanças do perfil da clientela e das novas necessidades curriculares, foi deixada à margem, e se manteve em nível reconhecidamente muito baixo.

A introdução paulatina de testes de aprendizagem, internacionais e nacionais, representou uma mudança drástica no enfrentamento do problema, pois forneceu parâmetros objetivos para avaliação. Permitiu verificar alguma melhoria nos últimos anos, que tendo como ponto de partida patamares de aprendizagem muito baixos, resultam em uma situação ainda desalentadora em 2009: mais de 50% dos alunos tinham proficiência baixa em leitura, matemática e ciências. A média brasileira no PISA daquele ano, que se refere aos alunos na conclusão do ensino fundamental, se situava em 401/800, um aumento de 11 pontos por triênio a partir da média de 368 verificada no PISA 2000.

Embora a frequência à escola seja valorizada — e no Brasil já não faltam vagas, exceto no nível pré-escolar — há pouca compreensão do que seja o processo de aprendizado desejável, assim como os requisitos básicos para que ele seja alcançado. As mudanças necessárias em termos organizacionais e de visão de mundo, infelizmente, não são imediatas.

A falta de interesse dos alunos pelo que é ensinado — comumente mal ensinado e em descompasso com as necessidades dos jovens — resulta em baixo aproveitamento e abandono da escola a taxas crescentes a partir dos 12 anos. Como resultado, o percentual dos que completam o ensino médio permanece baixo, mesmo dentre as coortes mais jovens. Considerando a situação daqueles com 30 anos de idade, 45% não tinham completado o ensino médio e somente 1%

continua a estudar, de modo que, realisticamente, 55% nunca concluirão esse nível de ensino.[15] Esse dado fornece uma medida do desafio a ser enfrentado em geral, que é, naturalmente, maior para os mais pobres. Há um longo caminho a percorrer para que o sistema educacional brasileiro se torne um mecanismo eficaz de mobilidade social e redução das desigualdades.

O controle efetivo das condicionalidades tem também implicações no âmbito da assistência social. Frequentemente, as condicionalidades não são atendidas porque a família é desestruturada e não há autoridade para, por exemplo, cuidar que a criança vá à escola. Em casos limites, o controle das condicionalidades evidencia que a criança é negligenciada a ponto de não poder continuar a viver com a sua família. O caminho desejável é a complementaridade de ações dos serviços sociais, dando apoio local privilegiado à clientela do Bolsa Família.

A necessidade de ação integrada de diversos serviços em apoio à população pobre tem no Cadastro Único um instrumento privilegiado, que passou por mudanças estruturais importantes nos últimos anos.[16] O Cadastro em 2011 com informações sobre as condições de vida de cerca de 20 milhões de famílias com renda de até três salários mínimos já se constituía um verdadeiro censo sobre a pobreza no país, cobrindo, portanto, 85% dos 22 milhões de famílias de baixa renda. A ampla gama de informações coletadas junto às famílias fornece uma visão multivariada da pobreza, permitindo a caracterização das famílias de diversas maneiras para fins de intervenção de política social desde o nível municipal até o nacional.[17] Ações conjuntas do MDS com o IBGE permitiram a compatibilização de conceitos que facilitam as análises, além de outros avanços.[18] A integração com outros cadastros, como os do Ministério da Saúde, do INCRA, do MEC, do Ministério do Trabalho e Emprego e da Previdência Social, viabiliza o cruzamento de dados e o enriquecimento da base de informações. Permite inclusive o controle da informação de rendimento fornecida pelas famílias por ocasião do cadastramento, pelo menos no que concerne aos rendimentos *formais*.[19] O Cadastro Único é a base de dados obrigatória para a seleção de beneficiários de progra-

---

15 Estimativas de Simon Schwartzman com base na informação de nível de escolaridade e frequência à escola por idade, da PNAD/IBGE.

16 Decreto 6.135/07.

17 Barros, Carvalho e Mendonça (2010) apresentam a utilização das variáveis do Cadastro Único para a elaboração de índices de condições de vida da população pobre.

18 O treinamento dos cadastradores municipais, por exemplo, utiliza o *know-how* do IBGE.

19 Por exemplo, informações derivadas dos cadastros de emprego do Ministério do Trabalho e Emprego, assim como da Previdência Social, estas últimas envolvendo tanto benefícios previdenciários como os assistenciais (RMV e BPC).

mas sociais focalizados nos pobres, tanto o Bolsa Família como os demais programas federais, facilitando a articulação desejável das diferentes ações.[20]

A atualização das informações cadastrais é um processo contínuo, mas as famílias devem recadastrar-se obrigatoriamente a cada dois anos para garantir a continuidade dos benefícios. Em 2009, por exemplo, das 3,4 milhões de famílias recadastradas, 60% continuaram no programa. As demais foram excluídas por não terem sido localizadas, não se enquadrarem mais no perfil de elegibilidade ou não respeitarem as condicionalidades.

Apesar dos progressos operacionais no que concerne ao controle das condicionalidades e à gestão do Cadastro Único, os efeitos positivos e imediatos do Bolsa Família ocorrem fundamentalmente em relação a aspectos ligados à renda das famílias beneficiárias, como se verá no Capítulo 7. Efeitos positivos do programa sobre a frequência escolar e o atendimento da agenda de saúde têm sido documentados por alguns especialistas, mas são fracos. Também são fracos os efeitos sobre o trabalho infantil, até porque a frequência à escola, que se dá em apenas parte do dia, não o inviabiliza.[21] Em contrapartida, cabe destacar que o programa também não tem os efeitos adversos frequentemente alardeados, como redução da participação no mercado de trabalho dos adultos ou aumento da fecundidade nos domicílios beneficiados.

---

20 Até recentemente, as companhias distribuidoras de energia elétrica adotavam critérios próprios para atribuir a chamada *tarifa social*, que embute um subsídio. Hoje a tarifa social só pode ser atribuída à família cadastrada, dando transparência e eficiência à alocação do subsídio. Para que se tenha uma ideia da importância dessa mudança em termos de alocação de recursos públicos, os subsídios associados à tarifa social de energia elétrica foram de R$12 bilhões em 2009, montante idêntico ao dispêndio total com transferências realizadas pelo Bolsa Família naquele ano.

21 A este respeito do PETI e do conceito de trabalho infantil, ver Seção 3.5.

EXISTE UM EFEITO NATALISTA DO BOLSA FAMÍLIA?

Desde a criação dos primeiros programas de apoio aos pobres que incluíam algum componente de transferência de renda — tal como o Act for the Relief of the Poor inglês, de 1597 — tem havido sempre a preocupação de uma parte da sociedade quanto aos possíveis efeitos natalistas da medida. Tal como hoje com o Bolsa Família, alguns criticavam o mecanismo de transferência de renda, que teria o efeito de incentivar o aumento da fecundidade entre as famílias pobres com o objetivo de aumentar o valor recebido do programa. Segundo críticos, o resultado do programa de transferência seria perverso, já que alimentaria o círculo vicioso da pobreza.

Embora no caso brasileiro pareça evidente que o baixo valor da transferência não compensa os gastos adicionais com uma criança, e, nesse sentido, dificilmente o BF representaria um incentivo à natalidade, estudos foram realizados de modo a buscar evidências empíricas consistentes a esse respeito.

Utilizando três procedimentos metodológicos distintos a partir dos dados da PNAD para diversos anos relativos a domicílios com mulheres de 15 a 50 anos, Rocha (2009) não encontrou evidências de que o recebimento do Bolsa Família teria o efeito de aumentar a fecundidade entre os domicílios beneficiários.[22] Em particular, não foi constatada diferença estatisticamente significativa da fecundidade entre dois grupos de mulheres de baixa renda. O primeiro grupo, com dois filhos, que tendo um terceiro filho adquiririam o direito a um benefício adicional do programa; o segundo grupo de mulheres, já com três filhos, para as quais o quarto filho não traria aumento do valor da transferência.

Tecnicamente, portanto, o efeito natalista não é uma questão controversa, já que há evidências empíricas robustas de que tal efeito não ocorre no formato atual do Bolsa Família no Brasil. Na verdade, em função de um efeito demonstração do comportamento reprodutivo das classes de renda mais altas, "estes programas podem estar criando incentivos para os pais trocarem quantidade de filhos por qualidade de filhos, já que essas duas coisas são substitutas, levando a uma diminuição da taxa de fecundidade".[23]

6.3 O BOLSA FAMÍLIA EM 2011

Um panorama geral da evolução do Bolsa Família ao longo da primeira década do século XXI, dentro do conjunto geral dos diversos *novos* programas, os quais, exceto o PETI, foram tendo a sua clientela absorvida pelo Bolsa Família, pode ser útil para concluir este capítulo.

---

22 Rocha R. (2009) faz referência a quatro estudos de impacto das transferências de renda focalizadas nos pobres sobre a fecundidade em outros países da América Latina — México, Honduras e Nicarágua. Em somente um dos estudos, sobre o México, foi observado algum efeito, fraco, mas estatisticamente significativo.

23 Rocha R. (2009)

Quanto aos benefícios pagos, é interessante visualizar a incorporação dos programas preexistentes pelo Bolsa Família. Em 2002, o número de benefícios chegava a 15,7 milhões no mês de dezembro, o que se devia à expansão pré-eleitoral de diversos programas de transferência e à superposição entre eles, em particular com o Auxílio Gás, que atingiu a sua clientela máxima de 8,8 milhões de domicílios naquele ano. No ano seguinte, primeiro do Governo Lula, o número de benefícios pagos continua a se elevar — 15,8 milhões — porque, paralelamente aos novos programas criados, primeiro o Cartão Alimentação, depois o Bolsa Família, subsistem os programas anteriores. Dentre eles tem papel preponderante o Auxílio Gás, que ainda pagava quase 7 milhões de benefícios em dezembro daquele ano. Em 2004 é atingido o recorde em termos de número de transferências realizadas pelos *novos* programas, mas o Bolsa Família já é o programa mais importante, com 6,5 de benefícios pagos, enquanto os demais perdem importância relativa. Daí em diante, cresce o número de benefícios do Bolsa Família e as demais clientelas são paulatinamente absorvidas pelo programa, sempre que as suas condições de vida assim o justificassem. O número total de benefícios pagos decresce até 2009, quando é flexibilizado o limite de atendimento, até então estabelecido em 11 milhões de famílias. O PETI apresenta uma evolução particular, devido às suas características diferenciadas, por exemplo, a jornada ampliada. Assim, enquanto os demais programas são praticamente extintos, o PETI é mantido e sua clientela permanece constante em torno de 800 mil domicílios nos últimos cinco anos. O Anexo 6.2 traz a informação detalhada por programa no período 2001 a 2010.

No que concerne ao dispêndio associado a essas transferências, houve crescimento sustentado do valor real pago, apesar da inflexão no número de benefícios entre 2004 e 2008, devido à unificação dos diferentes programas sob o Bolsa Família. Assim, após apresentar um enorme crescimento de mais de 50% entre 2003 e 2004, a taxa de crescimento do dispêndio se situou em torno de 10% ao ano. Como resultado, o dispêndio total em 2010 com os *novos* programas foi, a preços constantes, mais de 12 vezes o de 2001.

O aumento do dispêndio total com as transferências dos *novos* programas ocorreu devido a valores unitários crescentes e à ampliação paulatina do número de domicílios atendidos. A esse respeito é importante lembrar que nunca voltou a ser atingido o número recorde de benefícios pagos em 2004, que envolvia tanto a superposição de diferentes programas, como alguns benefícios de valor mensal muito baixo, tal como o do Auxílio Gás. Apesar do aumento real do benefício por domicílio, em 2011 este valor permanecia relativamente modesto. Para dar uma ideia concreta sobre esta questão, em outubro daquele ano, o benefício mensal médio do Bolsa Família era R$119,[24] bem aquém do benefício equivalente ao salário mínimo vigente — R$545 — pago pelo BPC. Em consequência, o Bolsa Família continuava a ter um dispêndio total que equivalia a 2/3 daquele associado ao programa constitucional, o que será tratado no Capítulo 7.

Ao focar uma clientela muito ampla — pouco mais de 13 milhões de domicílios — que recebe uma transferência de valor relativamente baixo, o Bolsa Família tem sido capaz de exercer um impacto significativo sobre os indicadores de pobreza e desigualdade em relação ao seu custo modesto, que correspondia a apenas 0,4% do PIB em 2011. Nesse sentido, seu dispêndio é mais eficiente do que o do programa constitucional para reduzir pobreza e desigualdade. Como se verá no próximo capítulo, os dois sistemas de transferência de renda focalizados nos pobres hoje operando no Brasil estão longe de ser complementares. Mudanças deverão ser introduzidas paulatinamente no sentido de integrá-los, assim como de tornar as transferências assistenciais, e as do BPC em particular, compatíveis com os princípios e regras da Previdência Social.

---

24 O valor do benefício médio se mantém no nível verificado do início do ano, portanto não apresentando ainda efeitos das mudanças introduzidas para beneficiar mulheres grávidas e nutrizes.

ANEXO 6.1

Comparando Formas de Expansão do Bolsa Família: Impactos sobre a Pobreza e Custos

O impacto do pagamento da nova transferência aos jovens, conforme o valor e os critérios de rendimento estabelecidos por ocasião da sua criação, foi simulado com base nos dados então disponíveis da PNAD 2006, portanto bem antes que o benefício começasse a ser pago. Na simulação realizada, que chamaremos de B, em oposição à A, que simula a cobertura de todos os domicílios elegíveis ainda não beneficiários do programa,[25] o novo benefício é atribuído apenas aos domicílios que declararam já receber o BF e que tinham jovens de 16 e 17 anos. Optou-se ainda por não levar em conta a situação do jovem quanto à frequência à escola, de modo a simular o efeito mais favorável possível do novo benefício sobre essa clientela. Assumiu-se assim que, em função do incentivo monetário, todos os jovens potencialmente beneficiários voltariam à escola.

A imputação do benefício aos jovens, caso viesse a cobrir todos os elegíveis, permitiria uma redução do número de pobres brasileiros da ordem de 154 mil pessoas (Tabela A.6.1). Isso equivale a 33% da redução obtida com a Simulação A, que imputa o benefício *tradicional* do BF a todos os domicílios elegíveis, mas ainda não beneficiários do programa. Ao aumentar, via transferência aos jovens, o valor global do benefício recebido por aqueles domicílios que já recebiam o BF, parcela significativa dos quais (48%) tem RDPC superior a R$130,00, era possível que um número deles ultrapassasse a linha de pobreza. No entanto, os efeitos do benefício adicional aos jovens se mostraram fracos sobre o hiato de renda (-0,91%), até porque o declínio do número de pobres tem algum impacto adverso sobre o hiato. Já a redução do hiato quadrático foi naturalmente baixa (-1,84%) porque o benefício adicional aos jovens, ao replicar a distribuição do BF, não alcança preponderantemente os mais pobres dentre os pobres, tendo, portanto, um efeito muito atenuado sobre a desigualdade de renda entre eles.

---

25 Os resultados da simulação A já foram analisados anteriormente no Capítulo 5 e os seus resultados apresentados de forma mais desagregada no Anexo 5.

TABELA A.6.1:
Simulações de impacto da imputação do benefício aos jovens de 16 e 17 anos
Brasil, 2006

Cenários*	Número de pobres	Proporção de pobres	Hiato de renda	Hiato quadrático
Verificado	46.932.010	0,25693	0,38865	0,05553
Simulação A	46.477.058	0,25444	0,36677	0,04865
Diferença				
Δ%	-454.952	-0,97	-5,63	-12,38
Simulação B (Jovens)	46.777.330	0,25609	0,3851	0,0545
Diferença				
Δ%	-154.680	-0,33	-0,91	-1,84

* Diferença e Variação entre cada simulação e a situação originalmente verificada.
Fonte: Pnad 2006 (Estimativas da autora partir de microdados).

A comparação dos resultados das simulações A e B sobre os indicadores de pobreza mostra que atender aos domicílios elegíveis não beneficiários teria sido a opção mais adequada se o objetivo era o de reduzir pobreza, qualquer que fosse o indicador de pobreza utilizado.

No entanto, é certamente fundamental ter em mente as diferenças entre as duas simulações em termos de custo/benefício, considerando como custo o dispêndio total realizado e como benefício as reduções obtidas nos indicadores de pobreza. A Tabela A.6.2 mostra que, em termos de redução do número de pobres, o custo unitário da Simulação A é muito mais adverso do que o da B. Como já se viu, isso é compreensível, já que o pequeno valor unitário do BF não permite praticamente reduzir o número de pobres nas áreas urbanas e metropolitanas, além do fato de que o pagamento do benefício aos domicílios na base da distribuição também é incapaz de tirá-los da pobreza.

TABELA A.6.2:
Custo simulado da redução do número de pobres
(R$ por indivíduo pobre a menos)

Simulações	Custo total (R$ mil)	Redução do número de pobres	Custo unitário (R$)
Simulação A	171.359	454.952	376,65
Simulação B	30.706	154.680	198,51

Fonte: Pnad 2006 (tabulações especiais).

Os indicadores de razão do hiato e de hiato quadrático revelam um quadro bem diferente (Tabela A.6.3). A Simulação A aparece como a mais vantajosa quanto ao custo para reduzir os indicadores, embora os diferenciais entre as duas simulações se estreitem muito em relação ao verificado quanto à redução do número de pobres. Como o custo total associado à Simulação A é alto, pode-se argumentar a seu favor que fazer chegar o programa aos elegíveis na base da distribuição de rendimentos não é fácil e imediato, o que necessariamente dilui no tempo o impacto em termos de dispêndio total, que se mostrou 5,5 vezes mais elevado do que o da Simulação B. No caso do benefício aos jovens da Simulação B, o impacto sobre o custo é imediato.

TABELA A.6.3:
Custo simulado da redução dos indicadores de hiato da renda

Simulações	Custo total (R$ mil)	Hiato de renda		Hiato quadrático	
		Redução total (%)	Custo por ponto percentual reduzido (R$ mil)	Redução total (%)	Custo por ponto percentual reduzido (R$ mil)
Simulação A	171.359	5,63	30.448	12,38	13.839
Simulação B	30.706	0,91	33.682	1,84	16.699

Fonte: Pnad 2006 (tabulações especiais).

É importante salientar que as mudanças na forma de operar o BF, apresentadas nas simulações A e B, não são alternativas, e o benefício aos jovens foi implementado de fato. O exercício mostrou em que medida os impactos mais fortes sobre pobreza e desigualdade se davam com a incorporação dos elegíveis não beneficiários, já que parcela importante deles eram os mais pobres dentre os pobres.

ANEXO 6.2

Evolução do Número de Transferências Pagas pelos Novos Programas

Número de benefícios pagos no mês de dezembro (mil)

	2001	2002	2003	2004	2005	2006	2007	2008	2009	2010
Total	5.543	15.729	15.802	16.061	15.003	12.229	12.127	11.670	12.082	13.616
Bolsa Família	—	—	3.616	6.572	8.700	10.966	11.043	10.558	11.246	12.778
Bolsa Alimentação	—	967	327	54	24	2	0	0	0	0
Bolsa Escola	4.794	5.107	3.771	3.043	1.784	36	6	0	0	0
Cartão Alimentação	—	—	346	108	84	32	22	15	9	0
Auxílio Gás	—	8.847	6.932	5.356	3.401	402	193	226	0	0
PETI	749	809	811	929	1.010	791	863	871	828	838

Fonte: MDS

CAPÍTULO 7

Transferências de Renda no Brasil: Conquistas e Desafios

7.1 DESIGUALDADE E POBREZA

Embora as transferências de renda focalizadas nos pobres no Brasil tenham se iniciado na década de 1970, foi sem dúvida em meados da década de 1990 que elas apresentaram um ponto de inflexão dramático. Como visto anteriormente, não só começaram a ser aplicadas novas normas constitucionais em relação aos programas pioneiros de assistência aos idosos e portadores de deficiência pobres (Capítulo 1), como se expandiu a aplicação do que chamamos de novos programas de transferência de renda (Capítulo 2). Assim, o Bolsa Escola em nível local evoluiu gradativamente para a consolidação de diversos novos programas de transferência de renda federais sob o Bolsa Família a partir de 2003.

Enquanto se modernizavam e se expandiam os programas de transferência de renda focalizados nos pobres, o Brasil mudava em muitos aspectos. O Plano Real, em 1994, que tinha colocado um ponto final na inflação elevada e crônica, alterou radicalmente a vida dos brasileiros e a gestão do Estado, abrindo caminho para progressos mais rápidos em outras áreas. As melhorias que vinham ocorrendo no longo prazo nos diferentes aspectos das condições de vida das famílias, tais como saúde, educação e saneamento, às vezes em ritmo lento, se aceleram, o que se reflete em indicadores básicos da qualidade de vida. Assim, as melhorias relativas à mortalidade infantil e à esperança de vida ao nascer, que são indicadores privilegiados das condições de vida, sintetizam esses progressos.

A um pano de fundo de melhorias nas condições de vida e no acesso a serviços básicos em geral, veio juntar-se o início da queda sustentada da desigualdade de renda. Como é bem sabido, o Brasil se caracteriza por ter uma distribuição de renda extremamente desigual e que se mostrava renitente diante de todos os tipos de contexto econômico, mantendo-se elevada ou elevando-se tanto em períodos de expansão, como nos de retração da economia. No entanto, a partir de 1997, o coeficiente de Gini começou a declinar de forma sustentada, passando de 0,599 naquele ano para 0,529 em 2011.[1] Embora o coeficiente mais recente ainda seja muito elevado, resulta de um ritmo de queda adequado dadas as conhecidas características de inércia da distribuição de rendimentos.

Sabendo da expansão forte tanto da clientela como do dispêndio com transferências de renda assistenciais, como foi visto nos capítulos anteriores, um observador desavisado poderia supor que elas fossem o determinante principal da queda da desigualdade de renda verificada no período recente. Na verdade, apesar do papel positivo das transferências, elas foram apenas coadjuvantes no processo de melhoria distributiva. O rendimento do trabalho foi o ator principal, por duas razões.

A primeira razão está ligada à participação relativa da renda no trabalho na renda total das famílias. Correspondendo a mais de ¾ da renda das famílias brasileiras — mais precisamente 76,2% em 2009 — é necessariamente a distribuição da renda do trabalho o principal determinante da desigualdade da renda total. E isso nos leva à segunda razão: ocorreu no período uma importante melhoria da distribuição da renda do trabalho. O coeficiente de Gini relativo ao rendimento do trabalho declinou de 0,580, em 1997, para 0,501, em 2011.

Em contrapartida, as transferências assistenciais, apesar do vigor de sua expansão ocorrida no período em questão, representavam em 2009 apenas 1,3% da renda das famílias, sendo praticamente idênticas as participações do Benefício de Prestação Continuada (BPC) (0,6%) e do Bolsa Família (0,7%). Por essa razão, embora o coeficiente de Gini das transferências seja baixo em função da pequena amplitude dos valores pagos e de sua boa focalização na base da distribuição dos rendimentos, as transferências acabam por ter uma contribuição menor na queda da desigualdade de renda das famílias do que o rendimento do trabalho.

Estimativas feitas a partir das informações de rendimentos ao longo do período 1997-2009 mostram que a queda do coeficiente de Gini da renda familiar *per capita* foi de 6,1 pontos percentuais (de 0,599 para 0,538). Destes, 4,2 pontos percentuais, ou o equivalente a cerca de 2/3 da queda, se deveram ao rendimento do trabalho, enquanto 1,1 ponto percentual esteve associado às transferências de renda.[2] Portanto, apesar de as transferências assistenciais terem estado longe de desempenhar o papel preponderante

---

[1] Trata-se do coeficiente de Gini relativo a Renda Familiar *per capita*, que é o relevante quando se trata do bem-estar da população como um todo. Fonte: microdados da PNAD.

[2] Soares (2010), com base em microdados da PNAD.

na queda da desigualdade, cabe destacar a sua contribuição proporcionalmente elevadíssima, já que com uma participação marginal na renda das famílias — 1,3% — foram responsáveis por 18% da queda do seu grau de desigualdade no período em questão.[3]

GRÁFICO 7.1:
Evolução do coeficiente de Gini da renda domiciliar *per capita* — 1992-2011

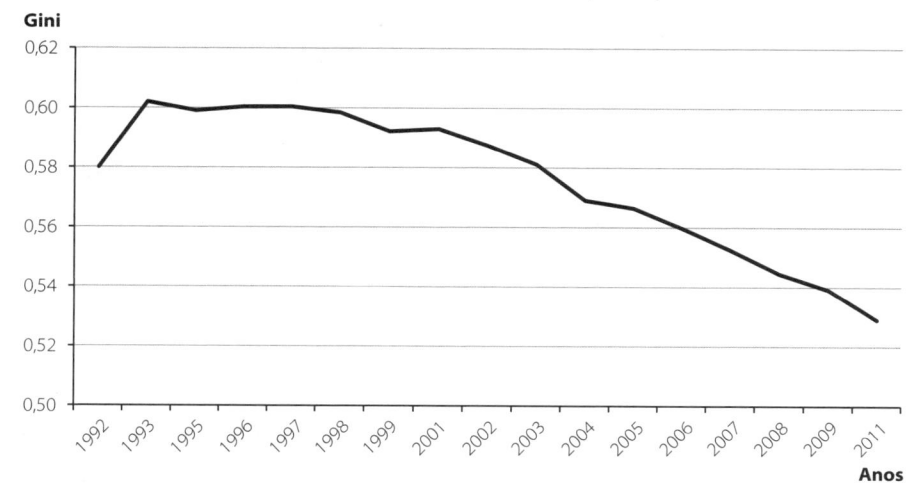

Obs.: Exclui a Região Norte rural.
Fonte: Microdados da PNAD (diversos anos)

No que concerne à redução da pobreza, a evolução é diferente da verificada em relação à desigualdade de renda (Gráfico 7.2). Depois da forte queda da pobreza que se seguiu ao plano de estabilização, os indicadores ficaram praticamente estáveis entre 1995 e 2003, oscilando para mais ou para menos em função da conjuntura econômica. Assim, depois de a proporção de pobres ter declinado de 44% em 1993 para 34% em 1995, a média para o período 1996 a 2003 se situou em 34%, atingindo o pico de 35% em 2003, primeiro ano do Governo Lula. É importante destacar que no período 1996 a 2003 ocorreu queda real de 19% do rendimento do trabalho, afetando os trabalhadores ao longo de todo o espectro de rendimentos. Desse modo, no período em questão, a expansão das transferências assistenciais contribuiu, dentre outras variáveis, para que não ocorresse agravamento da pobreza diante da conjuntura econômica adversa.

---

[3] As rendas previdenciárias correspondem a 18,8% da renda das famílias e foram responsáveis por 0,3 pontos percentuais da queda do Gini; e as demais rendas (doações, aluguéis etc.) correspondem a 3,7% da renda total e contribuíram com 0,5 pontos percentuais para a queda da desigualdade (Soares, 2010; Rocha, 2010).

GRÁFICO 7.2
Evolução da proporção de pobres no Brasil — 1992-2011

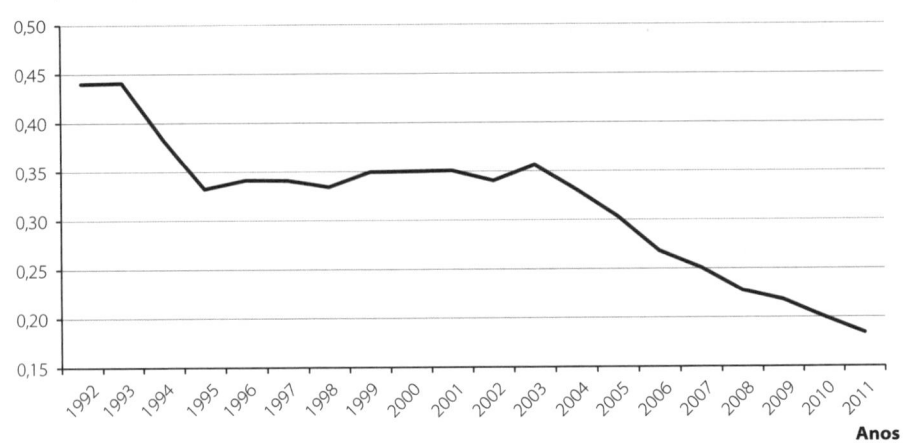

Obs.: Até 2004, exclui a zona rural da Região Norte, exceto a do estado do Tocantins.
Fonte: Rocha (2011), com base em microdados da PNAD.

Assim, enquanto a desigualdade de rendimentos diminuía desde 1997, a pobreza só começa a declinar de forma sustentada a partir de 2004, quando ocorre retomada do crescimento econômico e melhoria gradativa dos rendimentos do trabalho, com a renda dos mais pobres se recuperando mais rapidamente do que a dos demais trabalhadores. De fato, enquanto o rendimento médio do trabalho aumenta 30% em termos reais entre 2004 e 2011, o rendimento dos trabalhadores no décimo mais baixo da distribuição cresce 74% no mesmo período. Então, pelas mesmas razões analisadas anteriormente, quando se discutiram os determinantes da queda da desigualdade, coube também ao funcionamento do mercado de trabalho o papel principal na queda dos indicadores de pobreza a partir de 2004.[4]

Estimativas de impacto das transferências assistenciais sobre a redução da pobreza foram feitas para 2007, quando o Bolsa Família tinha entrado na sua fase de maturidade, tendo já atingido a meta de cobertura de 11 milhões de famílias. As simulações se basearam nos dados da PNAD relativos aos rendimentos das famílias. No dos domicílios beneficiários das transferências, foram excluídos da renda declarada os valores correspondentes ao BPC e à Bolsa Família. O impacto das transferências sobre a pobreza foi estimado por comparação dos indicadores de pobreza, primeiro calculados a partir do rendimento total declarado e, em seguida, com os rendimentos

---

4 Rocha (2010 a).

dos quais tinham sido excluídos os valores correspondentes às transferências assistenciais (Tabela 7.1).[5]

TABELA 7.1:
Impactos simulados das transferências de renda assistenciais
sobre o número e a proporção de pobres
Brasil, área rural e Região Nordeste — 2007

Áreas e simulações	Número de pobres (mil)		Proporção de pobres	
	Total	Diferença	Total	Var. (%)
Brasil				
Observado	46.255	—	0,25	—
Simulado excluindo				
BPC	47.665	1.410	0,26	3,1
BF	47.803	1.548	0,26	3,3
BPC e BF	49.209	2.954	0,27	6,4
Brasil Rural				
Observado	7.711	—	0,27	—
Simulado excluindo				
BPC	8.111	400	0,28	5,2
BF	8.581	870	0,30	11,3
BPC e BF	8.978	1.267	0,31	16,4
Nordeste				
Observado	20.077	—	0,39	—
Simulado excluindo				
BPC	20.821	744	0,40	3,7
BF	21.053	976	0,41	4,9
BPC e BF	21.778	1.701	0,42	8,5

Fonte: PNAD 2007 (Resultados da autora com base em microdados).

Os resultados revelam que o impacto das transferências assistenciais sobre a proporção de pobres é relativamente modesto, já que o BPC e o BF em conjunto reduziam em 6,4% o número de pobres no Brasil.[6] É interessante observar que, embora com tamanhos de clientelas bem diversas — 3 milhões do BPC e 11,2 milhões do

---

5 Rocha (2009).

6 À guisa de comparação, a Previdência Social reduz o número de pobres em 47% (Rocha, 2009).

BF[7] — os dois tipos de transferências assistenciais tinham impactos semelhantes em termos de redução do número de pobres, respectivamente 3,1% e 3,3%. Cabe destacar ainda, como se verá a seguir, que o dispêndio total do BPC era, como sempre, bem maior que o do BF, especificamente 46% maior em 2007.

Os impactos das transferências de renda naturalmente se diferenciam conforme as áreas do país, em função de duas razões básicas. A primeira é que a custos de vida localmente diferenciados se contrapõem as transferências pagas, cujos valores são uniformes nacionalmente. Em consequência, as transferências acabam por ter impactos mais acentuados sobre os indicadores de pobreza onde o custo de vida para os pobres é mais baixo, o que ocorre especialmente nas áreas rurais. A segunda razão dos impactos diferenciados decorre da cobertura dos programas e da importância relativa das transferências assistenciais na formação da renda das famílias. Elas reduzem mais a pobreza nas regiões mais pobres, como no Nordeste, onde o rendimento do trabalho é mais baixo e as transferências têm um papel relativamente mais importante na formação da renda das famílias. A esse respeito, cabe destacar o papel favorável desempenhado pelas transferências na redução dos desequilíbrios quanto aos níveis de renda e de pobreza entre regiões e entre áreas urbanas e rurais.[8]

Assim, na área rural, os impactos das transferências assistenciais sobre a redução do número de pobres são, como se esperava, mais elevados do que os obtidos para o país como um todo — 16,4% e 6,4%, respectivamente. Ademais, o impacto do Bolsa Família na área rural é o dobro do impacto resultante das transferências do BPC, respectivamente 11% e 5%. Esse diferencial de impacto sobre a pobreza dos dois programas de transferência de renda se explica pelo caráter assistencial da previdência rural não contributiva. Como visto no Capítulo 1, o benefício do FUNRURAL desempenha de fato o papel assistencial do BPC, que não tem qualquer relevância na área rural.

Quanto aos impactos regionais sobre a pobreza, os resultados relativos a uma região com desvantagens reconhecidas no contexto brasileiro, o Nordeste, mostram que as transferências assistenciais, tanto do BPC como do BF, têm na região impactos mais acentuados que a nível nacional — respectivamente 3,7% e 4,9%. Esse resultado é compatível com a participação relativamente elevada do Nordeste no número de benefícios assistenciais concedidos no país — BPC: 36,2%; BF: 50,3% —, portanto bem superior à participação da região na população brasileira (27,9%), e, no caso do BF, maior do que sua participação no número de pobres (43,3%). No entanto, as transferências assistenciais não chegam a compensar a situação adversa do Nordeste em termos de

---

7 Dados do MPS e MDS relativos ao mês de dezembro de 2007.

8 Caetano (2008) destaca este mesmo papel tal como desempenhado pela Previdência Social.

incidência de pobreza do ponto de vista da renda. Assim, as transferências assistenciais mais concentradas no Nordeste afetam apenas marginalmente o diferencial da proporção de pobres entre a região e o país como um todo: respectivamente, 42% e 27% sem as transferências e 39% e 25% com as transferências.[9]

Quando se considera a pobreza do ponto de vista de indicadores como o hiato de renda e o hiato quadrático, que são afetados pelo nível de renda dos indivíduos que permanecem pobres após a transferência de renda e, no caso do segundo indicador, também pela desigualdade de renda entre os pobres, os impactos dos dois tipos de transferências assistenciais mostraram comportamentos diferenciados. Assim, o BPC, por seu valor corresponder ao salário mínimo, teve um impacto maior sobre a proporção de pobres do que sobre o aumento da renda dos que permaneceram pobres. Em outras palavras, o benefício foi mais eficiente em tirar indivíduos da pobreza do que em aproximar a renda dos que permaneceram pobres do valor da linha de pobreza. No que concerne aos indicadores de hiato de renda, os efeitos do BF foram sistematicamente mais elevados do que os do BPC, já que o valor relativamente modesto dos benefícios pagos — variando de R$12 a R$112 em setembro de 2007, frente ao BPC de R$380 — operou mais no sentido de elevar a renda dos pobres do que em reduzir o número deles (ver resultados no Anexo 7).

Cabe comentar ainda que as transferências de renda em geral, e, em particular, as do Bolsa Família, não têm se mostrado capazes de corrigir a desvantagem histórica das crianças no que concerne à pobreza.

É bem sabido que a pobreza no Brasil atinge preponderantemente as crianças, de modo que indicadores, tal como a proporção de pobres, se reduzem monotonicamente com o aumento da idade dos indivíduos (Tabela 7.2). Isso se deve ao ciclo de vida das famílias jovens, mas também aos sistemas de previdência e assistência que protegem mais os idosos. No entanto, o mais grave é que, apesar do Bolsa Família, a desvantagem relativa das crianças tenha se agravado no período recente.

---

9 Em 2009, ano para o qual estão disponíveis hoje os dados mais recentes da pesquisa domiciliar (PNAD/IBGE), a proporção de pobres era de 33,5% no Nordeste e 21,8% no Brasil, tendo declinado desde 2007 a um ritmo ligeiramente mais acentuado no Nordeste e, portanto, reduzindo as desigualdades regionais da pobreza.

TABELA 7.2:
Evolução da população e da pobreza por idade — 1999-2008

Faixas de idade	Proporção de pobres (%)			População (1.000)	
	1999	2008	2008/1999	2008	Δ 2008-1999
0 a 4 anos	54,5	41,4	0,76	13.375	-8,2
5 a 9 anos	50,3	39,8	0,79	15.430	2,2
10 a 14 anos	45,9	34,9	0,76	17.138	3,6
15 a 19 anos	37,5	26,3	0,70	16.444	-0,3
20 a 29 anos	31,9	20,1	0,63	31.719	22,9
30 a 59 anos	27,6	17,6	0,64	69.739	31,1
60 anos ou +	15,9	6,2	0,39	20.139	43,2
Total	34,9	22,8	0,65	183.983	18,1

Fonte: Rocha, a partir de microdados da PNAD.

Assim, em 1999, a proporção de pobres entre crianças até 4 anos de idade era 3,4 vezes maior do que a proporção entre os idosos de 60 anos e mais, e, em 2008, a proporção de pobres entre elas tinha se elevado para 6,7 vezes a verificada entre os idosos. Os resultados para 1999 e 2008 permitem verificar que a proporção de pobres declina em todas as faixas etárias, mostrando também que as melhorias se dão de forma mais fraca para os indivíduos com menos de 14 anos. Em contrapartida, quando se trata da classe etária de 60 anos e mais, a redução da pobreza é muito mais acentuada do que a observada para os jovens, inclusive muito maior do que a observada para a média da população brasileira. É importante destacar que esse fenômeno ocorre em contracorrente de mudanças demográficas importantes, isto é, queda da fecundidade e aumento da esperança de vida. Nesse sentido, o declínio mais lento da pobreza entre os jovens acontece apesar da redução absoluta mais pronunciada de indivíduos nessa faixa etária. Em contrapartida, verifica-se expansão demográfica robusta do grupo de indivíduos com mais de 60 anos. E, apesar de ser o grupo etário que mais se expandiu, foi dentre os idosos que a pobreza caiu mais fortemente no período em estudo.

Embora os resultados sobre pobreza por idade não se associem diretamente às transferências de renda, elas dão uma medida objetiva do muito que há por fazer, mas também evidenciam que os dois sistemas de transferência de renda tratam de forma muito desigual os pobres, em evidente detrimento das crianças. Sintetizando, pode-se afirmar que, no que concerne à desigualdade, a contribuição das transferências é relativamente elevada para a redução do coeficiente de Gini, tendo em vista os valores baixos envolvidos. No que concerne à pobreza, os efeitos são diferenciados conforme o programa, sendo o BPC mais importante na redução da proporção de pobres, enquanto o BF tem impacto maior sobre o aumento da renda e sobre a redução da desigualdade entre os pobres. Pode-se afirmar que os efeitos das transferências de renda assistenciais são mais importantes sobre a desigualdade de renda do que sobre a pobreza. Isso se deve à boa focalização dos benefícios assistenciais pagos na base da distribuição de rendimentos e ao fato de que as transferências feitas afetam uma medida de desigualdade que cobre o espectro completo dos rendimentos das famílias.[10]

As diferenças de impactos dos dois programas de transferência de renda — o BPC e o BF — em relação à desigualdade de renda e aos diferentes indicadores de pobreza estão relacionadas com as características da clientela atendida e o valor do benefício pago por cada um deles. Isso decorre dos quadros institucionais diversos em que se inserem e de objetivos diferentes de cada programa, o que resulta na atual dualidade, e mesmo desequilíbrio, da política de transferências assistenciais no Brasil.

7.2 BPC E BF: SISTEMAS PARALELOS

Existem hoje no Brasil dois sistemas de transferência de renda federais focalizados nos pobres. Embora ambos os sistemas venham se expandindo intensamente desde 1996, é na última década que o movimento fica claro em função da fusão dos diversos *novos* programas e da reorganização do segundo sistema sob o Bolsa Família a partir de 2003. O Gráfico 7.3 ilustra a evolução dos dois sistemas no que concerne tanto ao número de benefícios pagos, como ao dispêndio anual associado a cada um dos programas.

Considerando os últimos dez anos, o número de benefícios pagos pelo BPC sempre foi muito inferior àquele pago pelo Bolsa Família e demais *novos* programas tomados em conjunto. Em 2002, às vésperas das eleições presidenciais de 2003, os novos programas mostram uma enorme expansão, em parte devido à superposição dos benefícios de diferentes programas nas mesmas famílias, como se viu no Capítulo 5. Em consequência, o número de BPCs pagos em dezembro daquele ano chega ao mínimo relativo de 14% do número de benefícios pagos pelos *novos* programas. A unificação dos *novos* programas sob o Bolsa Família e a existência de um limite para o número de benefícios do Bolsa Família fizeram com que o BPC expandisse paulatinamente a sua participação relativa no total de transferências assistenciais. Na verdade, enquanto direito constitucional, não existe restrição quantitativa à concessão do BPC, que é

---

10 Em particular, as transferências de baixo valor, mas que em muitos casos evitam que a renda familiar seja zero, têm impacto estatisticamente importante sobre a medida de desigualdade de rendimento.

obrigatoriamente pago a todos os indivíduos elegíveis segundo os critérios estabelecidos pela lei. No final do período em questão, o número de BPCs pagos correspondia a pouco mais de ¼ do número de benefícios do BF.

GRÁFICO 7.3:
Evolução dos sistemas federais de transferência de renda focalizadas — 2001-2011

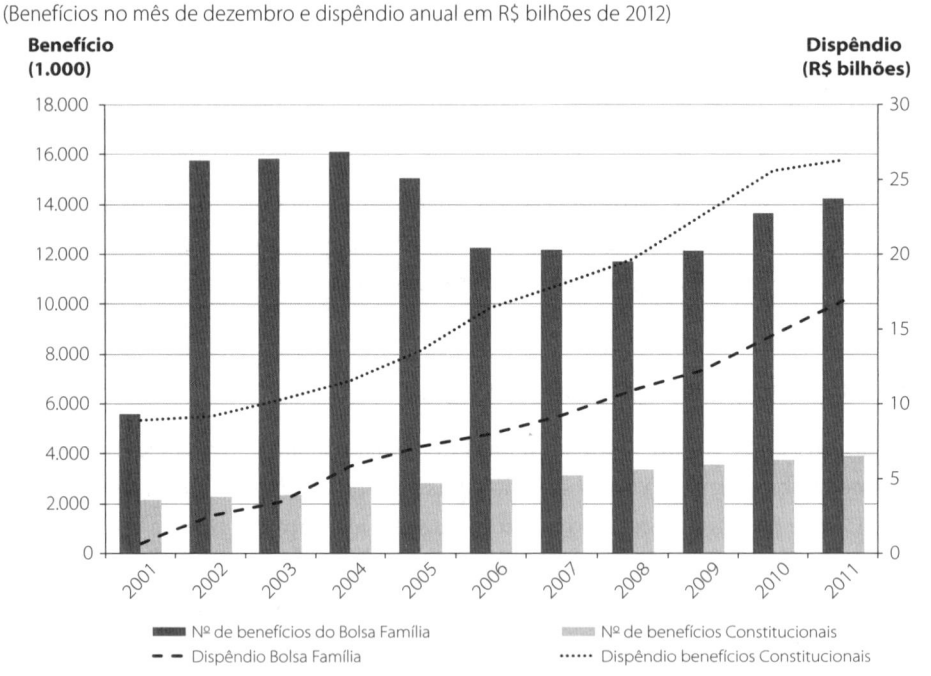

(Benefícios no mês de dezembro e dispêndio anual em R$ bilhões de 2012)

Obs.: Bolsa Família inclui demais *novos* programas. Programas constitucionais englobam Amparos Assistenciais, RMV e PMV.
Fonte: AEPS e MDS.

Do ponto de vista do dispêndio, a situação se inverte: o gasto anual com o pagamento do BPC é cerca de uma vez e meia o dispêndio com o Bolsa Família, e tem se mantido em torno desse patamar desde 2004. Isso significa que a transferência do BPC tem valor unitário 4,5 vezes maior que a transferência média do BF.

As razões dessas diferenças podem ser genericamente qualificadas como *históricas*, por diversas razões.

A primeira é a origem do BPC, que herdou do RMV o foco numa clientela restrita de pobres, assim como o caráter previdenciário do benefício. O objetivo era que a transferência proporcionasse a proteção normalmente associada a uma renda de aposentadoria. No entanto, o BPC não tem o caráter de renda mínima para os idosos e portadores de deficiência. Em especial, não é um benefício individual *stricto sensu*: a elegibilidade do BPC está atrelada ao conceito de pobreza, que remete à renda familiar *per capita*, e portanto à família como unidade solidária de consumo e rendimento.

A segunda razão *histórica* é o fato de a Constituição de 1988 ter definido o salário mínimo como piso para o BPC. A política de valorização do salário mínimo, nos últimos 15 anos, aumentou o valor real do salário mínimo em 117%, tornando o BPC crescentemente atraente. Em 2011, o salário mínimo correspondia a 1/3 do rendimento médio do trabalho nas áreas metropolitanas. Portanto, seu valor já não é tão baixo, dadas as condições quanto ao nível e à distribuição de renda que prevalecem no país.

Já o Bolsa Família evoluiu a partir do Bolsa Escola, que visava proteger as famílias com crianças. Sua história foi determinada pelo aprendizado *ad hoc* realizado ao longo da evolução dos *novos* programas, em particular a partir da experiência do Bolsa Escola federal. Sem grandes amarras institucionais, o Bolsa Família pôde, gradativamente, pôr ordem no caos. A combinação de grande clientela e baixo valor da transferência revelou-se um enorme acerto: o dispêndio global do BF é relativamente reduzido em face dos benefícios relevantes em termos de impacto distributivo. A Tabela 7.3 sintetiza as diferenças entre os dois sistemas federais de transferência de renda.[11]

TABELA 7.3:
Características dos sistemas de transferências assistenciais (2º semestre de 2011)

	BPC	Bolsa Família
Público-alvo	Idosos e portadores de deficiência em famílias pobres	Todas as famílias pobres
Limite da renda familiar *per capita*	¼ SM (R$136,25)	R$140,00
Conceito de família	"Previdenciário"*	grupo domiciliar
Valor do benefício mensal	1 salário mínimo (R$545,00)	Mínimo : R$32,00 Máximo: R$306,00 Médio: R$119,00

*Conceito de família: (a) requerente (idoso ou pessoa com deficiência); o (a) cônjuge ou companheiro (a); os pais e, na ausência deles, a madrasta ou o padrasto; irmãos (ãs) solteiros (as); filhos (as) e enteados (as) solteiros (as) e os (as) menores tutelados (as).

---

[11] Apesar dos conceitos conflitantes de família nos dois sistemas, já houve uma mudança legal no sentido da sua compatibilização. A Lei 9.720, de 1998, mantém a definição "previdenciária" dos membros da família, mas que passa a ser restrita aos "que vivam sob o mesmo teto", portanto mesmo domicílio, aproximando assim o conceito do BPC daquele utilizado pelo BF. A respeito dos impactos sobre a clientela do BPC dessa mudança conceitual, ver Freitas *et al.* (2007).

A comparação dessas características básicas dos dois sistemas suscita alguns comentários. É evidente que a diferença no limite de renda é de menor importância pelo menos no sentido da diferença de valores. O fato fundamental é a diferença nos valores e na institucionalidade dos reajustes dos dois tipos de benefícios. Desvincular o BPC do salário mínimo, tanto no sentido do valor, como da periodicidade do reajuste, parece ser o caminho desejável e inescapável para compatibilizar os dois sistemas, como se verá mais adiante.

No que concerne ao conceito de família, a noção flexível adotada pelo Bolsa Família não tem gerado problemas de fraude, talvez em função do valor relativamente baixo do benefício. Já no caso do BPC, há um número crescente de questionamentos sobre as questões de elegibilidade, vinculadas ao valor do limite de renda e ao conceito de família, condições que estão indissoluvelmente ligadas. Com a intenção de obter o benefício recusado pelo MDS, os interessados muitas vezes recorrem à Justiça, que frequentemente lhes dá ganho de causa. Os juízes tendem a argumentar quanto à fragilidade dos conceitos adotados de linha de pobreza e de família. Naturalmente, o ganho de causa obtido com a violação das regras do BPC agrava ainda mais a desvantagem distributiva desse programa em comparação com o BF, além de significar menor eficiência distributiva dos recursos destinados às transferências assistenciais como um todo.

Finalmente, é a diferença enorme nos valores dos benefícios o que distingue marcadamente os dois sistemas, com implicações relevantes sobre pobreza e desigualdade, como foi examinado na Seção 7.1. Embora comumente se argumente que o BPC é uma forma de aposentadoria e o BF uma complementação de renda,[12] o objetivo maior das transferências de renda focalizadas é a redução da pobreza e da desigualdade. Da forma como estão hoje estruturados, os dois sistemas em paralelo são conflitantes ao tratar subconjuntos de pobres diferentemente.

7.3 A COMPATIBILIZAÇÃO DOS DOIS SISTEMAS

Os dois sistemas federais de transferências assistenciais que coexistem hoje no Brasil são muito diversos no que concerne à sua institucionalidade, sua clientela, seus critérios de elegibilidade quanto ao conceito de família, assim como ao valor do benefício pago e às regras do seu reajuste. Se o objetivo desses sistemas é amenizar as condições de pobreza presente e reduzir de forma definitiva a incidência da pobreza no futuro, medidas voltadas ao seu redesenho se fazem necessárias, de modo a maxi-

---

12 Soares e Satyro, 2009.

mizar o impacto dos recursos mobilizados. Isso significa, certamente, melhor atender as famílias na base da distribuição, em particular aquelas com crianças.

Caberia, na verdade, introduzir mudanças no sentido de reduzir a desigualdade dos pobres frente às transferências assistenciais, diminuindo as diferenças no que tange aos critérios de elegibilidade e aos benefícios proporcionados pelos dois sistemas. A faceta mais óbvia dessa desigualdade é o hiato dos valores pagos pelo BPC e pelo BF, o que, aliás, tem efeitos que ultrapassam em muito o escopo da assistência social, envolvendo também questões ligadas às aposentadorias contributivas e às pensões pagas pela Previdência Social.

Assim, o fato de o BPC ser legalmente equiparado ao salário mínimo significa que ele tem valor idêntico ao piso previdenciário, ao qual correspondem 70% dos benefícios pagos pelo INSS. Embora não haja evidências empíricas de que a atual equiparação dos BPCs ao salário mínimo venha tendo impacto sobre a Previdência Social, por exemplo, desestimulando a filiação a ela, as regras atuais causam, do ponto de vista estritamente financeiro, prejuízo aos trabalhadores contribuintes com rendimento do trabalho até três salários mínimos, isto é, 98% dos empregados com carteira assinada em 2009.[13] Significa dizer que para esses trabalhadores não vale a pena contribuir com 7,65% do seu salário para a Previdência Social, sendo mais interessante do ponto de vista financeiro receber o benefício assistencial a partir dos 65 anos. Independentemente da questão financeira, que está longe de dar conta dos determinantes institucionais e psicológicos que operam como determinantes da decisão do trabalhador de se formalizar, é certamente esdrúxulo que a grande maioria dos contribuintes da Previdência Social venha a receber como aposentadoria valor idêntico ao do benefício assistencial.

Embora a igualdade do BPC ao piso previdenciário, e de maneira mais geral, os diversos usos do salário mínimo como parâmetro de valor sejam matérias altamente controversas e cercadas de dificuldades legais, a política de valorização do salário mínimo opera no sentido de que ele venha a se tornar exclusivamente um parâmetro para o mercado de trabalho. Nesse sentido, é provável que em algum momento seja estabelecido um deságio inicial do BPC em relação ao valor mínimo do benefício associado ao sistema contributivo. Será também necessário estabelecer uma regra de ajuste do valor das transferências constitucionais desvinculada da regra de ajuste

---

13 As regras atuais que regem a concessão de aposentadoria no setor privado são, basicamente, aposentadoria por tempo de serviço após 35 anos de contribuição, e aposentadoria por idade aos 65 anos, após ter contribuído por, no mínimo, 15 anos. Camargo e Reis (2007) mostraram que, dadas essas regras, a contribuição previdenciária causa, na maioria dos casos, prejuízo financeiro aos trabalhadores que começam a trabalhar com 20 anos e têm esperança de vida de 80 anos.

do salário mínimo, aliás, nos moldes do que já vem sendo feito na Previdência Social quando se trata de benefícios de valores superiores ao salário mínimo.[14]

A desvinculação entre BPC e salário mínimo teria como efeito reduzir a diferença entre os valores dos BPCs e do BF, o que pode ter um impacto distributivo favorável em geral. Embora os valores médios do BF venham se elevando ao longo do tempo em termos reais, o avanço do salário mínimo tem sido muito mais rápido, ampliando a desigualdade de tratamento dos beneficiários dos dois sistemas. Como se viu na Seção 7.2, os idosos estão bem protegidos pelo conjunto de medidas vinculadas aos sistemas previdenciário e assistencial, o que resulta em enorme diferença da proporção de pobres entre crianças e idosos, um resultado claramente indesejável sob qualquer ótica. Apesar da iniquidade e das desvantagens óbvias das diferenças dos dois sistemas de transferências de renda focalizadas, mudanças no sentido de integrá-los são delicadas e complexas, até porque envolvem matéria constitucional.[15]

Idealmente, essa compatibilização demandaria:

a. Estabelecimento de um limite de renda único para os dois programas, por exemplo, o de R$140 utilizado atualmente pelo BF, desvinculado do salário mínimo.

b. Garantia de um rendimento de *quasi-aposentadoria* para os idosos e portadores de deficiência como direito individual, mas com valores mais baixos do que os praticados atualmente, além de desvinculados do salário mínimo. A esse respeito é importante lembrar que o BPC não é um benefício vitalício, e que manter o recadastramento bianual dos beneficiários, como feito pelo BF, é fundamental para atingir os objetivos quanto à boa focalização.

c. Integração do cadastro do BPC ao Cadastro Único. Esta operação, ainda em curso em 2013, traz vantagens importantes para o entendimento da dinâmica familiar, das necessidades diferenciadas de seus membros e dos impactos associados às transferências. Ademais, é fundamental que os mecanismos de monitoramento e controle do BF se estendam ao BPC, que ainda hoje funciona, *grosso modo,* como um benefício previdenciário vitalício.

---

14 Naturalmente há dificuldades importantes no caminho, já que se trata de matéria constitucional, além da oposição ferrenha dos sindicatos. A esse respeito, é interessante lembrar que o BF, aproveitando a flexibilidade institucional que a privilegia, desvinculou o valor da renda familiar *per capita* usado como critério de elegibilidade do valor do salário mínimo, o que constituía regra geral dos *novos* programas anteriores.

15 A este respeito, é interessante o modelo mexicano, que introduziu um benefício individual aos idosos no âmbito do *Oportunidades* (Soares *et al,* 2007), embora não se trate, obviamente, de reduzir no Brasil o valor do BPC dos idosos aos patamares adotados naquele país.

O aperfeiçoamento por que vem passando o Cadastro Único é essencial não só para a compatibilização progressiva dos dois sistemas de transferência de renda, mas para dar organicidade à política antipobreza. Na verdade, será necessário reestruturar paulatinamente as transferências assistenciais e os benefícios da Previdência Social, considerando as relações com o mercado de trabalho e a política do salário mínimo.

PREVIDÊNCIA SOCIAL E ASSISTÊNCIA SOCIAL: INCONSISTÊNCIAS OPERACIONAIS

Como se viu, a Constituição de 1988 garante que o piso dos benefícios pagos pela Previdência Social seja igual a um salário mínimo, tanto em se tratando dos benefícios vinculados ao Sistema Geral de Previdência Social, como os BPCs. A proposta de desvinculação dos valores assistenciais do salário mínimo, como apresentada anteriormente no item b, está longe de ser consensual, mas certamente opera no sentido de melhorar a lógica de funcionamento dos dois sistemas, que estão crivados de inconsistências.

Um exemplo interessante dessas inconsistências e do caos legal que hoje prevalece é a contradição entre o Estatuto do Idoso,[16] de 2003, e a Constituição, no que tange à concessão do BPC. Para simplificar, consideremos um casal de idosos sem renda que viva sozinho.[17] O Estatuto do Idoso garante sempre a concessão de dois BPCs ao casal, isto é, um BPC para cada idoso, uma vez que o Estatuto estabelece que o valor do primeiro BPC concedido não será levado em conta para fins de cálculo da RFPC para a concessão do segundo BPC.

Assim, do ponto de vista legal, a confusão está formada. Quando o segundo benefício é solicitado, o MDS o recusa com base na Constituição: após receber o primeiro BPC, a renda familiar *per capita* do casal tinha passado a ser de meio salário mínimo, portanto superior ao piso de elegibilidade de ¼ de salário mínimo adotado como critério constitucional para a concessão do BPC. Se o interessado recorrer à Justiça, esta obrigará o MDS a conceder o segundo benefício com base no Estatuto do Idoso.

Mas, além da inconsistência jurídica, existe também uma contradição. Tomemos um casal de idosos, sendo que um dos cônjuges recebe aposentadoria do INSS no valor de um salário mínimo. Como o valor da aposentadoria é computado para fins de cálculo da renda familiar, o segundo idoso não é elegível para receber o BPC. Mas, com se viu anteriormente, receber dois BPCs é legal. Isso significa que situações idênticas do ponto de vista da estrutura familiar e da renda geram direitos diversos em relação ao BPC.

---

16 Lei 10.741, de 1o de outubro de 2003.

17 Não é necessário que o casal viva sozinho, apenas que a RFPC do grupo familiar relevante seja inferior a ¼ de salário mínimo.

7.4 AS TRANSFERÊNCIAS DE RENDA COMO CERNE DA POLÍTICA ANTIPOBREZA

Em função da expansão vigorosa e enorme visibilidade, e, por que não dizer, do sucesso, os programas de transferência de renda assistenciais tornaram-se o cerne da política pública antipobreza. No entanto, será que eles devem desempenhar essa função?

Do ponto de vista da política social de um país com elevada incidência de pobreza e desigualdade, apresentando características únicas como as que se verificam no Brasil, as transferências de renda são essenciais, mas devem ser apenas um dos elementos de uma rede de ações mais ampla. Trata-se de aproveitar o interesse e a atratividade dos benefícios monetários junto à sua clientela potencial, que leva os pobres a se cadastrarem. Assim, é possível conhecer suas características e necessidades diferenciadas, de forma a apoiá-los, visando a promover sua integração social adequada no médio e longo prazo.

Nesse sentido, o Cadastro Único não pode ser apenas um instrumento de acompanhamento e controle das transferências de renda, mas deve ser a base para a ação de serviços assistenciais que definam estratégias de superação da pobreza para as famílias atendidas. Ele se constitui na ferramenta fundamental para mapear necessidades e garantir o acesso efetivo aos serviços públicos universais

desde o provimento de documentos do registro civil até o acesso a serviços educacionais supletivos para jovens com atraso escolar, passando por todas as necessidades básicas relativas a saneamento, saúde, qualificação, trabalho e lazer dos indivíduos nas famílias assistidas.

Assim, não existe um *pacote* assistencial único de serviços a serem garantidos aos mais pobres. As necessidades variam de família a família, e são tão diversas como diversa é a pobreza no país: como imaginar que pobres residentes no centro de uma área metropolitana necessitem do mesmo tipo de assistência que aqueles em um bolsão de pobreza rural no sertão nordestino?

As transferências de renda não podem e não devem ser vistas como um fim em si, que reduz a pobreza e a desigualdade de imediato. Constituem apenas um dos mecanismos de um sistema mais amplo visando apoiar as famílias beneficiadas nas suas necessidades específicas, de forma a romper o círculo vicioso da pobreza, o que remete à questão das *portas de saída*, que será tratada no Capítulo 8. Ademais, dado o âmbito de cobertura já atingido pelas transferências de renda 3,8 milhões de BPC e 14,2 milhões de famílias atendidas pelo BF[18] — o sistema de assistência social deverá

---

18 Dados relativos a dezembro de 2011. Fonte: AEPS e MDS

ser reestruturado de forma a reduzir a importância relativa das transferências em prol de uma garantia efetiva de acesso a serviços públicos e de apoio às necessidades específicas das famílias pobres.

Como se viu neste capítulo, as transferências de renda têm efeitos distributivos e de redução da intensidade da pobreza que são irrefutáveis. No entanto, existem desafios institucionais e legais que será necessário enfrentar, tendo em vista o tamanho da clientela e o nível de dispêndio atingido. Os dois sistemas que se superpõem — o do BPC e o do Bolsa Família — têm características muito diversas, de modo que a redefinição de parâmetros e regras visando uma integração progressiva deles deverá ser empreendida rapidamente, pois é condição básica para aumentar a eficiência das transferências no sentido da redução da incidência atual da pobreza e da desigualdade de renda.

A esse respeito é importante lembrar que na origem dos *novos* programas de transferência de renda estava a preocupação em combater a pobreza e sustar sua transferência intergeracional, garantindo maior proteção adicional às crianças via renda, mas principalmente pelo acesso à educação e aos serviços de atenção básica à saúde. Sob esse enfoque, o benefício monetário não seria a solução *per se* — até em função do valor baixo das novas transferências —, mas permitiria alguma melhoria imediata do bem-estar, enquanto o progresso educacional da nova geração não resultasse em elevação da renda das famílias pobres.

Com a universalização do direito ao benefício dos *novos* programas a partir de 2003, de modo a atender a toda a população pobre, foi mantida alguma proteção diferenciada para as famílias pobres com crianças. No entanto, a desvantagem monetária das crianças em relação aos idosos quanto às transferências assistenciais permanece enorme, e, o mais grave, vem aumentando na última década em função dos desequilíbrios inerentes à concepção do sistema de proteção social em vigor no país.

O que foi discutido ao longo deste capítulo pode ser sintetizado em três pontos básicos.

Primeiro, as transferências de renda têm importantes efeitos na redução da desigualdade e no aumento da renda dos mais pobres, principalmente quando se leva em conta os resultados obtidos em relação ao volume de recursos transferidos. No entanto, a redução da desigualdade de renda e da pobreza que vem ocorrendo de forma sustentada deve ser atribuída, fundamentalmente, ao funcionamento favorável do mercado de trabalho. Este garantiu que os mais pobres tivessem perdas menores nos períodos de conjuntura econômica adversa, e também ganhos mais fortes desde 2004, quando o país retomou uma trajetória de crescimento.

Segundo, é necessária a compatibilização dos dois sistemas de transferência de renda, de modo a reduzir a iniquidade no tratamento dos pobres e, em particular, a injustiça em relação às crianças: a pobreza entre elas continua sendo dramaticamente mais alta do que nas demais faixas etárias e, mais grave, a melhoria dos indicadores ocorre em ritmo mais lento do que para as demais. Trata-se de otimizar os sistemas de transferências assistenciais para obter melhores resultados em termos de redução da pobreza e da desigualdade, garantindo, ademais, a coerência e a complementaridade entre previdência social e assistência social.

Terceiro, as transferências e o dispêndio a elas associado são apenas uma pequena parcela de um sistema desejável de assistência social de ações integradas e ajustadas às necessidades da clientela. Trata-se de utilizar o Cadastro Único para conhecer a clientela e definir mecanismos de atendimento específicos, inclusive garantindo a oferta quantitativa e qualitativamente adequada de serviços de caráter universal,[19] aos quais os pobres poderiam passar a ter acesso de fato com o apoio e a intermediação dos serviços de assistência social.[20]

---

19 Afonso (2006) e Lavinas e Garson (2003) destacam a importância do gasto social de caráter universal.

20 Setorialmente, esta intermediação já existe de forma incipiente na saúde. Agentes comunitários de Saúde agendam atendimentos e exames especializados para as famílias sob a sua responsabilidade nos centros médicos de referência adequados.

ANEXO 7
Simulação das Transferências de Renda Assistenciais

Impactos simulados das transferências de renda assistenciais
sobre a razão do hiato e sobre hiato quadrático
Brasil e estratos de residência — 2007

Áreas e simulações	Razão do hiato		Hiato quadrático	
	Total	Var. (%)	Total	Var. (%)
Brasil total				
Observado	0,4300	—	0,1078	—
Simulado excluindo				
BPC	0,4398	2,3	0,1137	5,4
BF	0,4527	5,3	0,1173	8,8
BPC e BF	0,4624	7,5	0,1234	14,4
Brasil urbano				
Observado	0,4249	—	0,0952	—
Simulado excluindo				
BPC	0,4369	2,8	0,1015	6,6
BF	0,4466	5,1	0,1028	8,0
BPC e BF	0,4582	7,8	0,1093	14,8
Brasil rural				
Observado	0,4479	—	0,1198	—
Simulado excluindo				
BPC	0,4597	2,6	0,1293	7,9
BF	0,5015	12,0	0,1493	24,6
BPC e BF	0,5127	14,5	0,1597	33,3

Fonte: Rocha (2009) com base nos microdados da PNAD.

CAPÍTULO 8

O Fim da Pobreza?

Governo Roussef se iniciou em condições francamente positivas em janeiro de 2011. Desde 2004 tem havido progressos contínuos e simultâneos em termos de redução da desigualdade e aumento do nível de renda das famílias, que, como se viu, levaram à redução sustentada da pobreza. O pano de fundo são os avanços dos indicadores sociais *clássicos*, que já vinham evoluindo favoravelmente no longo prazo. Mesmo diante da redução da pobreza, as condições de vida dos que permaneceram pobres ou extremamente pobres melhoraram significativamente[1].

Esta conjunção excepcional, que combina melhoria das condições de vida, aumento da renda e queda da desigualdade, criou um ambiente de visível satisfação social. É verdade que ao considerar as condições de vida, especialmente dos mais pobres, não se pode esquecer as questões críticas quanto à violência e à insegurança pública, associadas ao avanço do tráfico de entorpecentes e à ineficácia dos aparelhos policial e judiciário.[2] Essas questões, que têm sido enfrentadas com graus diferenciados de ênfase e de sucesso no espaço nacional, empanam o brilho do que pode ser qualificado como período áureo na história recente do país.[3]

---

1 A comparação do perfil da população brasileira em 2004 e em 2009 evidencia grandes progressos em um curto espaço de tempo. Assim, por exemplo, embora o acesso dos domicílios à eletricidade já estivesse praticamente universalizado no Brasil (98,9% em 2009), para os extremamente pobres o acesso a esse serviço evoluiu de 85,9% em 2004, para 94,3% em 2009 (Osorio *et alii*, 2011).

2 Considerando como indicador de violência o número de óbitos por agressão, utilizando a metodologia da OMS, o Brasil se colocava em sexto lugar dentre os países que dispõem desta estatística, o que correspondia a 25,8 óbitos para cada 100 mil habitantes em 2005 (Ferreira, 2011).

3 Do ponto de vista econômico, na medida em que seja legítimo separá-lo do social, o contexto não era certamente de um mar de rosas, mesmo antes do crescimento pífio do produto em 2011 e 2012. Há questões críticas, como a carga tributária extorsiva, que chega a mais de 35% do PIB; o gasto público elevado, ineficiente e por demais concentrado em despesas correntes, prejudicando o investimento do governo; atrasos históricos no que concerne à realização das reformas trabalhista e previdenciária, e a decisões quanto ao papel do Estado e às privatizações. No entanto, o Brasil está longe da conjuntura de crise, como as muitas por que passou ao longo do pós-guerra, associadas ao calote da dívida, à inflação galopante, ao estrangulamento do setor externo.

Enquanto governo de continuidade do Partido dos Trabalhadores na Presidência da República, o Governo Roussef teve como objetivo declarado prosseguir e aperfeiçoar as ações empreendidas pelo Governo Lula. Esse objetivo geral foi expresso na área social através de uma meta específica: eliminar a pobreza extrema até o final do governo, em 2014. Trata-se, portanto, de *sobrefocalizar* as ações antipobreza nas famílias com renda familiar *per capita* abaixo de R$70, que se tornou a linha oficial de pobreza extrema em 2011.

O QUE SIGNIFICA UMA LINHA UE POBREZA EXTREMA OFICIAL?

Em maio de 2011, o governo federal, através do Ministério do Desenvolvimento Social e Combate à Fome, fez pública a decisão de adotar o valor de R$70 como linha de extrema pobreza oficial. Simultaneamente, divulgou estimativas de número e proporção de pobres com base nos dados preliminares do Censo Demográfico de 2010.

A decisão de adotar uma linha oficial é encarada com ceticismo por vários especialistas, mas é uma reivindicação antiga do Partido dos Trabalhadores. Desde os tempos em que era oposição, o PT via a existência de um ou de diversos parâmetros de renda como um instrumento essencial para estabelecer metas de redução da pobreza e para acompanhar os resultados obtidos ao longo do tempo.

Ao estabelecer a linha de extrema pobreza correspondendo ao valor de renda domiciliar *per capita* igual ou inferior a R$70, o MDS fez uma opção pela simplicidade e pela praticidade. Esse valor correspondia ao patamar inferior de renda utilizado pelo Bolsa Família para fins de elegibilidade ao benefício monetário em 2011. À taxa de câmbio da época, também correspondia aproximadamente ao valor mensal da linha de extrema pobreza do Banco Mundial — US$1,25 dia — adotada na tentativa de comparar a incidência de pobreza em diferentes países.

Naturalmente, um valor único nacional não pode refletir as diferenças de custo de vida dos pobres nas diversas áreas do país, que, como é sobejamente conhecido e documentado, varia bastante entre áreas urbanas e rurais, assim como entre regiões. É intuitivamente percebido que o custo de vida para todos, portanto também para os pobres, tende a ser mais elevado em áreas metropolitanas do que nas urbanas, e nas urbanas mais do que nas rurais. No Brasil, ao longo dos anos, o IBGE produziu um conjunto riquíssimo de informações sobre renda e consumo das famílias, captando as diferenças de estrutura de consumo e do valor de despesas. Estas informações permitem que se estabeleçam linhas de pobreza específicas de forma espacialmente bastante detalhada. Apenas com o uso de valores diferenciados entre áreas, que reflitam a diversidade do custo de vida, faz sentido comparar a incidência de pobreza em *cross-section* em um determinado momento no tempo, por exemplo, a proporção de pobres entre zonas rurais e urbanas; entre a região Nordeste e a Sul; ou entre Belém e Curitiba. Para fins de diagnóstico, acompanhamento e desenho de políticas, o uso de linhas de pobreza diferenciadas deverá prosseguir como se tornou tecnicamente consensual no Brasil, já que seria um desperdício adotar um valor arbitrário quando estão disponíveis informações estatísticas para o estabelecimento de um conjunto de linhas localmente específicas.

No entanto, a linha de pobreza única serve como referência simples e de ampla compreensão para acompanhar a evolução da população com renda inferior ao patamar estabelecido, reconhecidamente baixo, ao longo do tempo. Naturalmente, comparações intertemporais terão de ser feitas a partir do valor fixado em R$70 a preços de agosto de 2010, data de referência das informações de rendimento do Censo Demográfico, devidamente ajustado pela evolução dos preços. Apesar disso, até o final de 2012, o MDS manteve o valor nominal da linha estabelecido no momento da sua criação, não tendo tampouco anunciado a introdução de regra quanto à periodicidade do reajuste. Com a inflação anual situando-se em torno de 5%, o uso de valor nominal constante ao longo do tempo introduz um viés indesejado nas comparações intertemporais oficiais relativas à evolução da pobreza no país.

O foco na pobreza extrema anunciado pelo Governo Roussef se justifica. Na perspectiva de longo prazo, a pobreza extrema vinha se reduzindo em ritmo mais rápido do que a pobreza,[4] portanto, atendendo de forma mais imediata como desejado as situações mais críticas quanto ao nível de renda. No entanto, desde 2004 e, em particular, desde 2007, o declínio da proporção de pessoas vivendo em condições de pobreza extrema vem se dando a um ritmo menor do que o da proporção de pobres em geral. Isso se deve em parte porque, no caso da pobreza extrema, a proporção já chega a 5%, o que pode ser considerado um percentual próximo ao patamar de resistência, que, na prática, é muito difícil ultrapassar. No entanto, esse mesmo comportamento de estabilização tem ocorrido na área rural, onde a pobreza extrema tem se mantido no patamar em torno de 10% desde 2007, o que representa em 2011 o dobro da média nacional.

---

4 Segundo estimativas da autora baseada em linhas de pobreza e de extrema pobreza baseadas na POF/IBGE (ver Rocha, 2006), a proporção de pobres no Brasil caiu de 44,2% em 1990, para 18,4% em 2011. Em contrapartida, a pobreza extrema reduziu-se de 17,% para 4,7% , ou menos de 1/3, no mesmo período (Os resultados para 1990 não incluem a área rural da Região Norte).

GRÁFICO 8.1:

Proporção de pobres (%) 2004-2011
Pobreza, pobreza extrema e pobreza extrema em área rural

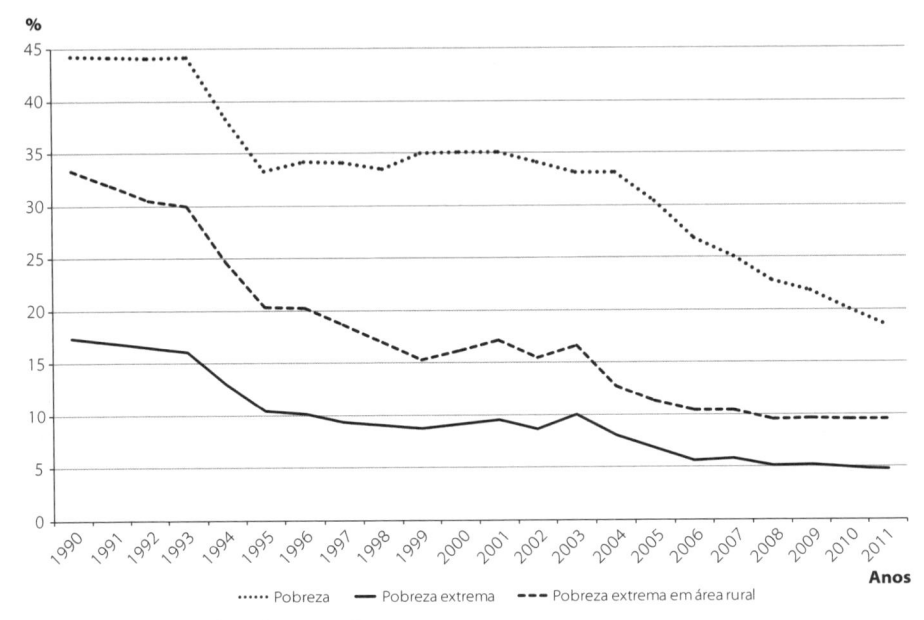

····· Pobreza —— Pobreza extrema --- Pobreza extrema em área rural

Nota 1: Ate 2004 não inclui o Norte rural.
Nota 2: Valores de 1991, 1994, 2000 e 2010 obtidos por interpolação.
Fonte: Rocha, com base em microdados da PNAD.

A respeito da meta de eliminar a pobreza extrema ao final de quatro anos tal como anunciado no início do governo, cabem algumas observações.

A primeira diz respeito às condições mais gerais nas quais se inserem a política social e, em particular, a política de transferências assistenciais. O ritmo de crescimento econômico, que serviu de base à trajetória sustentada de declínio da pobreza desde 2003, declinou muito nos dois últimos anos. Felizmente, até o momento, no início de 2013, não há evidências de reversão dos ganhos de renda das famílias e das melhorias de sua distribuição. No entanto, sem retomada do crescimento para os patamares de 4% a 5% ao ano, as perspectivas tornam-se menos auspiciosas, especialmente diante das dificuldades de aumentar a taxa de investimento privado e público, esta última vinculada ao descontrole das despesas correntes do governo. Nesse sentido, a retomada de controle sobre as variáveis macroeconômicas é essencial para garantir a continuidade das conquistas dos últimos anos na área social. A segunda observação se refere ao fato de que, embora pobreza seja reconhecidamente uma síndrome multivariada caracterizada por carências diversas, o objetivo de eliminação da pobreza como pretendido pelo governo se refere apenas à insuficiência de renda, o que, naturalmente, já não seria pouca coisa. Inicialmente, o governo se propôs a atender com transferências de renda assistenciais os 16,2 milhões de pessoas que viviam com renda inferior a R$70 mensais,[5] patamar de renda familiar *per capita* mais baixo entre os dois utilizados pelo Bolsa Família. As demais carências das famílias pobres — saúde, educação, saneamento, habitação e outras mais — são mencionadas de forma explícita, mas não há metas de cobertura ou indicadores relativos ao padrão do atendimento a ser atingido. O plano, denominado *Brasil sem Miséria*, estabelece que os mecanismos de política pública focalizados nos pobres devem atuar de forma complementar, mas, como bem sabido, isto é mais fácil dizer do que fazer. Ao centrar a política antipobreza na insuficiência de renda e utilizar as transferências como mecanismo privilegiado, o governo reforça a dicotomia existente entre os programas de transferência e as demais ações de assistência social. Na verdade, os programas de transferência vêm se desenvolvendo conceitual e operacionalmente de forma autônoma, enquanto as outras ações ficam restritas, na prática, à provisão de serviços aos pobres na forma tradicional.[6]

A terceira observação tem a ver com o cadastramento e a incorporação ao Bolsa Família das famílias em pobreza extrema, isto é, as elegíveis não beneficiárias na base da distribuição de rendimentos de que tratamos no Capítulo 5. Foi visto que, com a unificação dos *novos* programas, a expansão da clientela do Bolsa Família e o aperfeiçoamento do Cadastro Único, esse contingente de excluídos por excelência foi sendo reduzido, mas ele é ainda importante, não apenas numericamente, mas por se tratar das famílias mais pobres e vulneráveis do país. Segundo estimativas do próprio governo, o contingente de elegíveis não beneficiárias do BF seria formado por cerca de 800 mil famílias, parte delas isoladas em zonas rurais, mas, principalmente, famílias residentes em áreas especialmente deterioradas e marginalizadas das periferias metropolitanas, tais como lixões e zonas controladas pelo tráfico. O objetivo declarado da chamada *busca ativa*, empreendida pelos serviços públicos nas três esferas de governo através de suas diferentes agências, é chegar a essas famílias e resgatá-las para o âmbito da assistência social, o que frequentemente depende de apoio de força policial.

Com o objetivo de localizar famílias e incorporá-las ao Cadastro Único, tem sido formalizada a colaboração do Ministério do Desenvolvimento Social (MDS) com outros

---

5 No início de 2011, esta era a estimativa do tamanho da população em pobreza extrema do ponto de vista da renda domiciliar *per capita*. Foi anunciada pelo governo, tendo como fonte as informações da Amostra do Censo Demográfico 2010, portanto uma proporção de 8,5% da população daquele ano. Vale lembrar que, em função das características da sua operação de coleta, o Censo Demográfico tende a subestimar a renda, o que, comparativamente à PNAD, resulta em algum aumento nas estimativas de pobreza. Os dados de rendimento do Censo, assim como as estimativas de pobreza e de desigualdade elaboradas com base neles, não são rigorosamente comparáveis aos da PNAD, cuja informação coletada junto a uma amostra de domicílios ocorre nos anos não censitários.

6 IPEA (2011).

organismos públicos, cujos tipos de ação e de registros operacionais podem auxiliar na identificação dos extremamente pobres, servindo de base para a ação direta do MDS. É o caso do Ministério da Saúde, devido à atuação dos agentes de saúde, que fazem a cobertura universal das famílias em áreas pobres selecionadas. Também o INCRA, o Ministério do Trabalho, o MEC, o Ministério da Defesa, além de organismos dos governos estaduais e municipais têm atuação e registros que podem ser usados para atender a este objetivo.

Ao cadastrar essas famílias e incorporá-las ao Bolsa Família, haverá necessariamente melhorias na focalização do programa. Poderá, inclusive, ocorrer como subproduto positivo o declínio do erro de inclusão — estimado em cerca de 40% caso haja substituição de famílias menos pobres, isto é, com renda acima do patamar de R$140 *per capita*/mês, por famílias com renda abaixo desse patamar. Embora seja difícil uma ação integrada de proteção à totalidade das mais de 14 milhões de famílias — ou 22% das famílias brasileiras[7] — que recebem transferências de renda mensais do Bolsa Família, o melhor caminho a trilhar consiste em priorizar a ação integrada de assistência social justamente em prol do atendimento às famílias até agora excluídas e extremamente pobres.

A quarta observação se refere ao fato que identificar, cadastrar e contemplar as famílias extremamente pobres com a transferência do Bolsa Família não significaria tirá-las da pobreza extrema, mesmo que se considere a questão da pobreza exclusivamente do ponto de vista da renda. Aliás, isso já vinha acontecendo com famílias beneficiárias do Bolsa Família que, apesar do benefício monetário recebido, continuavam extremamente pobres do ponto de vista da renda, isto é, com renda *per capita* inferior a R$70. Assim, no caso mais favorável — no sentido de maximizar o aumento da renda pós-transferência em relação à renda original famílias com renda *per capita* inferior a R$ 16 antes do Bolsa Família continuavam extremamente pobres após o recebimento do benefício[8].

Na verdade, dos 16,2 milhões de indivíduos extremamente pobres, conforme a estimativa censitária, apenas uma parcela relativamente pequena — 2,5 milhões — corresponde a domicílios elegíveis não beneficiários na faixa de pobreza extrema. Os

---

7 Informações relativas a 2011 (Fonte: MDS e PNAD).

8 Tome-se o caso limite de famílias formadas por um adulto e um adolescente 16 ou 17 anos, com renda familiar *per capita* abaixo de R$16. Na situação inicial mais favorável a renda familiar é R$15, de modo que o recebimento da transferência de R$108 (= R$70 + R$38), montante que dividido pelos dois membros da família significaria um aumento da renda *per capita* de R$54. Com a renda inicial de R$15, a renda pós-transferência chegaria R$69, ainda abaixo da linha de pobreza extrema. Para quaisquer valores mais baixos de renda inicial, a transferência máxima possível é a mesma — R$108 de modo que a renda *per capita* pós-transferência será sempre menor do que no caso analisado.

demais já recebiam transferências do Bolsa Família, e, em alguns casos, também do BPC. Então, tirá-los da situação de pobreza extrema não significaria apenas localizar os não cadastrados, mas aumentar o valor das transferências de renda. Embora o *Brasil sem Miséria* não fizesse referência a elevar a renda familiar *per capita* dos extremamente pobres até o valor atual de R$70, esta é a abordagem mais direta tendo em vista o objetivo de eliminação da pobreza extrema do ponto de vista da renda, proposto pelo governo.

A esse respeito vale ressaltar que a questão do valor dos benefícios pagos às famílias é um assunto controverso e politicamente delicado. Os benefícios pagos pelo menos até 2011 eram de valor baixo[9] — e estamos naturalmente nos referindo ao Bolsa Família, já que, definitivamente, esse não é o caso do BPC, que corresponde ao salário mínimo vigente. Assim, embora as transferências do Bolsa Família possam não alterar muito o valor da renda de parte das famílias beneficiárias, permitem em todos os casos melhoria das condições de vida devido à previsibilidade da receita num dado momento do mês. Essa previsibilidade é valiosa num contexto em que as famílias têm rendas que oscilam muito ao longo do tempo. Embora seja comum o argumento de que a transferência de renda reduz o estímulo para inserção no mercado de trabalho, essa não é a situação mais comum tendo em vista a estrutura e o tamanho das famílias brasileiras hoje. No entanto, quando o rendimento do trabalho que pode ser obtido é tão baixo a ponto de competir com a transferência do BF, é certamente preferível que a família opte pelo benefício, evitando assim situações de exploração escandalosa da mão de obra pouco qualificada.

A questão relativa ao valor do benefício pode ser analisada também do ponto de vista do gasto consolidado com transferências. Pagando 18 milhões de benefícios, as transferências assistenciais corresponderam a apenas 1% do PIB de 2011, e 0,4% do PIB no caso do Bolsa Família, exclusivamente. Olhando a questão de outra maneira, muito pouco em termos de recursos financeiros adicionais seria necessário para eliminar a pobreza extrema por meio de transferências focalizadas: algo como R$4,5 bilhões, ou cerca de ¼ a mais do que já vem sendo despendido.[10] O custo teórico de eliminação da pobreza extrema do ponto de vista da renda tem ficado cada vez menor como proporção do PIB. Por um lado, devido ao crescimento do produto nos últimos anos; por outro lado, porque existem menos pobres em função do aumento da renda

---

9 Vale lembrar que o valor médio do benefício efetivamente pago pelo Bolsa Família era de R$119, em 2011.

10 Estimativas com base nas rendas da PNAD 2011, rendas estas que incluem as transferências feitas. Naturalmente trata-se de estimativas estatísticas que pressupõem a focalização perfeita dos benefícios, cujos valores são exatamente suficientes para compensar o hiato entre a renda *per capita* das famílias e o valor estabelecido como linhas de pobreza.

das famílias, o que se deve especialmente ao aumento da renda do trabalho. Assim, se eliminar a pobreza extrema demandava 0,30% do PIB em 2003, esse percentual tinha caído a 0,11% do PIB em 2011. Apesar da forte queda, é forçoso reconhecer que ambos os valores absolutos são modestos diante do benefício potencial,[11] e que, neste sentido, a transferência de renda seria apenas uma pequena parte da solução do problema da pobreza no Brasil.

Tendo em vista o seu objetivo declarado de acabar com a pobreza extrema, o governo federal dispunha de diversas estratégias possíveis.

Uma estratégia seria reforçar a colaboração entre, por um lado, o MDS, e, por outro lado, estados e municípios. Tendo por base as informações do Cadastro Único, podem ser estabelecidos programas locais de complementação ao Bolsa Família, inclusive estabelecendo metas específicas quanto à renda a ser atingida após a transferência complementar — então, não necessariamente a que corresponde à linha de pobreza extrema do programa federal. Naturalmente, estados e municípios poderiam também estabelecer regras diferenciadas de complementação, privilegiando famílias especialmente vulneráveis, em função de, por exemplo, composição da família, condições de saúde, educação e moradia.[12] Há que destacar que os municípios mais pobres — isto é, no sentido daqueles onde a proporção de pobres é mais elevada — não dispõem de recursos financeiros e outros para viabilizar essa complementação. Resta, nesse caso, a possibilidade de apoio da Unidade da Federação onde o município se localize, quando essa Unidade não for ela mesma pobre e/ou carente de meios de administração pública.

Uma estratégia alternativa seria o MDS enfrentar diretamente essa questão, já que havia *espaço* para aumentar o benefício pago às famílias extremamente pobres, do ponto de vista político e financeiro. Do ponto de vista técnico, eventuais ajustes no desenho do programa podiam ser antecipadamente simulados e, eventualmente,

---

11 Em 2003 e 2011, os valores em questão eram de, respectivamente, R$5 bilhões e R$4,5 bilhões a preços correntes (estimativa da autora).

12 Existem experiências de complementação em diversos estados e municípios. O Bolsa Carioca, do Município do Rio de Janeiro, se propõe a fazer a complementação do benefício do BF para 100 mil famílias, mais da metade daquelas atendidas pelo BF no município em novembro de 2011 (187 mil). Desde o final da década de 1990, o Estado de São Paulo implantou o programa RendaCidadã, que prioriza o atendimento por meio de transferências de renda em bolsões de pobreza no Estado, identificados pela Fundação SEADE. Visando progredir no processo de integração Bolsa Família com programas de transferência de renda focalizados em operação por iniciativa municipal, o MDS investigou e comprovou a existência de 140 programas deste tipo em funcionamento em 2011 (MDS, 2012).

implementados de forma controlada.[13] Assim, o MDS poderia aumentar o benefício básico pago às famílias extremamente pobres ou poderia optar por conceder aumentos percentuais diversos para os diferentes benefícios que compõem o valor total da transferência a que cada família tem direito em função de sua renda e de sua composição. No ajuste de valores, implementado em março de 2011, isso já tinha sido feito:[14] tiveram ganhos maiores os benefícios atribuídos às crianças, sabendo-se que estas estão sobrerrepresentadas nas famílias em situação de pobreza extrema.

As mudanças introduzidas no Bolsa Família em 2012 resultaram da combinação da abordagem direta de preenchimento do hiato de renda e da prioridade no atendimento às crianças nas famílias em pobreza extrema. Em maio daquele ano foi tomada a decisão beneficiando famílias com crianças de 0 a 6 anos que, mesmo recebendo a transferência do Bolsa Família, permaneciam ainda em situação de pobreza extrema. Sem alterar os parâmetros básicos dos benefícios fixos e variáveis, ajustados pela última vez em 2011, foi estabelecido que ao benefício calculado segundo as regras em vigor deveria ser adicionada, quando necessário, uma margem variável que garantisse a todas as famílias com crianças atingir o valor mínimo de R$70 *per capita*,[15] adotada como linha oficial de pobreza extrema oficial. No final do ano de 2012 essa mesma mecânica passou a se aplicar às famílias com crianças de 7 a 15 anos. A esse respeito cabem alguns comentários.

As mudanças de desenho do Bolsa Família adotadas em 2012 têm como objetivo eliminar o hiato de renda, isto é, a diferença entre a renda da família e o valor da linha de pobreza extrema, mas elegendo como clientela preferencial as famílias na faixa de pobreza extrema com crianças de zero a 15 anos. Como a pobreza extrema já estava sendo estimada pelo governo em 4,2% da população,[16] o valor do hiato de renda consolidado para o subconjunto de famílias com crianças se situa em níveis perfeitamente abordáveis em termo de custo adicional do programa.

---

13 Foram realizadas simulações de aumentos lineares de 5% a 100% de todos os benefícios do BF, o que naturalmente implicou um impacto de 5% a 100% do custo total do programa, tal como ele operava em 2009. Verificou-se uma relação quase perfeitamente linear entre aumento do valor das transferências e redução do número de pessoas vivendo abaixo da linha de pobreza extrema de R$67. Assim, dobrando o valor dos benefícios reduzir-se-ia a pobreza à metade. A elasticidade constante corrobora o fato de que "os benefícios são tão baixos que há muito espaço para aumentálos sem entrar em rendimentos decrescentes" em termos de redução da pobreza (Souza, Osório e Soares, 2011, p.37).

14 A respeito dos reajustes de valores e mudanças das demais regras do BF, ver Capítulo 6, em particular a Tabela 6.1.

15 Começando a ser paga no mês de junho de 2012 nas Regiões Norte e Nordeste, essa parcela de valor visando o preenchimento do hiato de renda foi denominada *Benefício para Superação da Extrema Pobreza na Primeira Infância* (BSP).

16 Estimativa de proporção de pobres usando a linha de pobreza extrema de R$70 e os dados de rendimento da PNAD de 2011. O número de indivíduos em pobreza extrema correspondente é de 8 milhões.

A abordagem adotada foi duplamente seletiva, focando na pobreza extrema e nas famílias com crianças, em vez de beneficiar crianças e adolescentes pobres em geral. O programa acentua a sua focalização, já que abordagens mais amplas voltadas para os mais jovens em geral tinham sido seguidas anteriormente, seja com a criação do benefício aos adolescentes, em março de 2008, seja com o aumento mais forte do benefício por criança em março de 2011, ou pelo aumento do número de benefícios às crianças por família em setembro de 2011.

Simulações disponibilizadas recentemente com base na PNAD 2011 (Osório e Souza, 2012) mostram de maneira irrefutável que o novo desenho do Bolsa Família é o mais efetivo dentre os adotados até então para reduzir a pobreza extrema, e, em particular, a pobreza entre crianças. Dadas as condições de renda captadas em 2011 e adotando a linha oficial de pobreza extrema de R$70 *per capita*, o mecanismo de *preenchimento* do hiato tem o potencial de reduzir a pobreza extrema de 3,4% para 0,8%, e a pobreza extrema entre os jovens de 0 a 15 anos de 5,9% para 0,6%.[17] Teoricamente, seria possível quase zerar a pobreza extrema e eliminar a desigualdade da incidência de pobreza extrema entre jovens e demais indivíduos.

A mudança no desenho do Bolsa Família realizada em 2012 é, portanto, uma reação a dois aspectos críticos da pobreza no Brasil, tal como ela se afigurava ao cabo do período de queda sustentada iniciado em 2004: por um lado, o patamar de resistência ao que chegou a proporção de pobreza extrema; por outro lado, a elevada participação das crianças dentre os mais pobres. Como se viu no Capítulo 7, há evidências empíricas sólidas de que apesar de o desenho dos *novos* programas de transferência de renda em geral, e o Bolsa Família em particular, terem privilegiado as famílias pobres com crianças,[18] não foram eficazes em compensar as desvantagens relativas dessas famílias.

A respeito do potencial do Bolsa Família com seu novo desenho acabar com a pobreza extrema no Brasil é forçoso fazer uma consideração básica: apesar de o mecanismo de política estar bem desenhado,[19] o objetivo de acabar com a pobreza extrema apresenta desafio da mesma natureza do desafio de acabar com a pobreza, embora naturalmente demandando recursos mais modestos: seria necessário que as transferências estivessem perfeitamente focalizadas nas famílias extremamente

---

17 Os dados da PNAD utilizados para esta simulação também corrigem o número de beneficiários do Bolsa Família, tornando esta informação compatível com a do MDS.

18 Dentre os *novos* programas anteriores ao Bolsa Família, todos, à exceção do Auxílio Gás, beneficiavam exclusivamente as famílias pobres com crianças. O Bolsa Família concede o benefício variável das crianças às duas faixas de pobreza utilizadas para classificar as famílias pobres.

19 São definitivos a este respeito os resultados das simulações de Osório e Souza (2012) acerca do funcionamento do *preenchimento do hiato de renda* das famílias com crianças situadas abaixo da linha de pobreza extrema.

pobres. No entanto, além de ser difícil localizar a totalidade destas famílias, suas rendas oscilam para mais e para menos com muita frequência. Aliás, essa é uma das razões por que o contingente de famílias elegíveis para o Bolsa Família continua se expandindo apesar do comportamento favorável da renda quanto ao seu nível e suas características distributivas.

Adicionalmente, e à guisa de conclusão, há que se considerar ainda os seguintes pontos sobre as transferências de renda e as perspectivas de redução continuada da pobreza no Brasil.

Primeiro, já é evidente que as transferências de renda de caráter assistencial vieram para ficar. Embora sejam frequentes as referências a *portas de saída* para as famílias assistidas pelo Bolsa Família como uma possibilidade quase imediata,[20] uma parte ponderável dessas famílias tem desvantagens importantes em termos de capital humano. Essas desvantagens dificultam e, em muitos casos, inviabilizam a inserção adequada no mercado de trabalho, fonte natural de rendimentos das famílias, principalmente em um período caracterizado por forte modernização, que requer mão de obra crescentemente qualificada. É importante destacar que, mesmo quando as situações críticas de pobreza absoluta estiverem sanadas, ainda assim transferências de renda assistenciais terão ainda um papel a desempenhar. Nesse novo contexto, as transferências de renda operariam no sentido de garantir rendas compensatórias aos relativamente pobres, já que a maximização do bem-estar e da justiça social está estreitamente associada a níveis os mais baixos possíveis de desigualdade de renda. Em face dos níveis declinantes de pobreza absoluta no Brasil, alguns autores já propõem a implementação no país de mecanismos universais de transferência de renda, típicos de países desenvolvidos.[21]

Segundo, se as transferências de renda assistenciais forem entendidas como um componente permanente do sistema de proteção social, há pela frente um processo inescapável de redesenho e reestruturação a ser enfrentado, com vistas a compatibilizar os dois sistemas de transferência de renda assistenciais existentes hoje no Brasil, que, por questões históricas, se superpõem, com elementos contraditórios em diversos aspectos. Apesar das diferenças institucionais entre eles — por exemplo, o caráter

---

20 Para a maioria do público e da imprensa, sejam eles de *direita* ou de *esquerda*, o bom programa assistencial é por natureza emergencial, tendo um "*mecanismo ejetor* de beneficiários, ou seja, um mecanismo que promova a rápida absorção de população atendida no mercado de trabalho (...)." (Cotta e Paiva, 2010).

21 Souza e Soares (2011) propõem transferências de renda para todas as crianças brasileiras, independentemente do status socioeconômico das famílias. Além de se caracterizar como uma política universal, em oposição ao BF, a proposta tem a vantagem de eliminar a superposição ineficaz e contraditória dos atuais mecanismos de transferência de renda para crianças, a saber, o SalárioFamília, a dedução para dependente menor no imposto de Renda Pessoa Física e o Bolsa Família.

constitucional do BPC que cria obstáculos legais a modificações no seu desenho e modo de operar —, o caminho em direção à integração é inevitável e já está sendo percorrido. Nesse sentido, a integração do cadastro do BPC ao Cadastro Único é um passo fundamental. É um pré-requisito para entender a dinâmica das famílias atendidas, qualquer que seja a decisão que venha a ser tomada quanto aos direitos dos idosos e portadores de deficiência a um benefício individual, que, no entanto, como o Bolsa Família, se restringe às famílias de baixa renda.

Terceiro, considerando as perspectivas de compatibilização dos dois sistemas hoje existentes e sua articulação crescente em um sistema único no futuro, um aspecto essencial é corrigir as iniquidades em relação às crianças pobres, que continuam relativamente desassistidas. Como se viu, embora a pobreza viesse se reduzindo em todas as faixas etárias, inclusive devido à contribuição das transferências de renda, a redução era mais lenta dentre as crianças. Esse foi um resultado direto do próprio desenho das políticas de transferências de renda, em particular, do impacto da política de valorização do salário mínimo sobre as aposentadorias e sobre o BPC, enquanto os benefícios variáveis do Bolsa Família permaneciam baixos, sendo reajustados de forma parcimoniosa ao longo do tempo. As mudanças recentes do Bolsa Família operam na direção adequada, reduzindo a grande diferença de valor entre o BPC e as transferências pagas pelo Bolsa Família. A esse respeito é importante lembrar que, antes da reforma de 2012, o dispêndio anual do BPC era cerca de 50% superior ao do Bolsa Família, enquanto este último atendia uma clientela quase quatro vezes maior que a do BPC.

Ao longo do processo de compatibilização e ajustes por que passarão necessariamente os dois atuais sistemas de transferência, é fundamental ter em mente o papel das transferências para promover a melhoria do bem-estar dos pobres no âmbito do consumo privado, mas também que, em larga medida, o bem-estar depende do acesso efetivo a serviços públicos básicos. No que concerne às crianças, como as transferências de renda não as beneficiam diretamente,[22] romper o círculo vicioso da pobreza implica focalizar nelas outras políticas antipobreza. Além da renda familiar, e às vezes, mais do que dela, a melhoria das condições de vida das crianças depende especialmente do acesso a serviços, em particular os de saúde e educação, condição *sine qua non* para evoluírem no sentido de uma inserção produtiva adequada mais adiante. Assim, a prioridade de atendimento de crianças e jovens passa, necessariamente, pela reforma drástica do sistema educacional em todos os seus aspectos. Não se trata apenas do acesso à escola, mas da garantia da educação de qualidade para todos, dentre os quais os pobres. Estes

---

22 As crianças têm a sua proteção do programa de transferência de renda necessariamente intermediada pela família. Embora o benefício seja pago geralmente à mãe, pessoa de referência preferencial do programa, não há garantia de que a criança receba o seu quinhão.

demandam atenção especial,[23] de forma a reduzir as desvantagens socioeconômicas para a inserção no mercado de trabalho, caminho natural e desejável para escapar da pobreza. A cobertura universal da clientela do Bolsa Família por creches e escolas de qualidade e em tempo integral é o ponto de partida e se configura hoje — por motivos não só financeiros, mas também organizacionais — como o calcanhar de aquiles da política antipobreza no Brasil.

Nesse sentido, melhorias no acesso e na qualidade dos serviços de educação e saúde centradas na atenção materno-infantil dos mais pobres têm o potencial de compensar boa parte das desvantagens de renda das crianças. O desejável é evoluir para um sistema de assistência à la Chile, onde os serviços que atendem às necessidades específicas das famílias se articulam ao mecanismo de transferência. Do ponto de vista conceitual, não há por que privilegiar o mecanismo de transferência de renda no âmbito da política assistencial. No Brasil isso ocorreu porque as transferências assistenciais se revelaram uma política pouco onerosa, com uma excelente relação custo-benefício em função da sua eficiência do ponto de vista dos resultados distributivos. A alternativa, uma política assistencial focalizada, composta de mecanismos diversos operando de forma integrada, tem custos infinitamente mais altos do que os das transferências de renda isoladamente. As implicações fiscais de uma opção desse tipo são óbvias, o que, na prática, demanda o redesenho de todo o gasto social.

Vale lembrar que o bom funcionamento de um sistema de assistência social que garanta uma rede de proteção efetiva não depende apenas de recursos financeiros, mas também de recursos organizacionais, gerenciais e de pessoal. Trata-se da questão crítica relativa à definição de prioridades no âmbito da política assistencial, mas que se vincula a aspectos mais gerais quanto à eficácia da gestão e do gasto públicos.

Em termos de perspectivas, o objetivo geral pode ser sintetizado como o equacionamento da questão da eficiência e do dispêndio das políticas públicas em geral, e da política antipobreza em particular, da qual as transferências de renda são atualmente o mecanismo mais visível.

---

23 Souza (2011) propõe, na linha do Bolsa Escola implementado no Distrito Federal em meados dos anos 1990, um mecanismo de poupança no âmbito do BF para premiar as crianças que se mantenham na escola. No entanto, é inócuo garantir a frequência escolar, e, de maneira mais geral, o respeito à condicionalidade, se a escola é ineficaz na sua tarefa de ensinar. Apesar dos indicadores educacionais lamentáveis, a reforma educacional tarda, enfrentando resistências de todos os tipos. Oliveira (2006) faz uma excelente síntese das questões envolvidas e das possíveis soluções.

ANEXO 8
Hiato da Renda Relativo à Pobreza Extrema

Valores e percentual do PIB, 1999-2011

Anos	R$ milhões*	% PIB
1999	2.633	0,25
2001	3.696	0,28
2002	3.637	0,25
2003	5.065	0,30
2004	4.503	0,23
2005	3.979	0,19
2006	3.402	0,14
2007	4.011	0,15
2008	3.905	0,13
2009	4.354	0,14
2011	4.464	0,11

*Valores Correntes

Anexo Metodológico

Este livro conta a história dos programas de transferências de renda no Brasil recorrendo com frequência a evidências empíricas para embasar a descrição de fatos e conclusões. Além de informações administrativas, isto é, aquelas derivadas dos registros dos próprios programas, foram usadas intensamente informações da pesquisa domiciliar anual — a Pesquisa Nacional por Amostra de Domicílios, PNAD/IBGE. Trata-se de uma pesquisa de objetivos múltiplos que investiga no seu questionário básico uma ampla gama de informações sobre as características físicas dos domicílios, assim como sobre as características socioeconômicas das famílias e de seus integrantes. Criada em 1967, a PNAD faz um levantamento estatístico detalhado de aspectos ligados a educação, trabalho e rendimento de todas as origens, investigados para cada pessoa de uma amostra nacional, cujo tamanho foi de 146 mil domicílios em 2011. A longa série de dados comparáveis e o acesso público aos microdados da pesquisa fizeram da pesquisa um instrumento precioso para apreender a realidade da pobreza no Brasil, com suas múltiplas especificidades locais, não apenas estritamente sob a ótica da renda, mas como síndrome multidimensional de carências diversas. Nos últimos vinte anos, a PNAD tem sido utilizada com frequência para examinar desenhos alternativos dos programas de transferência de renda e avaliar os efeitos reais e potenciais desses mecanismos de política social.

As Linhas de Pobreza

Linhas de pobreza são parâmetros de valor que, com base na renda *per capita* da família, permitem distinguir pobres de não pobres. Pobres são aqueles cuja renda familiar *per capita* se situa abaixo do valor da linha de pobreza.

Os programas de transferência de renda focalizados nos pobres analisados neste livro — tanto o programa constitucional, originalmente criado na década de 1970, como os *novos* programas que desembocaram no Bolsa Família — utilizam parâmetros de renda administrativos que funcionam como linhas de pobreza para fins de elegibilidade. É assim delimitado o conjunto de pessoas ou famílias que constituem as suas respectivas clientelas, conforme as normas definidas. Em 2012, o Bolsa Família adotava os valores de R$70 e R$140,00, enquanto o parâmetro do programa constitucional equivale a ¼ do salário mínimo vigente, o que correspondia a R$155,50 naquele ano. Esses valores adotados pelos programas do governo federal, assim como os benefícios a que dão direito, têm aplicação nacional, de modo a evitar incentivos a movimentos migratórios em busca de critérios aparentemente mais vantajosos de participação.

Para fins de diagnóstico e análise, consolidou-se no Brasil o uso de conjuntos de linhas de pobreza localmente específicas, de modo a levar em conta os reconhecidos diferenciais de custo de vida através do território brasileiro. Na verdade, esse detalhamento faz todo o sentido, pois trata-se de tirar proveito máximo das informações estatísticas disponíveis em nível subnacional relativas a consumo e despesa das famílias, formação da renda e preços ao consumidor. Assim, utilizando a metodologia internacionalmente consagrada, que parte de necessidades nutricionais para estabelecer a cesta alimentar básica, deriva-se um conjunto de linhas de pobreza, utilizando dados *locais*[1] disponíveis.

Como base para as evidências sobre incidência de pobreza no Brasil, assim como para derivar os efeitos verificados ou potenciais das transferências de renda sobre ela apresentados ao longo deste livro, foi utilizado, para cada ano, um conjunto de 24 ou 25 linhas de pobreza diferenciadas (ou então 24 ou 25 linhas de extrema pobreza).[2] Essas linhas não são normativas, isto é, não refletem uma estrutura de consumo otimizado ou de padrão desejado, mas a estrutura de consumo de fato observada em populações de baixa renda a partir de pesquisa nacional de orçamentos familiares. Assim, por exemplo, a composição da cesta alimentar reflete os hábitos e as preferências das famílias de baixa renda em face da restrição orçamentária, sendo estabelecida de modo a atender os requisitos nutricionais médios da população na área à qual se refere. De forma análoga, os demais consumos — vestuário, habitação, transporte etc. — levam também em conta os padrões observados, que variam espacialmente.[3] O valor da cesta alimentar — a linha de indigência ou de extrema pobreza — é a referência utilizada quando se deseja um patamar básico para o custo de vida dos pobres. O valor da linha de pobreza inclui, além do valor da cesta alimentar, o custo das demais necessidades de consumo dos pobres.

---

1 *Locais* pode se referir a região, Unidade da Federação, estrato de residência (urbano, rural, metropolitano), metrópole, isto é, diferentes níveis subnacionais conforme o inquérito estatístico em questão.

2 Em 2004, a PNAD incorporou o Norte rural à amostra, completando a cobertura do território nacional pela pesquisa. Isso possibilitou estimações anuais também para aquela área, sendo utilizada uma linha de pobreza específica adicional a partir de então.

3 A descrição passo a passo da metodologia de construção dos parâmetros utilizados, com base na Pesquisa de Orçamentos Familiares (POF/IBGE), é apresentada em Rocha (1997).

Como resultado do procedimento único de derivação, mas utilizando dados locais diferenciados, as linhas de pobreza (e as de extrema pobreza) em determinado momento apresentam variações de valores, que refletem as discrepâncias de estruturas de consumo e preços ao consumidor entre as regiões e conforme a área de residência (metropolitana, urbana ou rural). A tabela a seguir fornece, à guisa de exemplo, os valores relativos a 2004 e 2011 das linhas de pobreza extrema (ou indigência) e de pobreza, pertencentes à série de conjuntos anuais de linhas utilizados ao longo do texto. Apresentam-se os valores em reais correntes, e, no caso da linha de pobreza, também em termos do salário mínimo vigente. O objetivo é evidenciar como a adoção do salário mínimo ou qualquer dos seus múltiplos como linha de pobreza é inadequada quando o valor real do salário mínimo varia ao longo do tempo, como vem ocorrendo.[4]

Valores das linhas de extrema pobreza e de pobreza, expressos em reais correntes e em salários mínimos — 2004 e 2011

Regiões e estratos	Linhas de pobreza extrema				Linhas de pobreza			
	Set. 2004		Set. 2011		Set. 2004		Set. 2011	
	em R$	em S.M.	em R$	em S.M.	em R$	em S.M.	em R$	em S.M.
Norte								
Belém	47,03	0,18	142,86	0,55	75,37	0,14	210,90	0,39
Urbano	46,29	0,18	124,53	0,48	74,18	0,14	183,84	0,34
Rural	30,81	0,12	62,47	0,24	48,96	0,09	92,23	0,17
Nordeste								
Fortaleza	48,84	0,19	140,35	0,54	70,52	0,13	198,03	0,36
Recife	60,92	0,23	199,81	0,77	90,72	0,17	292,27	0,54
Salvador	58,15	0,22	181,19	0,70	84,02	0,15	262,07	0,48
Urbano	42,21	0,16	122,62	0,47	61,66	0,11	176,96	0,32
Rural	36,67	0,14	73,96	0,28	53,56	0,10	106,74	0,20
MG/ES								
Belo Horizonte	51,79	0,20	175,24	0,67	76,97	0,14	259,82	0,48
Urbano	44,64	0,17	117,82	0,45	66,34	0,12	174,68	0,32
Rural	35,81	0,14	69,75	0,27	53,22	0,10	103,41	0,19

4 No Brasil, desde a estabilização monetária de 1994, vem sendo adotada uma política de valorização do salário mínimo. Entre 2004 e 2011, por exemplo, o ganho do seu valor real foi de 47% (comparação dos valores de setembro com base no INPC).

Regiões e estratos	Linhas de pobreza extrema				Linhas de pobreza			
	Set. 2004		Set. 2011		Set. 2004		Set. 2011	
	em R$	em S.M.	em R$	em S.M.	em R$	em S.M.	em R$	em S.M.
Rio de Janeiro								
Metrópole	67,53	0,26	209,78	0,81	96,47	0,18	296,06	0,54
Urbano	49,02	0,19	130,52	0,50	70,03	0,13	184,21	0,34
Rural	38,71	0,15	95,28	0,37	55,31	0,10	134,47	0,25
São Paulo								
Metrópole	66,64	0,26	250,79	0,96	100,04	0,18	357,68	0,66
Urbano	54,39	0,21	160,25	0,62	81,65	0,15	228,56	0,42
Rural	42,77	0,16	100,82	0,39	64,21	0,12	143,79	0,26
Sul								
Curitiba	47,83	0,18	168,54	0,65	71,78	0,13	235,53	0,43
Porto Alegre	51,72	0,20	132,28	0,51	75,62	0,14	185,71	0,34
Urbano	45,04	0,17	112,96	0,43	66,69	0,12	158,18	0,29
Rural	35,52	0,14	76,15	0,29	52,60	0,10	106,64	0,20
Centro-Oeste								
Brasília	54,62	0,21	240,15	0,92	81,37	0,15	346,59	0,64
Goiânia	53,52	0,20	222,86	0,86	80,24	0,15	318,82	0,58
Urbano	46,57	0,18	169,69	0,65	69,83	0,13	242,75	0,45
Rural	35,06	0,13	97,46	0,37	52,57	0,10	139,42	0,26

Fonte: Rocha com base na POF/IBGE e SNIPC/IBGE.

Os Indicadores de Pobreza do Ponto de Vista da Renda

Linhas de pobreza (ou de pobreza extrema) são utilizadas em conjunção com as informações de rendimento *per capita* da PNAD para derivar indicadores de pobreza (ou de pobreza extrema) enquanto insuficiência de renda.[5] De maneira simples e direta, pobres são aqueles cuja renda *per capita* se situa abaixo da linha de pobreza. A proporção de pobres na população total é o indicador de pobreza sob o enfoque da renda mais conhecido e de mais fácil entendimento. Outros indicadores medem quão

---

5 As considerações que se seguem se aplicam igualmente à pobreza ou à pobreza extrema, variando apenas em função do parâmetro de valor utilizado.

distante está a renda dos pobres da linha de pobreza ou qual o nível de desigualdade de renda entre os pobres. Todos os três aspectos da pobreza enquanto insuficiência de renda são relevantes e podem ser combinados em um índice sintético. O índice sintético utilizado ao longo do texto é chamado Hiato Quadrático. Trata-se do índice proposto por Foster, Greer e Thorbecke para $\alpha = 2$.

UMA "FAMÍLIA" DE INDICADORES DE POBREZA ENQUANTO INSUFICIÊNCIA DE RENDA

A partir do indicador de pobreza mais simples e óbvio, mas conceitualmente limitado, a proporção de pobres, diversos indicadores de pobreza do ponto de vista da renda vêm sendo sugeridos ao longo dos anos. A família de índices de pobreza proposta por Foster, Greer e Thorbecke (1984) tem a vantagem de atender às propriedades axiomáticas desejáveis,[6] sendo ao mesmo tempo de operacionalização relativamente simples.

Assim, se as rendas per capita de uma dada população forem ordenadas, tal que

$$y_1 \leq y_2 \leq \ldots y_q < z < y_{q+1} \leq \ldots \leq y_n,$$

onde z é a linha de pobreza, n é a população total e q o número de pobres, o índice de Foster, Greer e Thorbecke, chamado FGT, pode ser expresso como:

$$FGT_\alpha = \frac{1}{n} \sum_{i=1}^{q} \left(\frac{z - y_i}{z} \right)^\alpha ; \alpha \geq 0$$

O índice considera, portanto, a intensidade da pobreza, expressa pela medida relativa do hiato de renda para cada um dos indivíduos pobres (z — yi) / z. Essa razão é potencializada por α, de acordo com a importância que se queira dar à intensidade da pobreza no índice. O somatório dos hiatos potencializados para toda a população pobre é normalizado pelo tamanho da população total.

Quando α = 0, a questão da intensidade da pobreza não é levada em consideração e o FGT torna-se igual à proporção de pobres na população total (H). Assim:

$$FGT_{\alpha=0} = \frac{q}{n} = H$$

Quando α = 1, leva-se em conta simultaneamente a proporção de pobres e a intensidade da pobreza através da razão do hiato de renda, que pode ser expressa alternativamente como

---

[6] Sobre diferentes medidas de pobreza enquanto insuficiência de renda e os requerimentos axiomáticos a serem idealmente satisfeitos por elas, ver Haguenaar (1986).

$$I = \frac{z - \overline{y}}{z}$$

onde y é a renda média dos pobres. Então

$$FGT_{\alpha = 1} = H * I$$

Quando α ≥ 2, também os aspectos da desigualdade de renda entre os pobres são levados em conta, já que se potencializam os valores dos hiatos de renda. Naturalmente, quanto maior for o valor de a, maior o peso atribuído ao componente de desigualdade de renda no indicador sintético de pobreza.

Ao longo do texto a *família* de indicadores propostos por Foster, Greer e Thorbecke foi utilizada para mostrar a situação de pobreza que se verificava no Brasil em determinado momento do tempo, mas também os impactos verificados ou potenciais das transferências de renda. Para descrever a situação das famílias na época da pesquisa, foram utilizadas as informações de renda declaradas por elas na amostra da PNAD, isto é, todas as rendas de todas as origens recebidas por todos os integrantes da família ou domicílio. São esses indicadores de pobreza associados à situação observada de fato que são eventualmente utilizados como referência para as comparações com os indicadores simulados.

Simulações e Análises

Com o objetivo de avaliar o impacto potencial das transferências sobre a pobreza, como nos Capítulos 3 e 4,[7] foi obtido um segundo conjunto de indicadores, imputando à renda das famílias elegíveis o valor da transferência para a qual elas se qualificavam. Nestes exercícios, o primeiro passo consistiu em identificar, com base nas características de renda e composição da família na PNAD, as famílias que se enquadravam nos critérios de elegibilidade do programa de transferência em questão. O segundo passo consistiu em imputar a transferência à qual as famílias não atendidas tinham direito e recalcular os indicadores de pobreza com a nova distribuição de renda familiar. O efeito potencial da transferência sobre a pobreza pode então ser inferido da comparação dos indicadores de referência e os calculados a partir das rendas aumentadas pelas transferências. No Capítulo 5 é apresentada uma simulação no sentido contrário.

---

7 No Capítulo 3 investigou-se qual teria sido o impacto de diferentes programas que precederam o Bolsa Família, simulando a sua atribuição a todas as famílias elegíveis com base nas informações da PNAD 1999. No Capítulo 4 este mesmo tipo de simulação é feito de modo a comparar os impactos potenciais dos dois programas de transferência — o Cartão Alimentação e o Bolsa Família — utilizando a PNAD 2002.

Qual é o efeito do Bolsa Família sobre os indicadores de pobreza? A partir da situação de referência, identificaram-se as famílias que recebiam o Bolsa Família. O valor da transferência foi então deduzido da renda familiar, e os indicadores de pobreza recalculados sem as transferências.

Outras evidências sobre as potencialidades e o funcionamento dos programas de transferência de renda foram obtidas utilizando os microdados da PNAD. No Capítulo 2 os exercícios de simulação ilustram o efeito da adoção de diferentes critérios de elegibilidade sobre o tamanho da população-alvo e o custo de um programa de transferência do tipo Bolsa Escola. No Capítulo 5 os resultados relativos à superposição de programas e a erros de focalização se baseiam nos dados das PNADs 2004 e 2006, que continham um questionário suplementar específico sobre participação da família neste tipo de programa.

Apesar das enormes possibilidades de análise oferecidas da PNAD, que tem permitido a proliferação de estudos competentes sobre os programas de transferência de renda, é forçoso reconhecer uma dificuldade: a ausência de um quesito específico para investigação do valor de transferências de renda eventualmente recebidas pela família. A investigação pela PNAD do valor das transferências como um tipo de rendimento residual, por meio do quesito *outros rendimentos*, tem exigido que os analistas adotem procedimentos de identificação dos beneficiários a partir dos chamados *valores típicos*, o que leva à subenumeração de beneficiários e, consequentemente, à subestimação dos efeitos do programa. Essa subenumeração fica evidente quando se comparam o número de famílias identificadas como beneficiárias de transferência de renda assistencial na PNAD e o número de beneficiárias efetivas nos registros administrativos dos programas.[8]

A introdução no questionário da PNAD de um quesito específico de rendimento para investigação do valor das transferências assistenciais recebidas, cuja importância na formação da renda das famílias brasileiras é hoje indiscutível, tem o potencial de melhorar significativamente a precisão e o alcance das análises dos programas de transferência realizados com base nos microdados da pesquisa.

---

8 A subenumeração dos beneficiários detectados na PNAD usando o procedimento habitual de valores típicos pode ter seus efeitos minorados por um procedimento de *pareamento*, proposto por Souza, Osório e Soares (2011). O *pareamento* equipara o número de beneficiários das transferências na PNAD ao número de beneficiários que efetivamente receberam as transferências do Bolsa Família no mês de referência, conforme registros do MDS, gerando assim uma base de dados mais adequada para análises e simulações relativas ao programa.

Referências

Apresentação

1. OIT. *Piso de Protección Social para una Globalización Equitativa e Inclusiva*. Genebra: OIT, 2011.
2. Ministério da Previdência Social (MPS). *Anuário Estatístico da Previdência Social*. Brasília: MPS/INSS/DATAPREV, 1994.
3. Rocha, S. "Crescimento econômico e renda. Como ficam os pobres?". In *Construindo Sociedade Ativa e Moderna*, João Paulo dos Reis Velloso (coord.). Rio de Janeiro: José Olympio Editora, 2010, p. 319-345).

Capítulo 1

1. Afonso, J.R. *Novos desafios à descentralização fiscal no Brasil: As políticas sociais e as de transferências de renda.* In: 18º Seminário Regional de Política Fiscal, 2006, Santiago do Chile. Documentos — 18o Seminário Regional de Política Fiscal (website). Santiago do Chile: CEPAL/ ILPES, 2006.
2. Barros, P.B.; Mendonça, R. e Santos, D. "Incidência e natureza da pobreza entre idosos no Brasil", in Camarano, A.A., *Muito além dos 60*, IPEA, Brasília, 1999.
3. Beltrão, K.; Camarano, A.A. e Mello, J.L. *Mudanças nas condições de vida dos idosos rurais brasileiros: Resultados não esperados dos avanços da Seguridade Rural*. Brasília: IPEA, TD 1066, janeiro de 2005.
4. Camarano, A.A. e Pasinato, M.T. *Envelhecimento, condições de vida e política previdenciária. Como ficam as mulheres?* Ouro Preto, XIII Encontro da Associação Brasileira de Estudos Populacionais, 2002.
5. Delgado, G. e Cardoso, J.C. "O idoso e a Previdência Rural no Brasil: Experiência recente de universalização". In Camarano (org.), *Muito Além dos 60*. Rio de Janeiro: IPEA, 1999.
6. Fishlow, A. Brazilian Size Distribution of Income. In *American Economic Review*, maio 1972, p 391-408.
7. Gill, Indermit, Packard, Truman, Yermo, Juan. *Keeping the Promise of Social Security in Latin America*.Washington: The World Bank and Stanford University, 2005.
8. Hoffmann, Rodolfo. *Contribuição à Análise da Distribuição da Renda e da Posse da Terra no Brasil*. Tese de livre-docência, ESALQ/USP, 1971.
9. Hoffmann, Rodolfo. *Desigualdade e Pobreza no Brasil no período 1979-1990*. In *Revista Brasileira de Economia*, 49(2): 277-94, 1995.
10. IBGE. *Pesquisa Nacional por Amostra de Domicílios* (microdados), 1983.
11. Langoni, C.G. *Distribuição de renda e desenvolvimento econômico no Brasil*. Rio de Janeiro: Editora Expressão e Cultura, 1973
12. Mantega, G. "O pensamento econômico brasileiro de 60 a 80: Os anos rebeldes", in Maria Rita Loureiro, *50 anos de ciência econômica no Brasil*. Petrópolis, Editora Vozes, 1997, p.107-157.
13. MDS. *Análise comparativa de programas de proteção social, 1995-2003*. Brasília, 2004.

14. Ministério da Previdência Social/DATAPREV. *Boletim Estatístico da Previdência Social* (diversos números).
15. Ministério da Previdência Social/DATAPREV. *Anuário Estatístico da Previdência Social*
16. (diversos números).
17. Ministério da Previdência e da Assistência Social (MPAS). *Silvio Pinto Lopes, padrão de servidor público*. Brasília: MPAS, 1987.
18. MPAS/INSS. *Anuário Estatístico da Previdência Social* (Suplemento Histórico), 2008.
19. Oliveira, F.; Beltrão, K. e Henriques, M.H. *Tendências a médio prazo da Previdência Social brasileira: Um modelo de simulação*. Rio de Janeiro: IPEA, Texto para Discussão n. 73, janeiro de 1985.
20. Ministério da Previdência Social (MPS). *Anuário Estatístico da Previdência Social*. Brasília: MPS (diversos e anos).
21. Rocha, S. "La Pobreza en el Brasil en los Años 80", in *Revista Occidental* (México), 7(3):361379, 1990.
22. Soares, F.V. et al. *Programas de transferência de renda no Brasil: impactos sobre a desigualdade*. Brasília: IPEA, Texto para Discussão n. 1228, 2006.
23. Souza, A.P. "Políticas de distribuição de renda no Brasil e o Bolsa Família", in Bacha e Schwartzman (org.) *Brasil: A nova agenda social*. Rio de Janeiro: LTC, 2011.
24. Tafner, P. e Giambiagi, F. "Previdência Social: Uma agenda de reformas". In Bacha e Schwartzman (orgs.), *Brasil: A nova agenda social*. Rio de janeiro: LTC, 2011.

Capítulo 2

1. Bacha, E. e Unger, R.M. *Um projeto de democracia para o Brasil, participação, salário, voto*. Rio de janeiro: Paz e Terra, 1978.
2. Camargo, J.M. "Os miseráveis". In *Folha de São Paulo*, 27 de março de 1993.
3. FINEP/Fundação Ford/Friedrich Ebert Stifung. *Programas de garantia de renda mínima. Uma orientação aos municípios*, 2008.
4. Lavinas, L. *Programas de garantia de renda mínima: Perspectivas brasileiras*. Rio de Janeiro: IPEA, 1998.
5. Licio, E.C. *A trajetória dos programas de Renda Mínima e Bolsa Família no Brasil: O impacto da variável federativa*. São Paulo: FGV/EASP, 2002.
6. SEADE. Pesquisas de condições de vida — Campinas (Primeiros resultados). São Paulo: SEADE, 1995.
7. NEPP. *Acompanhamento e avaliação do Programa de Garantia de Renda Familiar Mínima da Prefeitura Municipal de Campinas*. UNICAMP: 1996.
8. Partido dos Trabalhadores. Bases do Programa de Governo, 1994.
9. Partido dos Trabalhadores. União do Povo — Muda Brasil, Diretrizes do Programa de Governo, 1998.
10. Rocha, S. "Pobreza no Brasil — O que há de novo no limiar do século XXI", in *Economia*, 2(1), julho de 2001.
11. Rocha, S. *Applying Minimum Income Programs in Brazil. Two Case Studies: Belém and Belo Horizonte*. Rio de Janeiro: IPEA, Texto para Discussão n. 746, 2000.
12. Rocha, S. As metrópoles brasileiras às vésperas do terceiro milênio. Rio de Janeiro: URBAN 21 — Conferência Regional para a América Latina e Caribe, abril de 2000.

13. Sant'Ana, S.R. e Moraes, A. *A avaliação do Programa Bolsa Escola do GDF.* Fundação Grupo Esquel Brasil, 1997.
14. Silveira. A.M. da. "Moeda e distribuição de renda", in *Revista Brasileira de Economia,* abril/junho 1975.
15. Suplicy, E.M. *Renda de cidadania: A saída é pela porta.* São Paulo: Cortez (Editora da Fundação Perseu Abramo), 2002.

Capítulo 3

1. IBGE. *Pesquisa Nacional por Amostra de Domicílios* (microdados), diversos anos.
2. Lobato, A.L. (org.). *Garantia de renda mínima — Ensaios e propostas.* Brasília: IPEA, 1998.
3. Ministério do Desenvolvimento Social e Combate à Fome. *Informações sobre benefícios pagos e dispêndio.* Dados mensais, diversos programas, 2001-2010.
4. Ministério da Educação e do Desporto. Apoio aos programas municipais de garantia de renda mínima para toda criança na escola. Brasília: 1999.
5. MPAS. Informações sobre o PETI.
6. MDS. Cadastro único para programas sociais. Brasília: MDS, 2009.
7. MDS. Análise situacional do Programa de Erradicação do Trabalho Infantil — PETI. Brasília: MDS, 2004.
8. Rocha, S. "Governabilidade e pobreza, O desafio dos números", in Licia Valladares e Magda Prates Coelho, *Governabilidade e pobreza no Brasil.* Rio de Janeiro: Civilização Brasileira, 1995.
9. Rocha, S. "Child labor in Brazil and the Program for Eradication of Child Labor. The Case of Pernambuco". Washington D.C.: World Bank (background paper), 1999.
10. Rocha, S. e Garcia, E. O programa de renda mínima federal. Uma avaliação do desenho e da operacionalização no período 1998-2000. Genebra: OIT, junho de 2001, 67 p.
11. Rocha, S. Pobreza e desigualdade no Brasil: *O esgotamento dos efeitos distributivos do Plano Real.* Rio de Janeiro: IPEA, Texto para Discussão n. 721, abril de 2000.
12. Rocha, S. "Impacto sobre a pobreza dos novos programas federais de transferência de renda", in *Revista de Economia Contemporânea,* Rio de Janeiro, 9 (1): 153185, jan.-abr. 2005.
13. Secretaria do Programa Nacional de Bolsa Escola. Relatório de Atividades — 2001. Brasília: Ministério da Educação, 2002.
14. Tribunal de Contas da União. *Evaluation of the Child Labor Eradication Program.* Brasília: Brazilian Court of Audit, 2003.

Capítulo 4

1. Alimandro, R. "Guarda-chuva social". In *Agroanalysis,* vol 22, n. 10, dez/jan de 2003, p. 3-5.
2. *Balanço Geral da União 2001.* Disponível em: <http://www.cgu.gov.br/bgu2001/Apresentacao.html>. Acesso em: 22 outubro 2003.
3. Dedecca, C. e Barbieri, C.V. "Fome Zero e pilotos para a política social". In *Revista de Economia Contemporânea,* Rio de Janeiro, 9(1), jan./abr. 2005.
4. Guaribas, Símbolo do Fome. http://www.rollingstone.com.br/edicoes/14/textos/1201/ Acesso em 9 agosto 2011.
5. Hunger Zero Project. Disponível em: <http://www.fomezero.gov.br/download/Programa_FZ_Ingles.pdf>. Acesso em: 22 outubro 2003.
6. IBGE. Pesquisa Nacional por Amostra de Domicílios, 1999 e 2001 (microdados).

7. Instituto da Cidadania. *Uma proposta de política de segurança alimentar para o Brasil: Projeto Fome Zero*. São Paulo: Instituto da Cidadania, 2001.
8. Lavinas, L.; Rocha, S. e Varsano, R. *Programas de garantia de renda mínima — Uma orientação para os municípios*. Rio de Janeiro: Friedrich Ebert Stiftung (ILDES)/Fundação Ford, 1998, 88p.
9. Lobato, A.L. (org.). *Garantia de renda mínima — Ensaios e propostas*. Brasília: IPEA, 1998.
10. Ministério da Assistência Social. Disponível em: <http://www. assistenciasocial.gov.br/optimalview / optimalview.urd / portal.show>. Acesso em: 22 outubro 2003.
11. Ministério Extraordinário de Segurança Alimentar e Combate à Fome. *Fome Zero* (Cartilha aos Prefeitos). Brasília: março de 2003.
12. Monteiro, C.A.; Conde, W.L. e Popkin, B.M. "The Burden of Disease for Undernutrition and Overnutrition in Countries Undergoing Rapid Nutrition Transition: A View from Brazil". In *American Journal of Public Health* 94(3), 433-434, 2004.
13. Monteiro, C.A. *et al.* "Causes for the Decline of Child Undernutrition in Brazil". In *Revista de Saúde Pública*, 43(1), 1-8, 2009.
14. Pessanha, L. *A experiência brasileira em políticas públicas para a garantia do direito ao alimento*. Rio de Janeiro: ENCE, Texto para Discussão n. 5, 2002.
15. Partido dos Trabalhadores. Política Nacional de Segurança Alimentar, 1991.
16. Programa Bolsa Escola. Disponível em: <http://www.mec.gov.br/secrie/default.asp>. Acesso em: 22 outubro 2003.
17. Rocha, S. "O impacto distributivo do imposto de renda sobre a desigualdade de renda das famílias". In *Pesquisa e Planejamento Econômico*, 32(1), abril de 2002, p. 73-105.
18. Pobreza no Brasil: afinal, de que se trata? Rio de Janeiro: Editora FGV, 2003.
19. Rocha, S. e Garcia, E. O Programa de Bolsa Escola federal — Uma avaliação do desenho e da operacionalização no período 1998-2000, Relatório para a OIT, julho de 2001.
20. Silva, L.I.L. Carta ao povo brasileiro. Junho de 2002. Disponível em: <HTTP:// www2.fpa.org. br/carta-ao-povo-brasileiro. Acesso em: 22/7/2011.

Capítulo 5

1. Barros, R.P.; Carvalho, M.; Franco, S. e Mendonça, R. *Macrodeterminantes da queda na desigualdade no Brasil*. Rio de Janeiro: IPEA, 2006.
2. CEDEPLAR. *Projeto de Avaliação de Impacto do Bolsa Familia*. Belo Horizonte, 2006.
3. Foster, J.; Greer, J. e Thorbecke, E. "A class of decomposable poverty measures", in *Econometrica*, vol 52, p 761-767.
4. Gaspari, E. "Dilma ouviu o Prof. Cachorrão". In *O Globo*, 13-7-2011, pag. 6.
5. Grosh, M.E. *Administering Targeted Social Programs in Latin America — From Platitudes to Practice*. Washington D.C.: The World Bank, 1994.
6. IBGE. *Pesquisa Nacional por Amostra de Domicílios — diversos anos (microdados)*.
7. Lavinas, L.; Rocha, S. e Varsano, R. *Programas de Garantia de Renda Mínima — Uma orientação para os municípios*. Rio de Janeiro, Friedrich Ebert Stiftung (ILDES)/Fundação Ford, 1998, 88p.
8. Hoffmann, R. *O limite entre os relativamente pobres e os relativamente ricos em 2004*. Campinas: Unicamp, 2005.
9. MDS. Análise Comparativa de Programas de Proteção Social, 1995-2003. Brasília, 2004.
10. MPAS. Boletim Estatístico da Previdência Social (diversos números).

11. Rocha, R. *Programas condicionais de transferência de renda e fecundidade: Evidências do Bolsa Família*. Congresso Brasileiro de Econometria, 2009.
12. Rocha, S. e Garcia, E. *O Programa de Bolsa Escola Federal — Uma avaliação do desenho e da operacionalização no período 1998-2000*. Geneva, OIT, julho de 2001.
13. Rocha, S. "Pobreza e indigência no Brasil — Algumas evidências empíricas a partir da PNAD 2004", in Nova Economia, Belo Horizonte, 16(2), maio-agosto de 2006, p. 265-302.
14. Rocha, S. *O mercado de trabalho e a inserção produtiva dos jovens*. Brasília: 2º Seminário de Análise dos Resultados da Pesquisa Nacional por Amostra de Domicílios, CGEE/MDS, Brasília, março 2007.
15. Rocha, S. "Transferências de renda federais: Focalização e impactos sobre pobreza e desigualdade", in *Revista de Economia Contemporânea*, 9(1), Rio de Janeiro, janeiro-abril de 2008, p. 67-95.
16. Rocha, S. "Impacto sobre a pobreza dos novos programas federais de transferência de renda", in *Revista de Economia Contemporânea*, 9(1), Rio de Janeiro, janeiro-abril de 2005, p. 153-185.
17. Sabóia, J. e Rocha, S. *Programas de Renda Mínima — Linhas gerais de uma metodologia de avaliação*. IPEA: Rio de Janeiro, Texto para Discussão n. 582, 1998, 37 p.
18. Schwartzman, S. "Programas sociais voltados à educação no Brasil", in *Sinais Sociais*, 1(1), maio-agosto de 2006, p. 114-144.
19. Soares, F.V.; Soares, S.; Medeiros, M. e Osório, R. *Programas de transferências de renda no Brasil: impactos sobre a desigualdade e a pobreza*. Brasília: IPEA, 2006.
20. Soares, F.V.; Ribas, R.P. e Osório, R.G. Evaluating the Impact of Brazil's BolsaFamília: Cash Transfer Programmes in Perpective. Brasília: IPC/UNDP, 2007.
21. Soares, S. *Distribuição de renda no Brasil de 1976 a 2004 com ênfase no período entre 2001 e 2004*. Rio de Janeiro: IPEA, Texto para Discussão n. 1166, 2006, 27 p.
22. Soares, S.; Ribas, R. e Osório, R. Conditional Cash Transfers in Brazil, Chile and Mexico. Impacts upon Inequality. Brasilia: International Poverty Center, Working Paper 35, 2007.
23. Soares, S.; Ribas, R.P. e Soares, F.V. *Focalização e cobertura do Bolsa Família: Qual o significado dos 11 milhões de famílias?* Rio de Janeiro: IPEA, Texto para Discussão n. 1396, março de 2009.
24. Soares, S. e Sátyro, N. *O Programa Bolsa Família: Desenho institucional, impactos e possibilidades futuras*. Brasília: IPEA, Texto para Discussão n. 1424, 2009.
25. Sousa, Pedro H.G.F.; Osorio, R.G. e Soares, S.S.D. *Uma metodologia para simular o Programa Bolsa Família*. Brasília: IPEA, Texto para Discussão n. 1654, 2011.
26. Souza, A.P. *Políticas de distribuição de renda no Brasil e o Bolsa Família*. São Paulo: Escola de Economia de São Paulo, Texto para Discussão n. 281, maio de 2011.

Capítulo 6

1. Barros, R.P.; Carvalho, M.; Franco, S. e Mendonça, R. *Macrodeterminantes da queda na desigualdade no Brasil*. Rio de Janeiro: IPEA, 2006.
2. Barros, R.P.; Carvalho, M.; Franco, S. e Mendonça, R. "Sobre as utilidades do cadastro único. In Jorge Abrahão de Castro e Lúcia Modesto (orgs.), *Bolsa Família 2003-2010: Avanços e desafios*. Brasília: IPEA, 2010, p. 182-210.
3. Carvalho Filho, I.E. *Household Income as Determinant of Child labor and Scholl Enrollment in Brazil. Evidence from a Social Security Reform*. IMF, Working Paper 08/241, 2008.
4. Centro de Desenvolvimento e Planejamento Regional (CEDEPLAR). *Projeto de Avaliação de Impacto do Programa Bolsa Família*. Cedeplar/MDS, Belo Horizonte, 2006.

5. Cotta, T.C. e Paiva, L.H. "O Programa Bolsa Família e a proteção Social no Brasil". In Jorge Abrahão de Castro e Lúcia Modesto (orgs.), *Bolsa Família 2003-2010: Avanços e Desafios*. Brasília: IPEA, 2010.
6. Curralero, C.B. *et al*. "As condicionalidades do Programa Bolsa Família". In Jorge Abrahão de Castro e Lúcia Modesto (orgs.), *Bolsa Família 2003-2010: Avanços e Desafios*. Brasília: IPEA, 2010, p.51-178.
7. Centro de Desenvolvimento e Planejamento Regional (CEDEPLAR). Projeto de Avaliação de Impacto do Programa Bolsa Família. Cedeplar/MDS, Belo Horizonte, 2006.
8. Grosh, M.E. *Administering Targeted Social Programs in Latin America — From Platitudes to Practice*. Washington D.C.: The World Bank, 1994.
9. IBGE. Pesquisa Nacional por Amostra de Domicílios — diversos anos (microdados).
10. Lavinas, L.; Rocha, S. e Varsano, R. *Programas de garantia de renda mínima — Uma orientação para os municípios*. Rio de Janeiro, Friedrich Ebert Stiftung (ILDES)/Fundação Ford, 1998, 88p.
11. Hoffmann, R. *O limite entre os relativamente pobres e os relativamente ricos em 2004*. Campinas: Unicamp, 2005.
12. Medeiros, M. "Targeted Cash Transfer Programmes in Brazil: BPC and Bolsa Família". Brasilia: International Poverty Center, *Working Paper 46*, June 2008.
13. MDS. Análise Comparativa de Programas de Proteção Social, 1995-2003. Brasília, 2004.
14. MPAS. Boletim Estatístico da Previdência Social (diversos números).
15. Rocha, R. Programas condicionais de transferência de renda e fecundidade: Evidências do Bolsa Família. Congresso Brasileiro de Econometria, 2009.
16. Rocha, S. e Garcia, E. O Programa de Bolsa Escola Federal — Uma avaliação do desenho e da operacionalização no período 1998-2000. Geneva, OIT, julho de 2001
17. Rocha, S. "Pobreza e indigência no Brasil. Algumas evidências empíricas a partir da PNAD 2004". In *Nova Economia*, Belo Horizonte, 16(2), maio-agosto de 2006, pp 265-302.
18. Rocha, S. O mercado de trabalho e a inserção produtiva dos jovens. Brasília: 2º Seminário de Análise dos Resultados da Pesquisa Nacional por Amostra de Domicílios, CGEE/MDS, Brasília, março 2007.
19. Rocha, S. "Transferências de renda federais: Focalização e impactos sobre pobreza e desigualdade". In *Revista de Economia Contemporânea*, 9(1), Rio de Janeiro, janeiro-abril de 2008, p. 67-95.
20. Rocha, S. "Impacto sobre a pobreza dos novos programas federais de transferência de renda". In *Revista de Economia Contemporânea*, 9(1), Rio de Janeiro, janeiro-abril de 2005, p. 153-185.
21. Sabóia, J. e Rocha, S. *Programas de renda mínima — Linhas gerais de uma metodologia de avaliação*. Rio de Janeiro: IPEA, Texto para Discussão n. 582, 1998, 37 p.
22. Schwartzman, S. "Programas sociais voltados à educação no Brasil". In *Sinais Sociais*, 1(1), maio-agosto de 2006, p.114-144.
23. Soares, F.V.; Soares, S.; Medeiros, M. e Osório, R. *Programas de transferências de renda no Brasil: impactos sobre a desigualdade e a pobreza*. Brasília: IPEA, 2006.
24. Soares, F.V.; Ribas, R.P. e Osório, R.G. *Evaluating the Impact of Brazil's Bolsa Família: Cash Transfer Programmes in Perpective*. Brasília: IPC/UNDP, 2007.
25. Soares, S. *Distribuição de renda no Brasil de 1976 a 2004 com ênfase no período entre 2001 e 2004*. Rio de Janeiro: IPEA, Texto para Discussão n. 1166, 2006.
26. Soares, S.; Ribas, R.P. e Soares, F.V. *Focalização e cobertura do Bolsa Família: Qual o significado dos 11 milhões de famílias?* Rio de Janeiro: IPEA, Texto para Discussão n. 1396, março de 2009.

27. Soares, S., Sátyro, N. *O Programa Bolsa Família: Desenho institucional, impactos e possibilidades futuras*. Brasília: IPEA, Texto para Discussão n. 1424, 2009.
28. Souza, A.P. *Políticas de distribuição de renda no Brasil e o Bolsa Família*. São Paulo: Escola de Economia de São Paulo, Texto para Discussão n. 281, maio de 2011.

Capítulo 7

1. Afonso, J.R. *Novos desafios à descentralização fiscal no Brasil: As políticas sociais e as de transferências de renda*. In: 18° Seminário Regional de Política Fiscal, 2006, Santiago do Chile. Documentos — 18° Seminário
2. Barros, R.P.; Foguel, M.N. e Ulyssea, G. (org.). *Desigualdade de renda no Brasil: Uma análise da queda recente*. Brasília: IPEA, 2006.
3. Caetano, M.A. "O sistema previdenciário brasileiro: Uma avaliação de desempenho comparada". In Caetano (org.), *Previdência Social no Brasil: Debates e Desafios*. Brasília: IPEA, 2008.
4. Camargo, J.M. e Reis, M.C. "Lei orgânica de assistência social: incentivando a informalidade". In Tafner e Giambiagi (org.), *Previdência no Brasil — Debates, Dilemas e Escolhas*. Brasília: IPEA, 2007, p. 263-281.
5. Freitas, A.J. "Avaliação do efeito da mudança do conceito de família BPC". In Vaitsman e Paes-
6. -Souza (org.). *Avaliação de políticas e programas do MDS — Resultados*. Brasília: MDS, 2007.
7. Hoffman. R. "Queda da desigualdade da distribuição de renda no Brasil entre 1995 a 2005, e delimitação dos relativamente ricos em 2005". In Barros, Foguel, Ulyssea (org.) *Desigualdade de renda no Brasil: Uma análise da queda recente*. Brasília: IPEA, 2006, p. 93-106.
8. IBGE. *Pesquisa Nacional por Amostra de Domicílios* (diversos anos).
9. Lavinas, L. e Garson, S. "Gasto social no Brasil: Transparência, sim, parti-pris, não!" In *Econômica* 5(1), 145-162.
10. MPAS. *Anuário Estatístico da Previdência Social*, diversos anos.
11. Rocha, S. *Desigualdade de renda no Brasil. Tendências recentes e perspectivas*. Relatório para o World Bank, 2010.
12. Rocha, S. "Crescimento econômico e renda. Como ficam os pobres?" In *Construindo Sociedade Ativa e Moderna*, João Paulo dos Reis Velloso (coord.). Rio de Janeiro: José Olympio Editora, 2010 a, p. 319-345).
13. Rocha, S. "Transferts de Revenu et Pauvreté au Brésil", in *Revue du Tiers Monde*, n. 205, janvier-mars 2011, p. 191-210.
14. Soares, S. *Distribuição de renda entre 1995 e 2009*. Brasília: IPEA, Comunicado IPEA, n. 63, 2010.
15. Soares, F.V.; Soares, S.; Medeiros, M. e Osório, R. *Programas de transferência de renda no Brasil: Impactos sobre a desigualdade*. Brasília: IPEA, Texto para Discussão n. 1228, outubro de 2006.
16. Soares, S.; Osório, R.G.; Soares, F.V.; Medeiros, M. e Zepeda, E. *Programas de transferência condicionada de renda no Brasil, Chile e México: Impactos sobre a desigualdade*. Brasília: IPEA, Texto para Discussão, n. 1293, julho de 2007.

Capítulo 8

1. Cotta, T.C. e Paiva, L.H. "O Programa Bolsa Família e a proteção social no Brasil". In Castro e Modesto (orgs.), *Bolsa Família 2003-2010: Avanços e desafios*. Brasília: IPEA, 2010.
2. Ferreira, S.G. "Segurança pública nas grandes cidades". In Bacha e Schwartzman, *Brasil: A nova agenda social*. Rio de Janeiro: LTC, 2011.

3. IPEA. *Políticas Sociais, Acompanhamento e Análise*. Brasília, IPEA, 2011.
4. MDS. *Relatório de Gestão do Exercício de 2011*. Brasília: MDS, 2012.
5. Oliveira, J.B.A. *Reforma da Educação: por onde começar?* Belo Horizonte: Instituto Alfa e Beto, 2006.
6. Osório, R.G. *Perfil da pobreza no Brasil e sua evolução no período 2004-2009*. Brasília: IPEA, Texto para Discussão n. 1647, 2011.
7. Osório, R.G. e Souza, P.H.G. O Bolsa Família depois do Brasil carinhoso: Uma análise do potencial de redução da pobreza extrema. Brasília: IPEA, Nota Técnica n. 14, 2012.
8. Rocha, S. "O ciclo virtuoso de melhorias do bem-estar social e o fim da extrema pobreza". In Reis Velloso (coord.), *Forum Nacional*. Rio de Janeiro: José Olympio Editora, 2011, p. 100-135.
9. Souza, A.P. "Políticas de distribuição de renda no Brasil e o Bolsa Família". In *Brasil: A Nova Agenda Social*. Rio de Janeiro: LTC, 2011.
10. Souza, P.H.G.F.; Osório, Rafael G. e Soares, S.S.D. *Uma metodologia para simular o Programa Bolsa Família*. Brasília: IPEA, Texto para Discussão n. 1654, 2011.
11. Souza, P.H.G.F. e Soares, S.S.D. *O benefício infantil universal: Uma proposta de unificação do apoio monetário à infância*. Brasília: IPEA, Texto para Discussão n. 1636, 2011.
12. Anexo metodológico
13. Foster, J.; Greer, J. e Thorbecke, E. "A Class of Decomposable Poverty Measures". In *Econometrica*, 52 (3), pp. 761-767.
14. Haguenaars, A.J.M. *The Perception of Poverty*. Amsterdam: North Holland, 1986.
15. Rocha, S. "Do consumo observado à linha de pobreza", in *Pesquisa e Planejamento Econômico*, 27(2), agosto de 1997.
16. Souza, P.H.G.F.; Osorio, R.G. e Soares, S.S.D. *Uma metodologia para simular o Programa Bolsa Família*. Brasília: IPEA, Texto para Discussão 1654, agosto de 2011.

CONHEÇA OUTROS LIVROS DA ALTA BOOKS!

Negócios - Nacionais - Comunicação - Guias de Viagem - Interesse Geral - Informática - Idiomas

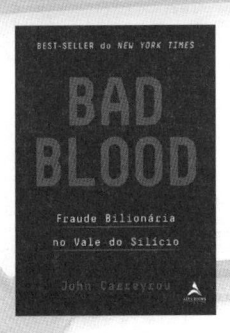

Todas as imagens são meramente ilustrativas.

SEJA AUTOR DA ALTA BOOKS!

Envie a sua proposta para: autoria@altabooks.com.br

Visite também nosso site e nossas redes sociais para conhecer lançamentos e futuras publicações!

www.altabooks.com.br

/altabooks ▪ /altabooks ▪ /alta_books

ALTA BOOKS
EDITORA

Este livro foi impresso nas oficinas gráficas da Editora Vozes Ltda.,
Rua Frei Luís, 100 – Petrópolis, RJ.